金融危機的
週期性問題探究

董樹功、王力平 著

本書第一次將金融危機納入經濟週期的研究視野，從全球結構的角色，對週期性金融危機生成機制進行系統分析，力求對結構性金融危機進行理論探討。
本書為國際經濟秩序的重整、金融結構的制衡、貨幣體系的重構提供了積極和富有創意的理論思考及學術探討。

財經錢線

前　言

　　2008年爆發的全球金融危機使世界各主要經濟體都遭到不同程度的衝擊，影響深遠。越來越多的人開始關注和探究與金融危機相關的理論問題。在危機爆發數年後，美國經濟逐步復甦，歐元區發展態勢趨好，新興市場國家表現強勁，中國在供給側結構性改革的推進中步入新常態，世界經濟整體上進入復甦通道。與此同時，世界經濟前景仍然存在著很多不確定性。可以說，當前世界經濟正處於經濟復甦和金融風險並存的狀態。本書旨在以金融危機的週期性為研究對象，以經濟週期與金融危機的相互推動為主線，以當今時代週期波動的內生因素為研究重點，以國際金融機構的失衡與重整為重要觀點和創新點，以國際貨幣體系多元化重構為落腳點，深入分析金融危機的週期性問題，以期從全球結構的角度對結構性金融危機的生成機制和相關理論進行探討。

　　本書第一次將金融危機納入經濟週期的研究視野，從全球結構的角度，對週期性金融危機生成機制進行系統分析，力求對結構性金融危機進行理論探討。本書為國際經濟秩序的重整、金融結構的制衡、貨幣體系的重構提供了積極和富有創意的理論思考及學術探討。

　　本書共八章，內容安排如下：

　　第一章介紹金融危機的週期性回眸。伴隨著社會生產活動的不斷擴大以及全球經濟的不斷發展，經濟呈現週期性輪動。而在此過程中，隨著貨幣、信用以及金融的誕生和發展，在經濟週期中出現了明顯的特徵：金融危機的間歇性爆發。近百年來較為嚴重的三次金融危機包括1929年的大蕭條、1997年的亞洲金融危機以及2008年的全球金融危機。在這些歷史危機中，我們試圖尋找一些解釋的線索。其中，信貸狀況的週期性變動以及政府政策的週期性調整，是最為明顯的兩大因素。在明斯基的金融不穩定假說以及信貸市場順週期性的理論基礎上，美國、日本以及智利等國家的歷史信貸數據以及危機事實更能說明一國信貸擴張與金融危機之間存在的必然聯繫。政府的政策週期尤其是貨幣政策的週期性調整也是導致危機的一大因素，本書以1980年以後的美國貨幣

政策為例闡述了這一觀點。

　　第二章論述歷次金融危機的比較與啟示。比較分析歷次金融危機，不難發現導致危機爆發的共性因素，這些因素中包括一些直接的或者表象的原因，也包括導致危機發生的深層次的根本原因。直接原因主要包括：高槓桿率、貧富差距過大、過分強調公平的福利主義等；而危機爆發的根本原因是經濟結構的不合理。

　　第三章探討從經濟週期到政策週期的演變。第二次世界大戰結束之後，世界經濟開始強勁復甦，貨幣政策開始真正意義上的實踐探索。貨幣政策名義錨經歷了總量目標制和通貨膨脹目標制，然而 20 世紀的大滯漲以及 2008 年全球金融危機的爆發說明，除通貨膨脹之外貨幣政策的目標應更綜合地考慮資產價格以及金融穩定。

　　第四章論述金融危機的週期性升級與傳遞。金融危機的傳遞包括國際貿易渠道、金融機構渠道、資本流動渠道以及預期渠道。而不斷深化的經濟全球化和金融一體化都使以上幾種渠道更為通暢。然而，金融危機的爆發加深了經濟全球化的程度：金融危機帶來的全球經濟問題需要全球化來解決；不斷發展的跨國公司是推動經濟全球化的主體力量；不斷增長的全球貿易推動經濟全球化出現新進展；新興市場國家（經濟體）國際經濟地位上升使經濟全球化朝著均衡化方向發展。

　　第五章描述大國霸權下的國際經濟失衡。金融是經濟發展到一定階段的產物，金融源於經濟，離開了經濟的支撐，金融行為就將失衡。由於流動性的大量投放、金融槓桿的濫用、信貸的過度寬鬆、金融監管的無力等原因，使得金融與經濟運行相背離，這是金融危機的根源。全球經濟的失衡主要體現為國際貿易失衡、國際金融市場失衡與實體經濟虛擬經濟失衡，世界經濟需要新秩序。美元霸權下的國際經濟秩序是一種不均衡、不穩定的制度安排，這種制度安排的實質是以美元為中心的金融霸權。從大國在國際經濟關係中的雙邊博弈到多邊博弈，再到國際經濟和金融體系的多邊博弈，國際經濟和金融格局正在逐步走向對新興市場國家有利的一面。隨著新興市場經濟體實力的壯大，大國的力量結構正在發生著從量變到質變的調整，且大國霸權的累積也在一定程度上加劇了全球性金融風險。

　　第六章分析國際貨幣體系的結構性失衡。2007 年美國經濟（次貸）危機爆發，使世界各國認識到全球經濟失衡問題嚴重。現行的國際貨幣體系與全球經濟失衡有著密切的聯繫，要找到全球經濟失衡問題的原因以及金融危機與全球經濟失衡的關係，需要對現行的國際貨幣體系重新進行審視。現行體制下，全球經濟失衡通過儲蓄—投資、經常項目、資本流動等失衡表現出來。國際貨

幣體系多元化是世界經濟多元化的必然結果。

　　第七章討論反週期的國際經濟秩序及其重構。20世紀90年代以來，一些新興經濟體崛起的速度明顯加快，成為主要的經濟增長點，為世界經濟的發展做出了重要的貢獻，金磚國家是這些新興經濟體中的傑出代表。2008年全球金融危機前後，這些國家的反週期發展相較於西方主要國家的經濟態勢顯得更加堅挺。國際經濟新格局在擁有後發優勢的金磚國家迅速崛起之下亟待重構。隨著金磚國家開發銀行和亞投行的建立，來自新興經濟體的「東方共識」與「華盛頓共識」共同構成實現均衡的兩種力量，並要求構建新型的金融體系。

　　第八章展望多元化國際貨幣體系的制度設計與運行框架。由次貸危機演化而來的全球金融危機導致了金融市場的動盪不安，原有的國際經濟平衡被打破，西方主要經濟體日益分化，新興市場國家迅速發展，國際社會積極反思美國一家獨大的政治格局和美元霸主地位，呼籲改變現有的國際貨幣體系。新型的國際貨幣體系是由新型的國際政治關係和新型的世界經濟格局決定的。多極化的國際政治和世界經濟走向要求國際貨幣體系的多元化發展，構建新型國際貨幣體系勢在必行。

　　本書的選題、邏輯與結構由孫可娜教授提出，前四章由王力平完成，後四章由董樹功完成。由於筆者水準和閱歷有限，書中難免存在不足和疏漏之處，敬請廣大讀者批評指正。

董樹功　王力平

目　錄

1　金融危機的週期性回眸 / 1

1.1 經濟繁榮與蕭條的輪動 / 1

  1.1.1 關於經濟危機的簡述 / 1

  1.1.2 百年來歷次危機的簡單回顧 / 2

1.2 信貸狀況的週期性波動 / 24

  1.2.1 信貸擴張與經濟波動的理論梳理 / 24

  1.2.2 信貸擴張與金融危機：典型事實 / 26

  1.2.3 槓桿率與經濟波動 / 29

1.3 政府政策的週期性調整 / 34

  1.3.1 政策週期性討論 / 34

  1.3.2 政策週期性與經濟波動：以1980年以來的美國為例 / 35

1.4 全球化背景下的金融危機 / 39

  1.4.1 全球化背景下資本主義基本矛盾更加尖銳 / 39

  1.4.2 全球化背景下國際經濟的失衡必然導致危機 / 41

  1.4.3 全球化背景下的國際貨幣體系的扭曲被逐漸放大 / 42

  1.4.4 全球化背景下國際熱錢日益囂張 / 43

2　歷次金融危機的比較與啟示 / 45

2.1 經濟週期理論的梳理 / 45

2.1.1　古典經濟學時期的經濟週期理論／ 45

　　2.1.2　新古典經濟學時期的經濟週期理論／ 46

　　2.1.3　凱恩斯主義經濟學的經濟週期理論／ 48

　　2.1.4　新古典宏觀經濟學時期的經濟週期理論／ 48

　　2.1.5　新凱恩斯主義動態隨機一般均衡模型（NK-DSGE）／ 50

　　2.1.6　內生經濟週期理論／ 51

2.2　歷次危機的深入探討／ 51

　　2.2.1　1929年大蕭條／51

　　2.2.2　20世紀70年代滯漲危機／54

　　2.2.3　20世紀90年代日本泡沫經濟／58

　　2.2.4　2008年經濟危機／64

2.3　歷次危機的比較及其啟示／ 66

　　2.3.1　危機爆發原因分析與啟示／ 66

　　2.3.2　危機的演變過程分析／ 68

　　2.3.3　危機的處理方式分析／ 69

3　從經濟週期到政策週期的演變／ 71

3.1　經濟週期中的宏觀調控／ 71

　　3.1.1　美國在歷次危機中的宏觀調控／ 71

　　3.1.2　日本在歷次危機中的宏觀調控／ 77

3.2　經濟蕭條的直接原因／ 79

　　3.2.1　金融危機與貨幣擴張／ 79

　　3.2.2　2008年金融危機與美國的貨幣政策／ 81

3.3　貨幣政策的終極目標／ 83

　　3.3.1　貨幣政策共識的形成／ 83

　　3.3.2　貨幣政策終極目標的選擇——資產價格與金融穩定／ 85

3.4　政策干預經濟的作用與反作用／ 89

3.4.1　關於自由市場與政府干預的爭論 / 89
　　　3.4.2　自由市場與政府干預下經濟危機的歷史回顧 / 92
　　　3.4.3　政府干預的限度與退出 / 95

4　金融危機的週期性升級與傳遞 / 100

4.1　金融危機的週期性 / 100
　　　4.1.1　金融危機週期性成因 / 100
　　　4.1.2　金融危機週期性的歷史回顧 / 101

4.2　金融危機的傳遞機制分析 / 104
　　　4.2.1　國際貿易渠道傳遞 / 104
　　　4.2.2　金融機構渠道傳遞 / 105
　　　4.2.3　資本流動渠道傳遞 / 106
　　　4.2.4　預期渠道傳遞 / 107

4.3　全球化與金融危機 / 108
　　　4.3.1　全球化加劇了金融危機的傳染 / 108
　　　4.3.2　金融危機加深了全球化程度 / 110

4.4　系統性金融風險前沿探究 / 112
　　　4.4.1　系統性金融風險的提出 / 112
　　　4.4.2　系統性金融風險的測度研究 / 116
　　　4.4.3　金融系統性風險跨境傳遞 / 119
　　　4.4.4　宏觀審慎政策與實踐 / 120

5　大國霸權下的國際經濟失衡 / 124

5.1　金融源於經濟 / 124
　　　5.1.1　金融是經濟發展到一定階段的產物 / 124
　　　5.1.2　金融業在國民經濟中的重要性 / 128
　　　5.1.3　離開經濟的金融行為必將導致經濟失衡 / 130

5.2 金融危機根源於對經濟運行的背離 / 130
    5.2.1 金融危機與經濟運行失衡 / 130
    5.2.2 流動性的大量投放 / 132
    5.2.3 金融槓桿的濫用 / 133
    5.2.4 信貸的過度寬鬆 / 134
    5.2.5 金融監管的無力 / 135

5.3 國際經濟秩序的結構性失衡 / 136
    5.3.1 全球經濟失衡的現狀 / 136
    5.3.2 全球經濟失衡的原因 / 140
    5.3.3 全球經濟失衡的調整 / 142

5.4 美元霸權對國際經濟秩序的影響 / 143
    5.4.1 美元霸權為美國帶來了巨大的經濟利益 / 144
    5.4.2 美元霸權加劇了全球經濟失衡 / 144
    5.4.3 美元霸權增加了國際金融風險 / 145
    5.4.4 美元霸權阻礙了國際經濟秩序變革 / 145

6 國際貨幣體系的結構性失衡 / 147

6.1 國際貨幣體系的演變 / 147
    6.1.1 國際金本位制時期 / 147
    6.1.2 國際金匯兌本位制時期 / 148
    6.1.3 布列敦森林體系時期 / 149
    6.1.4 牙買加貨幣體系時期 / 150

6.2 國際貨幣體系結構性失衡的內在機理 / 151
    6.2.1 國際儲備貨幣發行約束機制的缺失 / 151
    6.2.2 國際收支及匯率調節機制的失靈 / 153
    6.2.3 浮動匯率制度下的國際資本流動 / 153

6.3 國際貨幣體系結構性失衡的表現 / 155

6.3.1 國際外匯儲備中美元的結構性失衡 / 156
6.3.2 國際結算和標價中美元的結構性失衡 / 156
6.4 國際貨幣體系結構性失衡的矯正 / 157
6.4.1 矯正全球經濟失衡的切入點：國際貨幣體系多元化 / 158
6.4.2 國際貨幣體系改革的切入點：機制與制度的變革 / 158

7 反週期的國際經濟秩序及其重構 / 161
7.1 金磚國家擁有的後發優勢 / 161
7.1.1 金磚國家——經濟增長的巨人 / 161
7.1.2 金磚國家的金融發展——成長中的青年 / 163
7.1.3 金磚國家在國際經濟與金融體系中的力量凸顯 / 167
7.2 金磚國家發起的金融機構 / 169
7.2.1 《福塔萊薩宣言》昭示金融合作進入新階段 / 169
7.2.2 金磚國家開發銀行——對世界銀行的挑戰？ / 170
7.2.3 亞洲基礎設施投資銀行——對亞洲開發銀行的挑戰？ / 172
7.3 兩種共識與實現均衡的兩種力量 / 173
7.3.1 兩種共識的博弈與均衡 / 173
7.3.2 實現均衡的國際經濟新秩序 / 174
7.4 金磚國家主導的金融合作路徑 / 175
7.4.1 加強金磚國家銀行間市場的合作 / 176
7.4.2 增強金磚國家本幣投融資業務 / 176
7.4.3 推動大宗商品本幣結算的實現 / 176
7.4.4 推動金磚國家本幣債券市場的發展 / 177
7.4.5 推進金磚國家跨境金融基礎設施的建設 / 177

8 多元化國際貨幣體系的制度設計與運行框架 / 179
8.1 國際政治和世界經濟正在走向多極化 / 180

8.1.1　國際政治正在走向多極化 / 180

　　　8.1.2　世界經濟正在走向多極化 / 181

8.2　國際貨幣體系的多元化將成為大勢所趨 / 182

　　　8.2.1　一國的經濟實力決定其貨幣的國際地位 / 183

　　　8.2.2　美元的國際貨幣霸主地位岌岌可危 / 185

　　　8.2.3　新興市場國家尚未在國際貨幣體系中取得應有的地位 / 185

8.3　亞洲經濟將成為世界經濟平衡的重要力量 / 188

　　　8.3.1　亞洲大陸的崛起與復興 / 188

　　　8.3.2　人民幣在國際貨幣體系中的地位 / 189

　　　8.3.3　人民幣國際化路徑的曲折性 / 191

8.4　多幣種制衡鼎立的國際貨幣體系的新結構 / 191

　　　8.4.1　多元國際貨幣體系出現的必然性 / 191

　　　8.4.2　多元國際貨幣體系的猜想 / 194

參考文獻 / 196

1　金融危機的週期性回眸

1.1　經濟繁榮與蕭條的輪動

自人類社會產生以來，以生產和消費為核心的各種活動逐漸展開。從最開始的以物易物的原始交換到作為固定一般等價物的貨幣的產生，從以消費為目的的生產到以交換為目的的生產，從金屬貨幣的流通到信用貨幣的發行，從物質消費的滿足到對精神消費的需求，數千年的歷史流淌著悠久的文明，而承載著這一切的，是越跑越快的經濟的車輪，而這車輪從慢到快的一個重要的加速器便是貨幣。貨幣的產生，改變了人們的生活方式，加快了社會財富的累積，促進了商品經濟的發展，但同時，它也成了貪婪人性的外化物，為經濟波動與危機爆發埋下深深的伏筆。

1.1.1　關於經濟危機的簡述

對於商品與貨幣的關係，以及關於經濟危機產生的必然性的討論，馬克思在《資本論》中做了詳細的論述。危機之所以爆發，客觀來說是對現有矛盾的暴力解決，使得已經破壞的平衡得以瞬間恢復。而這種矛盾，從最根本上來說，是生產關係與生產力的矛盾，是生產資料私有制和生產的社會化之間的矛盾，即資本主義的基本矛盾。

對於這一基本矛盾，《資本論》從不同的角度進行了闡述。在第一卷中，馬克思討論了商品的使用價值和交換價值的內在矛盾，以及貨幣在作為流通手段和支付手段的過程中，潛在危機的可能性問題。「商品內在的使用價值和價值的對立，私人勞動同時必須表現為直接社會勞動的對立，特殊的具體的勞動同時只是當作抽象的一般的勞動的對立，物的人格化和人格的物化的對立，……這種內在的矛盾在商品形態變化的對立中取得了發展的運動形式。」「貨

幣作為支付手段的職能包含著一個直接的矛盾。在各種支付互相抵消時，貨幣就只是在觀念上執行計算貨幣或價值尺度的職能。而在必須進行實際支付時，貨幣又不是充當流通手段，不是充當物質交換的僅僅轉瞬即逝的媒介形式，而是充當社會勞動的單個化身，充當交換價值的獨立存在，充當絕對商品。這種矛盾在生產危機和商業危機中被稱為貨幣危機的那一時刻暴露得特別明顯。這種貨幣危機只有在一個接一個的支付的鎖鏈和抵消支付的人為制度獲得充分發展的地方，才會發生。在危機時期，商品和它的價值形態（貨幣）之間的對立發展成為絕對矛盾。因此，貨幣的表現形式在這裡也是無關緊要的。不管是用現金支付，還是用銀行券這樣的信用貨幣支付，貨幣荒都是一樣的。」

在第二卷中，馬克思在對資本循環、資本週轉和社會資本再生產問題的分析中，揭示了在資本主義經濟運行中生產和消費、供給和需求、剩餘價值生產和市價之間的一系列矛盾。資本主義的生產是以商品為載體的剩餘價值的生產，是攫取盡可能多的剩餘勞動的生產，因此在資本主義生產的本質中就包含著不顧市場限制而進行生產的趨向。這就在資本主義生產過程中形成了兩個界限：一是剩餘價值時剩餘勞動和生產力發展的界限；二是貨幣是生產的界限。在這些因素的作用下，經濟危機便不可避免甚至愈演愈烈了。

在第三卷中，馬克思在揭示資本主義經濟運動中累積規律和利潤率趨向下降規律的基礎上，深入闡述了資本主義經濟危機的根源及其對資本主義經濟運動的歷史趨向的影響。這種競爭鬥爭會引起工資的暫時提高和由此產生的利潤率的進一步暫時下降。「和累積結合在一起的利潤率的下降也必然引起競爭鬥爭。這種情況也表現為商品的生產過剩和商品充斥市場。因為資本的目的不是滿足需要，而是生產利潤，因為資本達到這個目的所用的方法，是按照生產的規模來決定生產量，而不是相反，所以，在立足於資本主義基礎的有限的消費範圍和不斷地力圖突破自己固有的這種限制的生產之間，必然會不斷發生衝突。」

總的說來，矛盾在於：一方面，資本主義生產方式包含著絕對發展生產力的趨勢，而不管價值及其中包含的剩餘價值如何，也不管資本主義生產借以進行的社會關係如何；另一方面，它的目的是保存現有的資本價值和最大限度地增值資本價值（也就是使這個價值越來越迅速地增加）。

1.1.2 百年來歷次危機的簡單回顧

馬克思關於經濟危機必然性的理論不斷地通過危機的現實爆發來被反覆證明。人類思想觀念的進步以及科學技術的迅猛發展，在很大程度上改變了人類

的生產生活方式，使社會經濟也取得了日新月異的進展。然而，往往當人們樂觀地享受著經濟飛速發展的成果並做著直線騰飛的美夢時，經濟的車輪會貌似不經意地把我們震醒。

1.1.2.1　1929 年經濟危機

（1）背景。

第一次世界大戰結束之後，英國、法國、德國等歐洲國家經濟嚴重受創，大多處於停滯狀態，而在這一階段美國的經濟卻得到了空前的發展，並經歷了 1923—1929 年的「柯立芝繁榮」。美國這一階段的經濟發展主要源於其豐厚的物質基礎、生產技術的革新以及管理的科學化。

首先，美國沒有參與第一次世界大戰，而是憑藉其聚斂了大量的財富，為經濟發展準備好了充分的物質基礎。最明顯的表現是，第一次世界大戰結束時，美國從戰前的資本輸入國變成了資本輸出國，從戰前的債務國轉變為債權國。從黃金儲備上來看，1924 年，美國的黃金儲備已經達到了世界總儲備量的 50%，為其以後成為世界金融中心打下了基礎。

其次，技術革命是推動美國經濟發展並形成「柯立芝繁榮」的最根本原因。在這期間，美國大力推行工業生產合理化運動，其中最具代表意義的是著名的泰勒制和福特製。

最後，大量的資本和商品輸出刺激了經濟的發展。第一次世界大戰結束之後，歐洲各國戰後物質資源匱乏，對商品和資本的輸入有極大的需求，美國借此拓展了廣闊的海外市場，憑藉在第一次世界大戰中聚斂的財富向歐洲國家進行資本和商品輸出。

我們可以利用一組數據來說明危機發生之前美國經濟的空前繁榮：

①生產率。在 1923—1929 年期間，美國每年的生產率增長近 4%。1921 年美國工業生產指數為 67，而到了 1929 年 6 月，該指數已上升到了 126，美國的工業生產增長了近一倍，尤其表現在汽車、電器工業、建築業以及鋼鐵工業等行業。1929 年，美國在資本主義世界工業生產的比重已達 48.5%，超過了當時英國、法國、德國這三個國家所占比重的總和，以致柯立芝總統聲稱，美國人民已達到了「人類歷史上罕見的幸福境界」。

②國民總收入。1919 年美國的 GDP 為 650.9 億美元，而在 1929 年增加到了 828.1 億美元。

③人均收入。1919 年美國人均收入為 620 美元，隨後增加至 1929 年的 681 美元。

④銀行存款。這一期間美國銀行業私人存款大幅增加，年增長率達到 8%。

⑤失業率。在1922—1929年期間，除1924年和1926年之外，基本上失業率不超過4%。

⑥資本輸出。在1922—1929年期間，美國約有36億美元的資本輸出。

⑦貿易順差。美國在20世紀20年代的國際貿易全部表現為順差，1928年曾達到11億美元。

以上數據非常直觀地表明了這一時期美國飛速發展的工業化生產所帶來的經濟空前繁榮，然而事實上，這些繁榮主要集中在部分工業城市和部分行業中（如汽車和電氣工業等），經濟發展的不平衡非常突出。同時，這一時期股市也迅速膨脹，不斷上漲的股價讓人們完全沉浸在一片財富迅速增長的歡呼中，而忽略了繁榮中的潛在問題，忽略了生產和資本的不斷集中加劇了資本主義社會的固有矛盾，危機正在悄然到來。

（2）危機爆發。

柯立芝總統在任職期間對未來經濟極度看好使越來越多的美國人堅信美國中產階層必將崛起，也正是這種盲目追求暴富的心態催生了1924年佛羅里達州房地產的極度繁榮。房地產價格在不斷的轉手買賣中迅速上漲，然而這種沒有合理原因的瘋狂上漲在1926年開始顯現出後勁不足。更直接的是，1926年秋天造成數百人死亡的兩場熱帶風暴讓佛羅里達州的繁榮徹底沉寂。然而，房地產繁榮的破滅並沒有澆熄美國人「一夜暴富」的信念，很快，這種堅定的信念在股市上愈演愈烈地體現出來。

道瓊工業指數於1896年5月26日產生，是一種代表性強、作用非常突出的股票價格平均指數。它象徵著當時美國工業中最重要的12種股票價格的平均數，首次被公布時為40.94點。在20世紀20年代，美國工業化的飛速發展、海外軍事擴張、第一次世界大戰結束之後的貿易發展以及柯立芝繁榮等重重利多將道瓊工業指數不斷推升　當然，伴隨其中的也有美國民眾越來越瘋狂的投機情緒。1929年9月3日，道瓊工業指數收至歷史最高點位381點。在這一輪上漲行情中，也曾出現過短暫回調，比如1926年的兩度下跌。然而，在迅速恢復之後，股價便開始日復一日地攀升，給人們創造出肉眼可見的繁榮，以至於大多數人忽略了當時佛羅里達州房地產繁榮時的問題——財產所有權的各個方面已經變得互不相關，財產的長期價值或者用益權與其價格已嚴重偏離。

1929年秋天，美國經濟已經呈現出明顯的蕭條。工業生產指數在6月份見頂之後一路下滑，到10月份已經下滑到117點。鋼鐵生產量、鐵路運輸量以及住宅建設量都明顯呈下降趨勢，而一直攀升的股市終於開始出現疲態。但

是陷入瘋狂投機情緒的人們仍在不斷幻想，認為股市還是會迅速反彈並再創新高的（至少在 10 月 24 日之前，人們大多還都是這樣想的）。然而在這個黑色星期四之後，恐慌似乎一直沒有離開過。28 日股市開盤不久，行情延續上一週的下跌態勢。道瓊工業指數一路暴跌，當日收盤之時跌幅達 12.82%。這種下跌幅度在 29 日仍在延續，道瓊工業指數在 29 日跌幅為 11.73%，下降了 30 點，收於 230 點。在大蕭條期間，道瓊工業指數一直呈下降態勢，直至 1932 年 6 月 30 日的 43 點。

（3）後果。

股市崩盤之後，美國經濟出現了長達 10 年的蕭條。1933 年美國的經濟總產值下降到了 1929 年的 1/3 左右，直到 1941 年，總產值仍低於 1929 年的水準。在這 10 年期間，只有 1937 年的失業人口數量在 800 萬以下，1933 年的失業率更是達到了 25%。之後，隨著羅斯福新政的實行以及第二次世界大戰的爆發，美國經濟才逐漸走出大蕭條的陰影。

1.1.2.2　1997 年亞洲金融危機

（1）背景。

①全球金融自由化浪潮。20 世紀七八十年代，全球掀起了一次金融自由化浪潮。資本主義國家在經歷了大蕭條之後又出現了普遍的滯漲問題，而發展中國家也亟須振興經濟，因此，第二次世界大戰結束之後發達國家與發展中國家從相互對峙與封鎖逐漸轉變為互利合作，通過貿易關係、商品和要素流通等方式共同謀得經濟發展。而金融自由化便是各國之間深入合作的一個必要前提。

「金融自由化」理論是由 R. J. McKinnon 和 E. S. Show 在 20 世紀 70 年代，針對當時發展中國家普遍存在的金融市場不完全、資本市場嚴重扭曲和患有政府對金融的干預綜合徵等影響經濟發展的狀況首次提出的。「金融自由化」是指各國政府放鬆對本國金融的管制與干預，包括利率、匯率的改革以及金融市場和金融體系的放鬆監管等，從而增強金融資本的流動性，使金融活動更多地向證券化、衍生化、虛擬化以及國際化等方向發展。金融自由化的深入有利於形成一個全球化的經濟貿易合作的經濟新格局。

②東南亞國家的出口型經濟。東南亞地處太平洋與印度洋的交匯地帶，具有赤道多雨氣候和熱帶季風氣候等濕熱氣候，擁有豐富的自然資源。20 世紀 60 年代之後，東南亞各國大力發展外向型的市場經濟，擴大了農產品以及礦產資源等產品的出口量，同時大力發展製造業，更多的是以勞動密集型的輕紡和裝配工業為主。20 世紀七八十年代，西方發達國家經濟經歷了大滯漲。在

此之後，西方各國不再發展低端工業，開始將低端過剩產能向海外轉移。與此同時，由信息技術主導的第三次科技革命將資本主義經濟推向了繁榮。同時，作為亞洲地區最早實現工業化的日本，在第二次世界大戰結束之後逐漸加快產業的轉型升級，將勞動密集型以及低端產業轉移到了亞洲其他地區（表1-1）。東盟四國在勞動密集型以及低端技術產業的出口中佔有很大優勢，同時，金融自由化浪潮的掀起、日本「廣場協議」及「羅浮宮協議」之後的兩次升值都成為以出口拉動經濟的東南亞各國經濟騰飛的重要推力。因此，在危機爆發的前10年，東南亞國家一直保持著高速的經濟增長（圖1-1）。尤其是泰國，服裝、紡織行業、電子元件組裝等勞動密集型產業在國內大量興起，對國外產業轉移的大量承接，極大地推動了泰國經濟的發展，創造了經濟年均增長率8%的「泰國奇跡」。與泰國經濟增長勢頭相當的還有印度尼西亞（圖1-2）。從可獲得的失業率數據來看，除菲律賓的失業率大體維持在8%～10%之外，馬來西亞、新加坡和泰國的失業率一直有逐年降低的態勢（圖1-3）。

表1-1　　20世紀50年代~80年代國際性產業調整與傳遞

時間	轉移升級
50年代	美國→日本（資本密集型產業）
60年代	美國→日本（技術密集型產業）
60年代	美國、日本→亞洲四小龍（勞動密集型、部分資本密集型產業）
70年代	美國→日本（技術密集型產業）
70年代	美國、日本→亞洲四小龍（資本密集型產業）
70年代	美國、日本、亞洲四小龍→東盟四國（勞動密集型產業）
80年代	中後期美國→日本（創造性、知識技術密集型產業）
80年代	美國、日本→亞洲四小龍（標準化資本、技術密集型產業）
80年代	美國、日本、亞洲四小龍→東盟四國（勞動、部分資本、低技術密集型產業）

資料來源：汪斌. 東亞工業化浪潮中的產業結構研究［M］. 杭州：杭州大學出版社，1997：318.

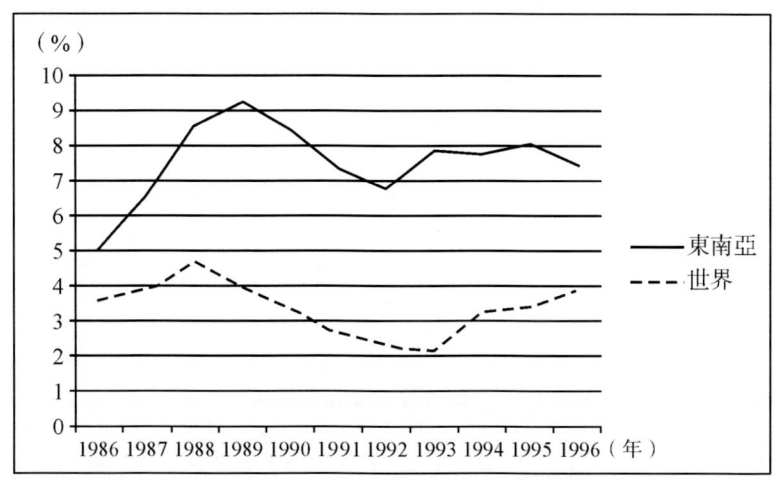

图 1-1　危机之前东南亚的经济增速

资料来源：笔者根据国际货币基金组织公布的 WEO 数据库整理所得。

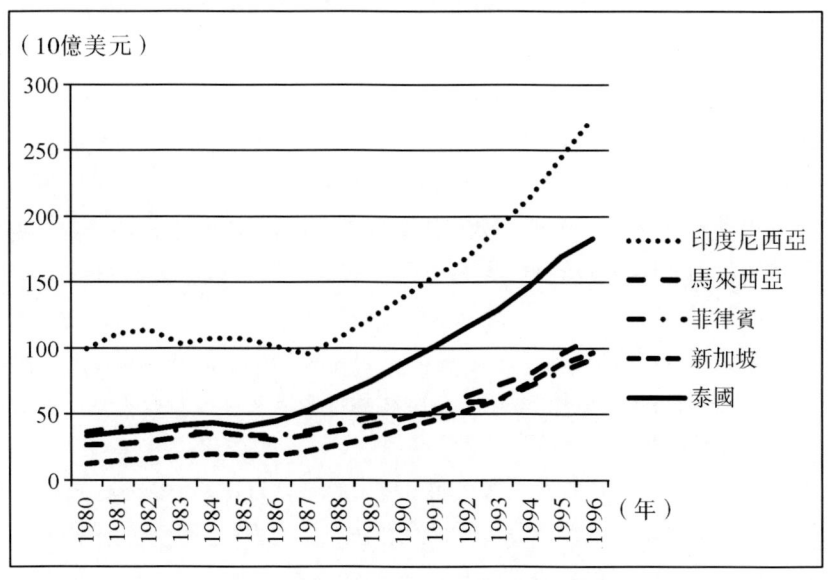

图 1-2　危机之前东南亚各国的 GDP

资料来源：笔者根据国际货币基金组织公布的 WEO 数据库整理所得。

1　金融危机的週期性回眸 ｜ 7

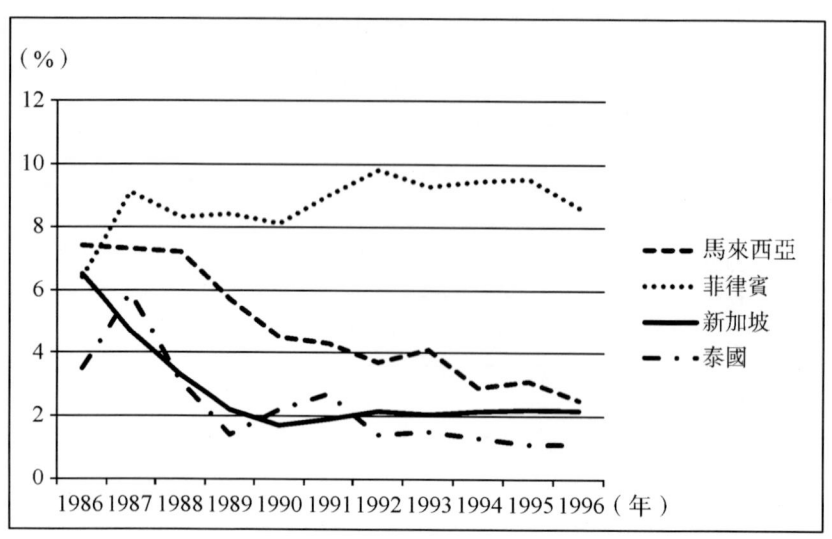

圖 1-3　危機之前東南亞部分國家的失業率

資料來源：筆者根據國際貨幣基金組織公布的 **IFS** 數據庫整理所得。

③東南亞各國的外匯體制與資本帳戶開放。資本帳戶開放意味著資金的跨境自由轉移，即解除對資本帳戶中的經濟行為施加的交易限制，基本事件資本的自由流動，同時也意味著本外幣之間的自由兌換，即對資本交易施加的貨幣兌換管制的放鬆。一國的資本帳戶開放可以實現以下利益：第一，可以為國內經濟發展提供充裕資金。發展中國家普遍會遇到國內儲蓄和外匯儲備「雙缺口」的現象，而放開資本管制，大力引入外資，可以緩解「雙缺口」對國內經濟發展的掣肘。第二，在實現國際直接投資自由化的同時，可以帶動本國技術的進步和管理經驗的革新。第三，資本的自由流動可以提升本國金融活動的效率，比如金融服務的質量和效率，金融產品定價以及儲蓄向投資轉化的效率和投資組合的風險分散效率等。

東南亞國家在發展外向型經濟初期出現了經常項目逆差，以泰國為例，如表 1-2 所示，這也是大多數後發新興經濟體在發展過程中要經歷的階段。在這一階段持續的過程中，開放資本帳戶引入外資，可以彌補國內外匯儲備的不足。在金融自由化的浪潮下，亞洲各國相繼放鬆了各自的金融管制，泰國也在 20 世紀 80 年代末期加快了金融自由化進程，大體經歷了 1985—1989 年的漸進開放時期和 1990—1996 年的加速開放時期（表 1-3）。金融開放措施在明顯的正利率差以及對美元固定匯率的雙重作用下吸引了大規模外資，極大地推動了泰國國內經濟的快速發展。

表 1-2　　　　　　　　1980—1996 年泰國進出口貿易額

單位：10 億美元

年份	出口	進口	差值
1980	6.51	9.21	-2.70
1981	7.03	9.96	-2.93
1982	6.94	8.55	-1.61
1983	6.37	10.29	-3.92
1984	7.41	10.40	-2.99
1985	7.12	9.24	-2.12
1986	8.88	9.18	-0.30
1987	11.73	13.00	-1.27
1988	15.95	20.29	-3.34
1989	20.08	25.77	-5.69
1990	23.07	33.05	-9.98
1991	28.43	37.57	-9.14
1992	32.47	40.69	-8.22
1993	36.97	46.08	-9.11
1994	45.26	54.46	-9.20
1995	56.44	70.79	-14.35
1996	55.72	72.33	-16.61

資料來源：作者根據國際貨幣基金組織公布的 IFS 數據庫整理所得。

表 1-3　　　　　泰國的資本對外開放進程（1985—1997 年）

年份	1985	1986	1987	1988	1989	1990	1991	1992	1993	1994	1995	1996	1997
國內金融體系													
資本市場發展		○	○	○	○	●	●	●	○		○	○	●
貨幣市場和工具	○	●	○		●	●	●	○		○	●	●	●
金融監管	●			○				●	●	●	●	●	●
對外資本開放													
匯率機制													●
外匯市場制度	○	○			●	●	●	●	○	●	○		●
貿易改革	●			○	○				○		○		
證券投資資金流入	○	●			○			○	○				

表1-3(續)

年份	1985	1986	1987	1988	1989	1990	1991	1992	1993	1994	1995	1996	1997
證券投資資金流出						○	●	○					
直接投資資金流入	○						●	●		○			●
直接投資資金流出							○						
資本流入											○	●	
資本流出											○		●

註：○表示改革力度較小的措施，●表示改革力度較大的措施。

資料來源：JOHNSON B, DARBAR S, ECHEVERRIA C. Sequecng capital account liberalization: lessons from the experience in Chiles, Indonesia, Korea and Thailand [J]. Social Science Electronic Publishing, 1997.

(2) 危機爆發。

泰國長期的經常帳戶逆差一直靠資本的流入來維持，這也是支撐泰國國內經濟發展的一個重要支柱。同時，從泰國外儲和外債的規模來看，外債數量尤其是短期外債的數量遠高於外匯儲備水準（表1-4）。而國內經濟過多依賴國外資本流入，為經濟危機埋下了深深的伏筆。馬來西亞和印度尼西亞的經濟對外依賴程度也與泰國非常相似（表1-5和表1-6）。泰國的負債率一路攀升，到1997年已經高達72.4%，而印度尼西亞的負債率在50%以上居高不下，馬來西亞的負債率相對較低，但也高於30%。泰國的短期外債比率也一度持續走高，自1994年以來短期外債的規模已經超過了外匯儲備規模。印度尼西亞的短期外債更是從1990年開始就已經超過了外匯儲備規模並不斷攀升。然而，由於泰國對外資投向的引導不利、監管不嚴，大量的短期外資遵循逐利本性，湧入了房地產和股市，使經濟泡沫難以抑制，經濟和金融的脆弱性凸顯。

表1-4　　　　1990—1997年泰國的外匯儲備和外債規模

單位：10億美元

年份	1990	1991	1992	1993	1994	1995	1996	1997
外匯儲備	13.2	17.3	20.0	24.1	28.9	35.5	37.2	25.7
外債總額	29.3	37.9	43.6	52.1	64.9	100.8	108.7	109.3
短期外債	10.4	15.4	18.9	22.6	29.2	52.4	47.7	38.3
負債率	34.2%	39.4%	39.9%	42.8%	45.0%	60.0%	59.8%	72.4%
短期債務比率	35.5%	40.6%	43.3%	43.4%	45.0%	52.0%	43.9%	35.0%

資料來源：國際貨幣基金組織。

註：負債率＝外債總額/國內生產總值；短期債務比率＝短期外債/外債總額。

表1-5　　　　1990—1997年馬來西亞的外匯儲備和外債規模

單位：10億美元

年份	1990	1991	1992	1993	1994	1995	1996	1997
外匯儲備	9.3	10.4	16.8	26.8	24.9	22.9	26.2	20.0
外債總額	17.0	18.7	21.4	25.6	28.8	33.4	38.7	43.9
短期外債	1.6	2.6	5.0	6.4	5.6	6.4	10.0	11.1
負債率	38.6%	38.1%	36.2%	38.3%	38.6%	37.6%	38.4%	43.8%
短期債務比率	9.4%	13.9%	23.4%	25%	19.4%	19.2%	25.8%	25.3%

資料來源：國際貨幣基金組織。

表1-6　　　　1990—1997年印度尼西亞的外匯儲備和外債規模

單位：10億美元

年份	1990	1991	1992	1993	1994	1995	1996	1997
外匯儲備	7.4	9.2	10.2	11.0	11.8	13.3	17.8	16.1
外債總額	69.9	75.9	88.0	89.2	107.8	124.4	128.9	136.3
短期外債	11.1	14.3	18.1	18.0	19.5	26.0	32.2	32.9
負債率	55.6%	56.5%	57.6%	51.1%	55.2%	55.7%	51.4%	57.2%
短期債務比率	15.9%	18.8%	20.6%	20.2%	18.1%	20.9%	25.0%	24.1%

資料來源：國際貨幣基金組織。

　　東南亞國家的經常帳戶逆差以及超過外匯儲備的大規模外債，這種對外依存度很高的經濟形勢在資本持續流入的狀態下或可持續，但國內經濟結構不合理導致的經濟發展動力不足，以及釘住美元的固定匯率制，使得這種外向型經濟在國際經濟形勢出現逆轉之時毫無抵抗之力。而這種逆轉便是日本20世紀90年代的經濟泡沫破裂。

　　在1987年的羅浮宮協議之後，日本為減緩升值速度，實施了低利率政策，導致國內流動性泛濫。加上日圓升值帶來的熱錢湧入，直接導致了日本的經濟泡沫。1989年泡沫破裂，股市和房地產價格雙雙下跌。為了刺激經濟，拉動出口，1995年，日本政府讓日圓開始貶值。而東南亞各國的匯率則隨美元升值，出口競爭力下降，這也解釋了在表1-2中，泰國的貿易逆差在1995年迅速擴大。此外，國際熱錢在日圓貶值的消息中嗅到了套利的機會，在大量湧入

1　金融危機的週期性回眸　　11

日本套息的同時，也盯上了經濟增長利息下降且資產價格呈螺旋性膨脹的東南亞各國，使東南亞各國外債迅速上升。

1997年泰國經濟狀況惡化，泰國政府出手整頓金融業，外資紛紛逃離。同年5月，國際投機者大量拋售泰銖，為穩定匯率，泰國政府不斷拋售外匯儲備。同年6月30日，泰國的外匯儲備淨值已迅速下降到28億美元，但效果甚微。終於在7月2日，泰國政府宣布放棄實行了13年的釘住美元的匯率制度，實行浮動匯率（圖1-4），當日，泰銖貶值19.5%。東南亞金融風暴從此拉開了帷幕。

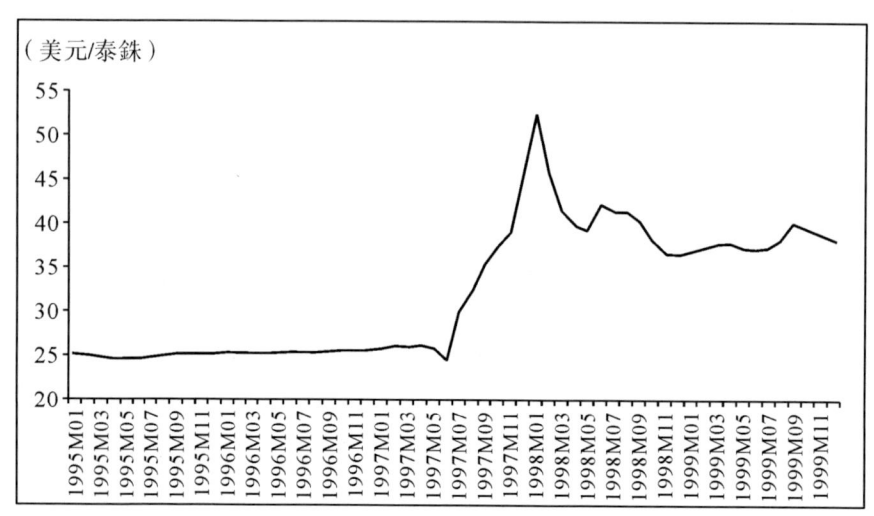

圖1-4　泰銖匯率變化圖

資料來源：世界銀行 **Global Economic Monitor** 數據庫，下同（圖1-5至圖1-12）。

第一階段：

1997年7月11日，菲律賓政府被迫放棄了固定匯率，披索被大幅貶值（圖1-5）；7月24日馬來西亞的令吉大跌至歷史最低（圖1-6）；8月13日，印度尼西亞的印尼盾大幅貶值（圖1-7）。整個東南亞地區的股市匯市均大幅下跌。

1997年10月下旬，國際投機資金開始攻擊香港的聯繫匯率制，香港股市大跌。臺灣當局棄守新臺幣匯率。香港恒生指數於10月28日跌破9,000點大關。

1997年11月中旬，韓圓匯率驟跌，韓國政府向國際貨幣基金組織求援獲得550億美元支持，但仍不能阻止經濟形勢惡化。到12月底，韓國政府宣布外匯儲備不足以償還到期外債，匯市股市大幅下滑（圖1-8）。在1997年，韓

國企業倒閉 16,000 多家，日本的金融機構破產倒閉危機擴展到大型的銀行和證券公司，東南亞金融風暴演化為亞洲金融危機。

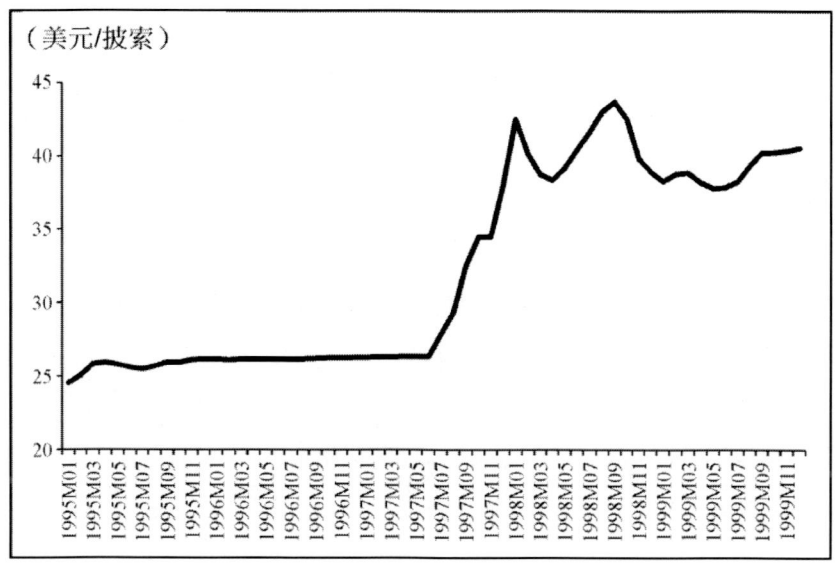

圖 1-5　菲律賓披索匯率變化圖

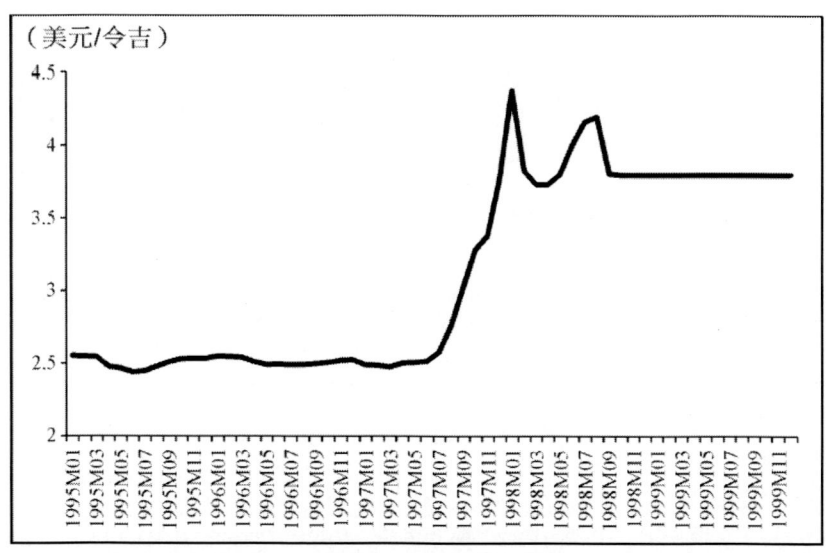

圖 1-6　馬來西亞令吉匯率變化圖

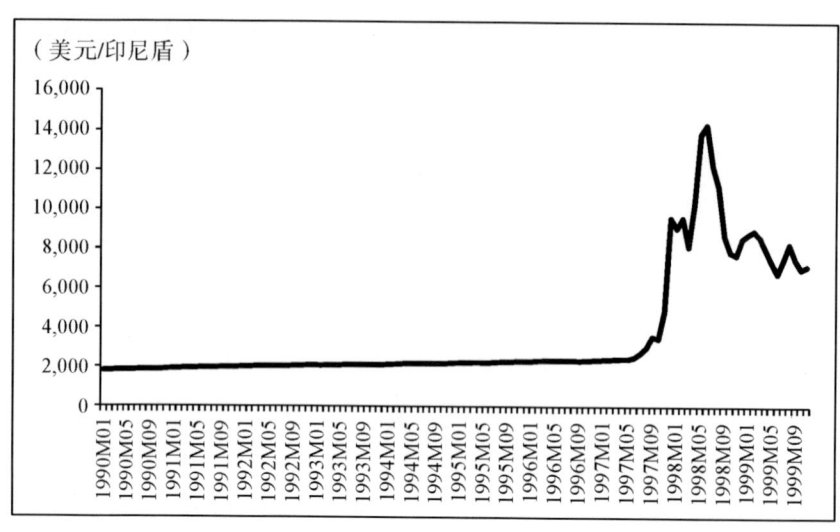

圖 1-7　印尼盾匯率變化圖

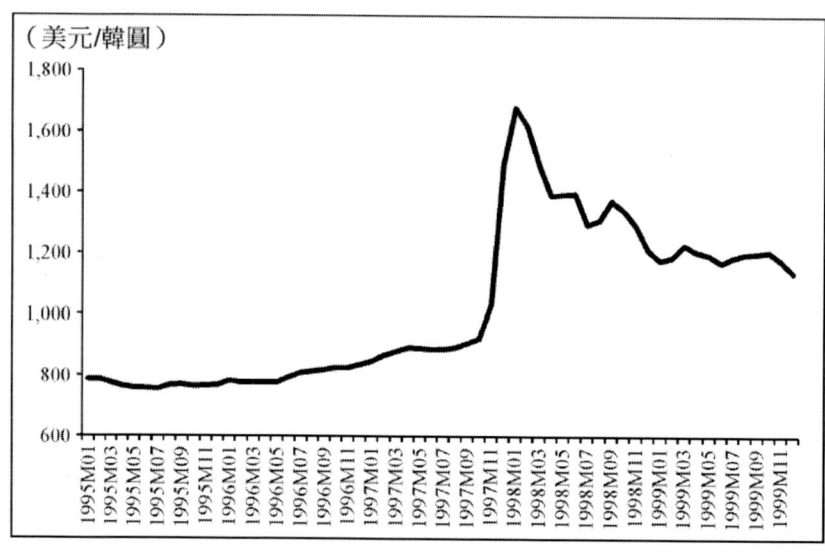

圖 1-8　韓圓匯率變化圖

第二階段：

　　1998 年，獲得國際貨幣基金組織援助的印度尼西亞金融風暴再起，2 月 16 日，印尼盾對美元跌破 10,000：1。而整個東南亞的匯市又一次被波及，泰銖、新加坡元、菲律賓披索、馬來西亞令吉等相繼下跌。這輪狂跌一直持續

到4月8日，當天國際貨幣基金組織與印度尼西亞達成了一份新的經濟改革方案。自此，東南亞的外匯市場才逐漸穩定下來。

1998年4月初，日圓對美元匯率跌至133：1，在五六月份，日圓匯率一度滑向150：1的關口（圖1-9）。亞洲金融危機繼續深化。

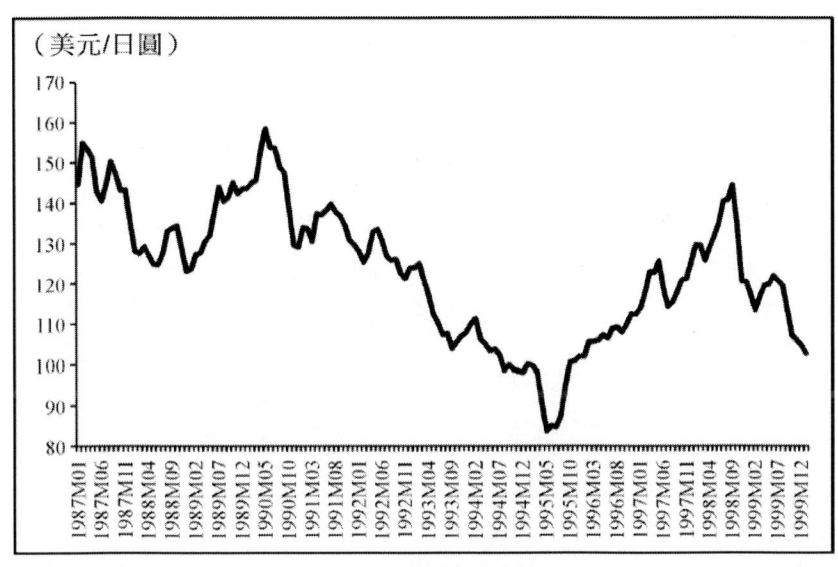

圖1-9　日圓匯率變化圖

第三階段：

港幣再次受到國際熱錢的攻擊，香港恒生指數應聲下跌至6,600點左右。香港金融管理局利用外匯基金進行回擊，在股票市場和期貨市場不斷購回被做空的港幣，取得了明顯效果，最終港元的匯率穩定在1美元兌7.75港幣的水準（圖1-10）。

俄羅斯金融市場受到波及。1998年5月，俄羅斯的股票市場、外匯市場出現大幅下滑態勢，國債收益率狂跌。8月17日，俄羅斯央行宣布擴大盧布兌美元匯率的波動幅度，從6.0：1到9.5：1，並暫停國債交易以及推遲外債的償還期限。

1998年9月2日，盧布貶值幅度達到了70%。不只是外匯市場，股票市場也開始急遽下滑，最終演化成了金融、經濟乃至政治危機。危機持續到1998年年底仍沒有好轉。直至1999年，俄羅斯的金融與經濟才開始緩慢復甦（圖1-11）。

1　金融危機的週期性回眸　15

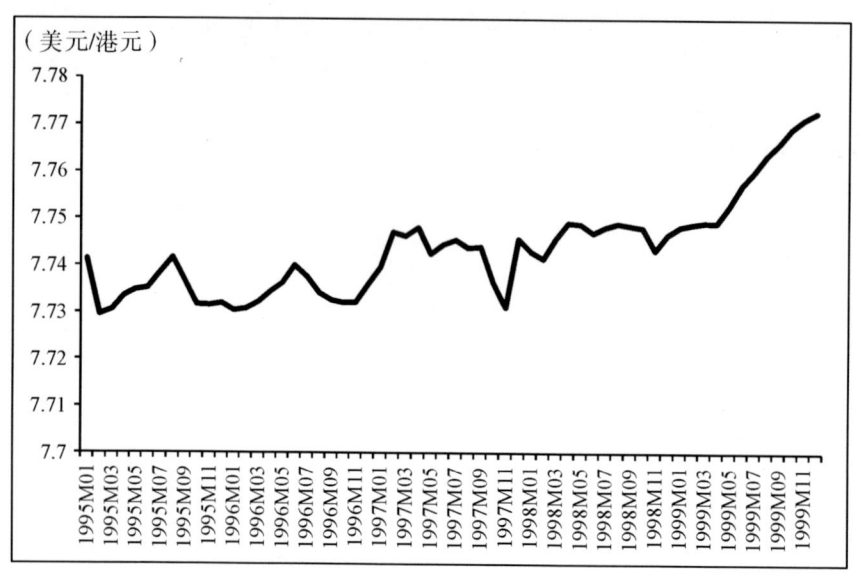

圖 1-10　港元匯率變化圖

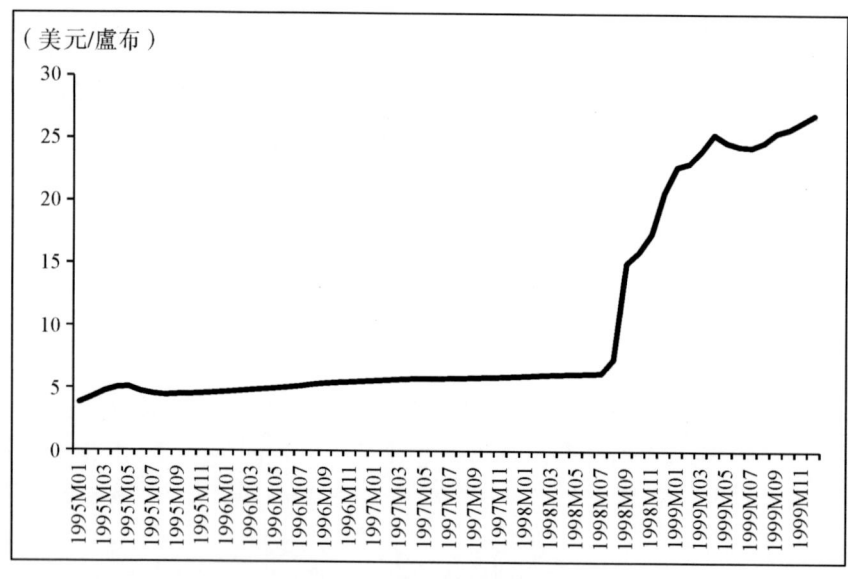

圖 1-11　俄羅斯盧布匯率變化

1.1.2.3　2008 年全球經濟危機

（1）背景。

①互聯網泡沫破裂之後的降息通道繁榮了房地產市場。資訊技術革命催生

了20世紀90年代美國經濟的高速增長，使資本市場又一次極大繁榮。2001年互聯網泡沫破裂，引發了美國經濟的衰退。美國聯邦儲備系統（下簡稱「美聯儲」）為應對這次衰退，連續13次降息，使貨幣政策極具擴張性（表1-7）。從2001年年初的6.5%下降到2003年6月25日的1%，連續三年的降息通道，在挽救泡沫破滅之後的經濟的同時，又孕育了另一個潛在的泡沫——房地產市場。美聯儲的低利率政策、投資者從崩潰的股票市場轉向房地產市場、住房抵押貸款的稅收優惠政策等，成為房地產市場快速升溫的主要推力。據調查分析，在1994—2001年的7年間，美國房價不過上升了53.1%，而2001—2007年，美國的房價卻上升了63.4%。

表1-7　　互聯網泡沫破裂後美聯儲13次調降聯邦基金利率

時間	調整前	調整後	調整幅度
2001年01月03日	6.50%	6.00%	下降50個基點
2001年01月31日	6.00%	5.50%	下降50個基點
2001年03月20日	5.50%	5.00%	下降50個基點
2001年04月18日	5.00%	4.50%	下降50個基點
2001年05月15日	4.50%	4.00%	下降50個基點
2001年06月27日	4.00%	3.75%	下降25個基點
2001年08月21日	3.75%	3.50%	下降25個基點
2001年09月17日	3.50%	3.00%	下降50個基點
2001年10月02日	3.00%	2.50%	下降50個基點
2001年11月06日	2.50%	2.00%	下降50個基點
2001年12月12日	2.00%	1.75%	下降25個基點
2002年11月06日	1.75%	1.25%	下降50個基點
2003年06月25日	1.25%	1.00%	下降25個基點

②金融自由化和證券化過度發展。20世紀80年代掀起的金融自由化浪潮不僅表現在對外資本開放，還表現在對國內的金融管制執法放鬆。對美國而言，1929年大蕭條之後的一系列金融管制措施抑制了美國金融行業的發展，使其在國際金融業的競爭力下降。因此，隨著金融自由化浪潮的產生，美國金融業逐漸放鬆監管。1999年《金融服務現代化法案》的通過，徹底顛覆了1933年《格拉斯-斯蒂格爾法案》中規定的分業經營模式，允許金融機構跨州

經營並成立金融控股公司。隨後，2000 年美國通過了《商品期貨現代化法案》，允許金融機構之間在沒有政府監管的情況下通過場外市場交易金融衍生品。2004 年，美國證券交易委員會又增加了一種新的淨資本計算規則（或稱集團監管規則），允許投行的資本金下降 20%～30%，且允許投行用自己的風險測量模型計算自身的資本金要求，而並非由監管部門統一測量。一系列的放鬆監管使得各類金融創新產品飛速發展，在 2004—2007 年期間，擔保債務憑證（CDO）和信用違約互換（CDS）增長了數倍（圖 1-12）。

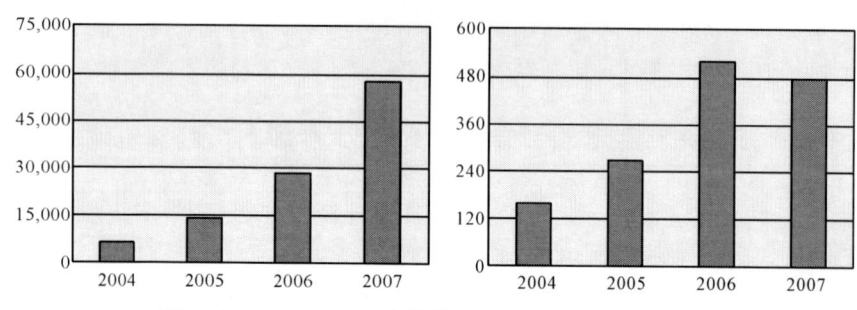

圖 1-12　2004—2007 年期間 CDO 和 CDS 的發行數量

資料來源：鞠安深. 美聯儲在次貸危機形成過程中的責任分析 [D]. 北京：外交學院，2009.

這些金融衍生品的風險轉移功能被發行次級按揭貸款的銀行利用到極致，也使次級貸款一度風靡。房地產市場在低利率的環境下升溫，美國民眾的購房需求也不斷高漲。商業銀行推出的次級貸款更大地刺激了購房需求。資料顯示，1994—2006 年，美國的住房擁有率從 64% 上升到 69%，次級貸款功不可沒。

商業銀行等房貸機構以資產證券化為支持不斷發行次級抵押貸款的一個前提就是：持續的低利率環境下的房價不斷升值。也就是說，大量的次級貸款以及以次級貸款為基礎資產的各類金融衍生品都暴露在利率風險或者說房價驟跌的風險之下。

（2）危機爆發。

互聯網泡沫之後的低利率政策在當時低迷的經濟中並沒有導致物價上漲和通貨膨脹，消費物價指數一直保值在政府調控的目標之內。此次擴張的貨幣政策對刺激經濟產生了明顯的作用，美國乃至全球主要經濟體（日本除外）均實現了平穩快速的發展。這一階段曾被稱為「黃金年代」。然而，持續的低利率最終還是帶來了過剩的流動性，使物價上漲，通膨壓力盡顯。因此，美聯儲從 2004 年開始又開啟了加息通道，連續 17 次上調聯邦基金利率，從 1% 一直上調到 5.25%（表 1-8）。美國房地產價格增速放緩，在 2005 年見頂之後開始

回落。

表 1-8　　　　　2004—2006 連續 17 次上調聯邦基金利率

時間	調整前	調整後	調整幅度
2004 年 06 月 30 日	1.00%	1.25%	上升 25 個基點
2004 年 08 月 10 日	1.25%	1.50%	上升 25 個基點
2004 年 09 月 21 日	1.50%	1.75%	上升 25 個基點
2004 年 11 月 10 日	1.75%	2.00%	上升 25 個基點
2004 年 12 月 14 日	2.00%	2.25%	上升 25 個基點
2005 年 02 月 02 日	2.25%	2.50%	上升 25 個基點
2005 年 03 月 22 日	2.50%	2.75%	上升 25 個基點
2005 年 05 月 03 日	2.75%	3.00%	上升 25 個基點
2005 年 06 月 30 日	3.00%	3.25%	上升 25 個基點
2005 年 08 月 09 日	3.25%	3.50%	上升 25 個基點
2005 年 09 月 20 日	3.50%	3.75%	上升 25 個基點
2005 年 11 月 03 日	3.75%	4.00%	上升 25 個基點
2005 年 12 月 14 日	4.00%	4.25%	上升 25 個基點
2006 年 01 月 31 日	4.25%	4.50%	上升 25 個基點
2006 年 03 月 29 日	4.50%	4.75%	上升 25 個基點
2006 年 05 月 11 日	4.75%	5.00%	上升 25 個基點
2006 年 06 月 30 日	5.00%	5.25%	上升 25 個基點

第一階段：次貸危機——次級貸款機構相繼倒閉。

2007 年 2 月，全美最大的次級房貸公司 Countrywide Financial Corp 縮減了對外放款。一個月後，公司宣布破產。美國股市下跌，道瓊工業指數下跌了 2% 左右。4 月，美國第二大的次級貸款企業 New Century Financial 經過半數的裁員之後申請破產。7 月，標普下調了次級抵押貸款的評級，金融市場出現了震盪。次貸危機的多米諾骨牌依次倒下。

第二階段：金融市場動盪——流動性不足與信用危機。

在抵押貸款公司遭到衝擊之後，各投資銀行與對沖基金也受到波及。7 月 16 日，貝爾斯登出現了自投資銀行成立以來的首次虧損，並關閉了旗下的兩家對沖基金。然而，這些舉措並沒有挽救這個華爾街第五大投行的命運，其最

終於 2008 年 3 月被摩根大通銀行收購。

到了 2008 年 9 月，形勢急遽惡化。9 月 7 日，美國財政部宣布接管房地美和房利美。9 月 15 日，雷曼兄弟申請破產保護，這家擁有 158 年歷史的投資銀行走到了盡頭。同一日，美國銀行發表聲明同意收購美林銀行——華爾街第三大投行。9 月 16 日，美國國際集團（AIG）被政府接管。9 月 21 日，華爾街的最後兩家投行——高盛和摩根士丹利，經美聯儲宣布改為商業銀行。10 月 3 日政府出抬救市方案，總額為 7,000 億美元。

除了投資銀行結局慘烈，商業銀行同樣受到嚴重衝擊。7 月 11 日，加州印地麥克銀行出現擠兌，宣布關閉並最終由聯邦政府接管。9 月 25 日，華盛頓互惠銀行倒閉，該銀行總資產額高達 3,070 億美元，是美國最大規模的銀行倒閉案。2008 年的整個第二季度，美國 117 家銀行出現問題。

第三階段：全球金融危機——全球股市重挫。

從 2008 年開始，全球各主要股市全面下跌。截至 2008 年 9 月中旬，歐洲三大股指下跌 25%，美國三大股指下跌 20%，亞洲主要股指下跌 33% 以上。墨西哥、俄羅斯以及一些亞洲新興市場曾一度停止交易。在進入 10 月份之後，股市跌幅急遽擴大。從 6 日到 10 日一週的時間裡，那斯達克指數跌 15.3%，道瓊工業指數和標普 500 指數下跌幅均達 18%；歐洲三個主要股指均跌破 20%，亞洲的主要指數恒生指數與日經指數分別下跌 16% 和 24%。全球股票市值在這一週之內蒸發近 6 萬億美元。

第四階段：全球經濟危機。

金融危機爆發之後，全球政府都在積極救市，然而依舊抵擋不住經濟危機的呼嘯而至。全球經濟增長率大幅下滑，發達經濟體的經濟增速從 2007 年的 2.7% 驟降至 -3.4%，新興市場和發展中國家的經濟增速從 2007 年的 8.6% 下降到 2.9%（圖 1-13）。作為危機核心國，美國自 2008 年出現流動性危機之後，與前一年同期相比工業生產增長率一路下滑，到 2009 年 4 月下降到最低點 -15.67（圖 1-14）。歐洲主要經濟體（英國、法國、德國、義大利）的工業生產同比增長率也經歷了類似的下滑，其中德國的工業生產同比增長率波動最為劇烈，2008 年 4 月最高點 11.96，之後一路震盪下跌至 2009 年 4 月的最低點 -27.03；英國的工業生產同比增長率較為平穩，2009 年 2 月觸及最低點 -14.27（圖 1-15）。日本和韓國的工業生產同比增長率也出現了明顯下降，其中日本的跌幅更大，曾於 2009 年 2 月一度跌至 -37.18（圖 1-16）。與工業生產相對應，各經濟體的失業率也明顯上升。美國的失業率在危機之前一直維持在 4%~6%，到 2009 年一度達到 9.7%（圖 1-17）。相較於不斷震盪的工業生

產同比增長率,德國的失業率在危機之前一直呈溫和下降趨勢,危機之後也維持在一個穩定的水準上。而英國的失業率卻從 2005 年一直呈上升趨勢(圖 1-18)。韓國的失業率變化較為溫和,日本的失業率在危機之後曾一度上升到 5.4%(圖 1-19)。

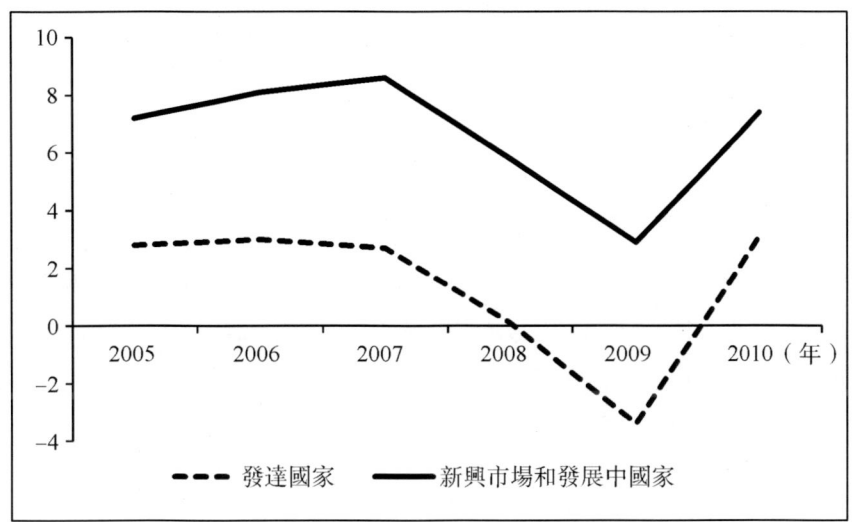

圖 1-13　全球經濟危機中發達國家和發展中國家實際 GDP 增長率

資料來源:國際貨幣基金 WEO 數據庫,下同(圖 1-14 至圖 1-20)。

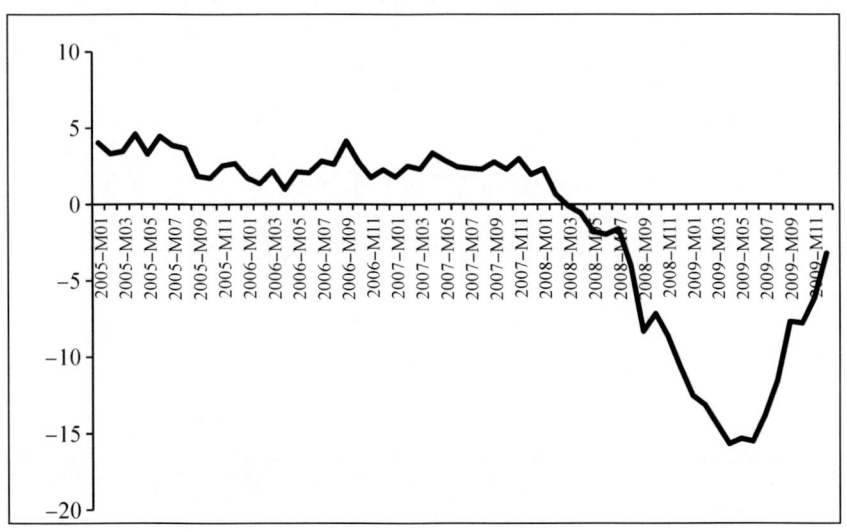

圖 1-14　危機前後美國工業生產同比增長率

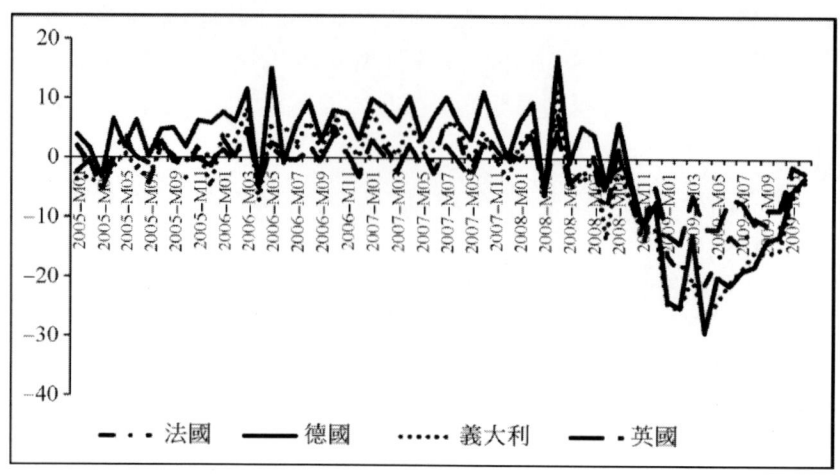

圖1-15 歐洲主要經濟體的工業生產同比增長率

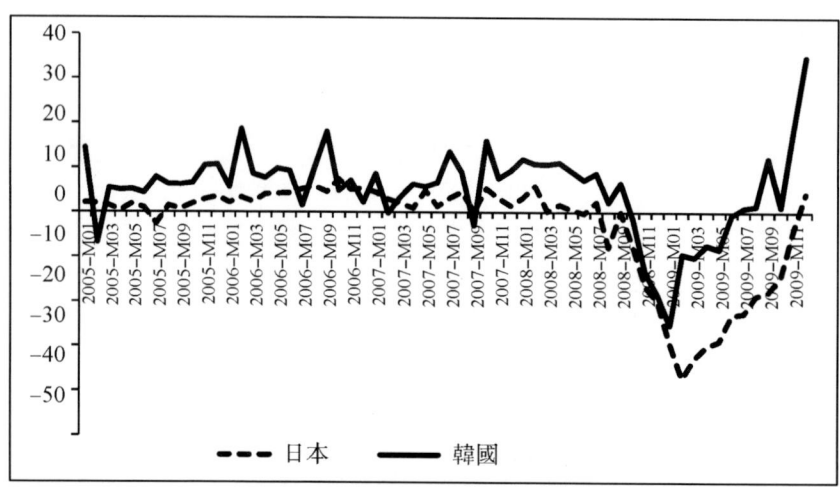

圖1-16 經濟危機前後日本和韓國的工業生產同比增長率

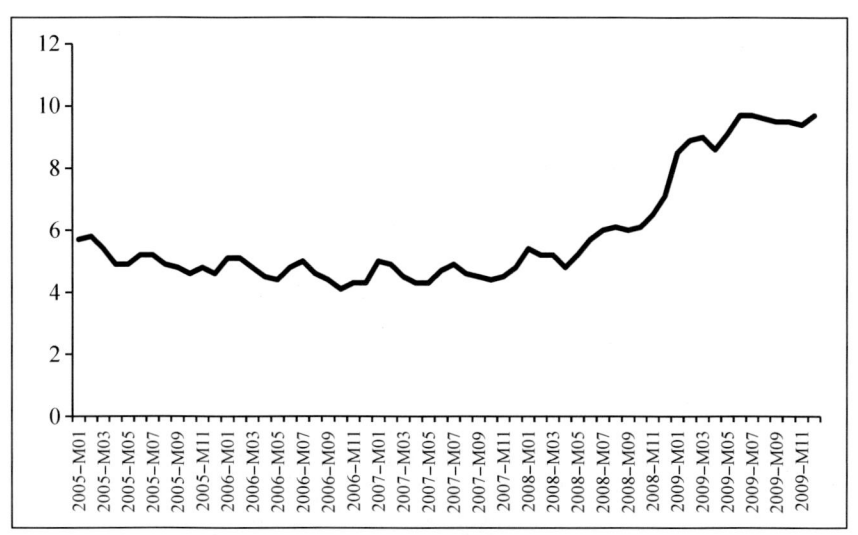

圖1-17 危機前後美國的失業率

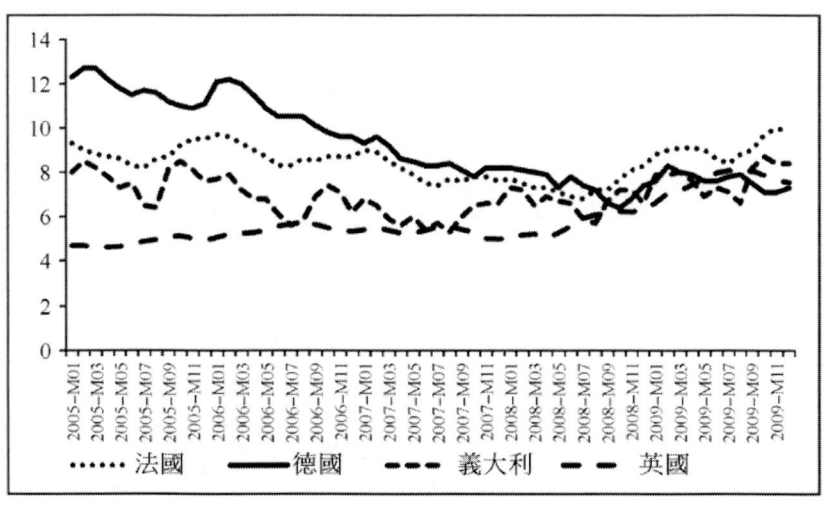

圖1-18 危機前後歐洲主要經濟體的失業率

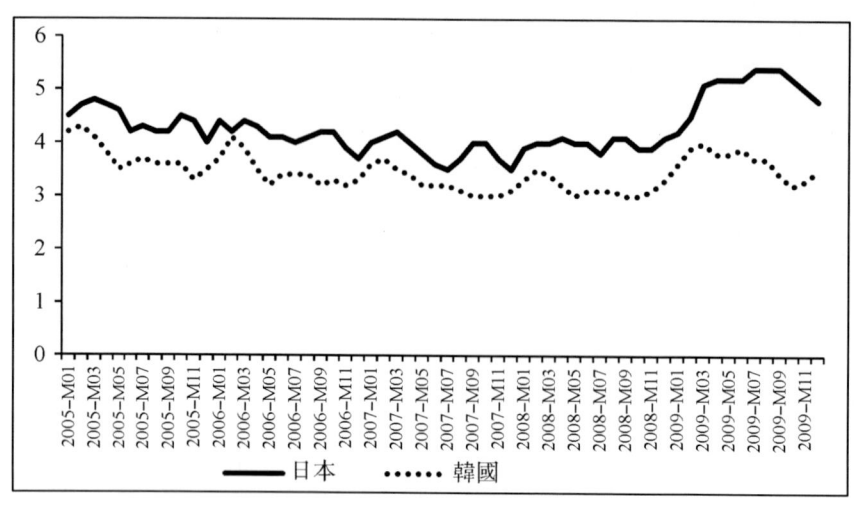

圖1-19　危機前後日本和韓國的失業率

1.2　信貸狀況的週期性波動

1.2.1　信貸擴張與經濟波動的理論梳理

1.2.1.1　馬克思有關信用制度的闡述

對於信用制度以及銀行制度，馬克思在《資本論》第三卷中有具體闡述，分析了其對資本主義生產力發展的推動作用。

首先，利潤平均化是資本主義生產的必然趨勢，而信用和信用工具在整個平均化過程中起到了仲介作用。因此，信用制度的形成加快了整個社會的利潤率平均化過程。

其次，信用以及信用工具（如匯票）的出現節約了貨幣的流通，信用工具作為一種流通手段加快了社會流通速度，同時促進了資本形態在各個階段的轉化，推動了整個社會再生產的過程。

最後，社會資本通過信用制度得以聚集，生產規模得以擴大。由此，便出現了股份公司，這使得那種本身建立在社會生產方式的基礎上並以生產資料和勞動力的社會集中為前提的資本，在這裡直接取得了社會資本的形式，與私人資本相對立。同時，股份制度是在資本主義體系本身的基礎上對資本主義的私人產業的揚棄。《資本論》第三卷中曾提及，信用制度表現出了雙重性質：其

一，是把資本主義生產的動力放在了「用剝削別人勞動的辦法來發財致富」以及「發展成為最純粹、最巨大的賭博詐欺制度，並使剝削社會財富的少數人的人數不斷減少」上；其二，這又是轉為一種新生產方式的過渡形式。

因此，信用制度的產生推動了生產力的發展和世界市場的形成，為以後新的生產形式的形成奠定了一定程度的物質基礎。但同時，其作為生產過剩和商業過度投機的槓桿，在資本主義生產關係中被拉伸到了極致，也為經濟危機埋下了隱患。

1.2.1.2 霍特里的貨幣危機論

霍特里認為，從貨幣信用因素的角度來看，在經濟高漲階段的信用膨脹會引起經濟危機。銀行信貸的伸縮性，既可以在經濟高漲的時候進一步推動繁榮，也可以在相反的情況下加速經濟的衰退。

當銀行通過降低利率、放鬆信貸管制等手段進行信用擴張時，企業可獲得的資金增多，使其可以增大生產規模、增加訂單等，進而使產值增加的同時，國民收入也能增加。緊接著，商品市場上的消費需求增加，物價隨之普遍上揚，市場逐漸繁榮，商品和貨幣的流通速度逐漸加快，由此進一步推動經濟繁榮。

然而，銀行信用並不能無限度地擴張。當銀行信用擴張到極限時，必定會逐漸停止擴張或者開始緊縮。但這對企業而言，必然會引起週轉資金的不足，生產活動將無法繼續保持原有的增長，經濟產值也將減緩增速，國民收入和消費需求也相應疲軟。這一現象若反應到商品市場上，便會導致商品降價銷售、減少訂單、企業的貨幣資金週轉不靈和貨物積壓等。這一系列循環累積的結果便會使經濟陷入衰退。

1.2.1.3 明斯基的金融不穩定假說

所謂金融不穩定，即金融系統內部存在不穩定因素，比如商業銀行等信貸機構在信貸過程中的順週期性，在其促進經濟繁榮的同時就已經埋下了危機發生的隱患。明斯基將融資者分為三類：第一類是抵補性企業，即安全借款者，這類企業根據自身未來產生的現金流進行科學合理的抵補性融資，對於銀行來說，貸款質量很高；第二類是投機性企業，這類企業的未來現金流只能保證每期償還利息，但不能滿足到期償還本金的要求，對於銀行來說，貸款的違約風險加大；第三類是龐氏企業，即高風險企業，這類企業的未來現金流根本不能償還貸款的本息，只能通過新增貸款來償還原有貸款的本息，貸款的違約風險非常大。

在這樣的框架下，我們去分析經濟的週期性變化。當一個新的經濟週期開

始時，銀行的借款客戶大多都屬於第一類抵補性企業，銀行對於貸款質量的要求比較嚴格；隨著經濟逐漸步入繁榮階段，市場需求增大，企業訂單增多，預期的未來現金流增大，因而紛紛提高貸款量，這一階段銀行的貸款客戶裡投機性和龐氏企業的占比逐漸增大。而且伴隨著經濟的進一步繁榮，第二類和第三類企業的比重會越來越大，銀行或者金融體系所承擔的風險也越來越高。在風險不斷累積的過程中，任何一個資金鏈斷裂事件的發生都會成為一系列違約的導火索，進而引發銀行等貸款機構的破產以及金融危機甚至經濟危機的爆發。

1.2.1.4 信貸市場的順週期性

信貸市場的順週期性是指，經濟體內信貸總量波幅隨相關因素的變動而擴大，由此形成明顯的信貸週期。銀行的內部評級法是造成信貸市場順週期性的主要因素。

根據巴塞爾新資本協議，商業銀行使用內部評級來確定各項資產的風險權重。當經濟一片大好時，各項資產的風險權重一般較低，銀行的資本充足率相應較高，進而銀行可以擴大貸款規模，提高槓桿率；而當經濟下行時，各項資產的風險權重會提高，商業銀行的資本充足率下降，進而商業銀行根據監管要求會縮小風險資產規模，降低槓桿率。因此，內部評級導致商業銀行的信貸行為往往在經濟繁榮時加速泡沫的累積，而在經濟衰退時形成信貸緊縮，加劇衰退的程度，形成了明顯的順週期性。

信貸市場的順週期性通過金融加速器傳導至實體經濟。當經濟中出現不利衝擊時，企業資產負債表惡化，淨值減少，內部融資規模降低；同時，由於信息不對稱的存在，融資的代理成本上升，貸方會收取更高的利息以彌補成本，進而使企業的外部融資成本上升。考慮到內部融資和外部融資的不利條件，企業會縮減本期的投入，降低下一期的產出。如此往復，經濟會逐漸萎縮，甚至衰退。

從以上有關信用以及銀行信用的闡述中我們可以發現，信用的產生和擴張是推動生產力發展以及推動生產關係向更高層次發展的一個必然動力。然而，信用的擴張帶有一定的盲目性：當一個金融體系容量尚小時，銀行信用擴張到達一定極限之後的收縮必然會反作用於經濟，引起經濟的收縮；當金融體系中銀行信用可以更大程度地擴張，而經濟中的商品供需卻沒有相應地擴張時，盲目的信用擴張會導致風險的更大集聚，最終會以更慘烈的危機形式呈現。

1.2.2 信貸擴張與金融危機：典型事實

縱觀全球大大小小的金融危機甚至經濟危機，絕大多數危機都有經濟泡沫

如影隨形，而泡沫的形成少不了信貸擴張這個有力的推手。信貸量的迅速擴大刺激了私人投資，同時也推升了資產價格，形成新一輪的投資高漲。

美國自20世紀80年代以來的第三次加息週期是從1994年2月至1995年2月。當時加息是為了抑制因1990—1991年經濟衰退而擴張的貨幣政策導致的通貨膨脹。之後，美聯儲又開始降息，自1995年7月至1998年11月，經過6次調降，將聯邦基金利率從6%下降到4.75%。這輪降息正值計算機行業迅猛發展，因此，銀行的信貸擴張直接導致了2000年的互聯網泡沫。從圖1-20可以看出，當時美國的銀行對私人部門的貸款額度達到了GDP的1.2~1.7倍。接下來就是2003—2007年伴隨著房地產市場泡沫的信貸擴張，直接導致了次貸危機以及全球經濟危機的爆發。

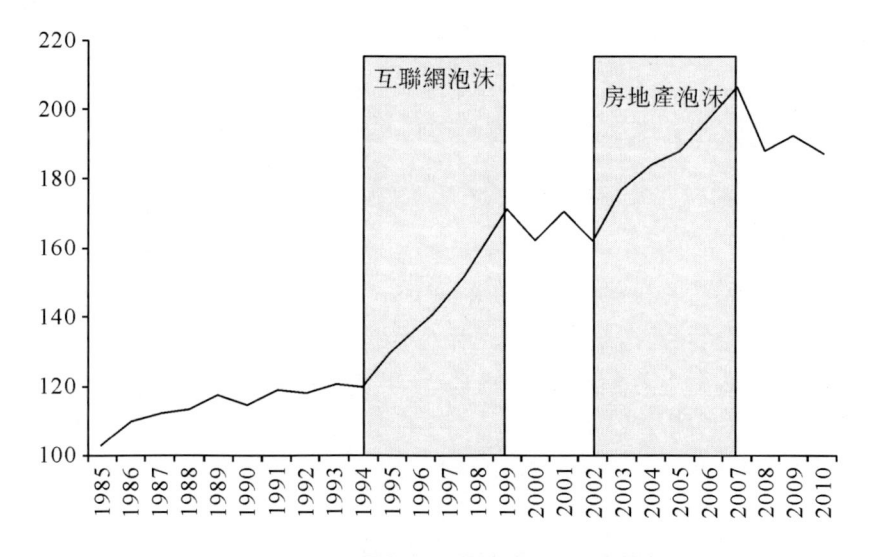

圖1-20　美國銀行信貸擴張與金融危機

資料來源：世界銀行全球金融發展數據庫，下同（圖1-21至圖1-23）。

註：圖中的信貸擴張採用全球金融發展數據庫中的「Domestic credit to private sector（% of GDP）」指標表示，下同。

日圓在1985年「廣場協議」簽訂之後相對於美元迅速升值。隨著美元貶值，以美元國債為主的國外資產出現大規模虧損，國際資本為規避風險大量湧入日本。同時，日本政府為補貼因日圓升值而受到影響的出口企業，採取了緩和的金融政策，使金融市場充斥了大量資金。1987年「羅浮宮協議」之後，日本為了減緩日圓升值速度而實行低利率政策，更進一步加大了市場的流動性。同時將20世紀70年代後期開始逐步發展起來的不動產行業推向了極大繁

1　金融危機的週期性回眸　27

榮，形成了 1986—1991 年的泡沫經濟（圖 1-21）。

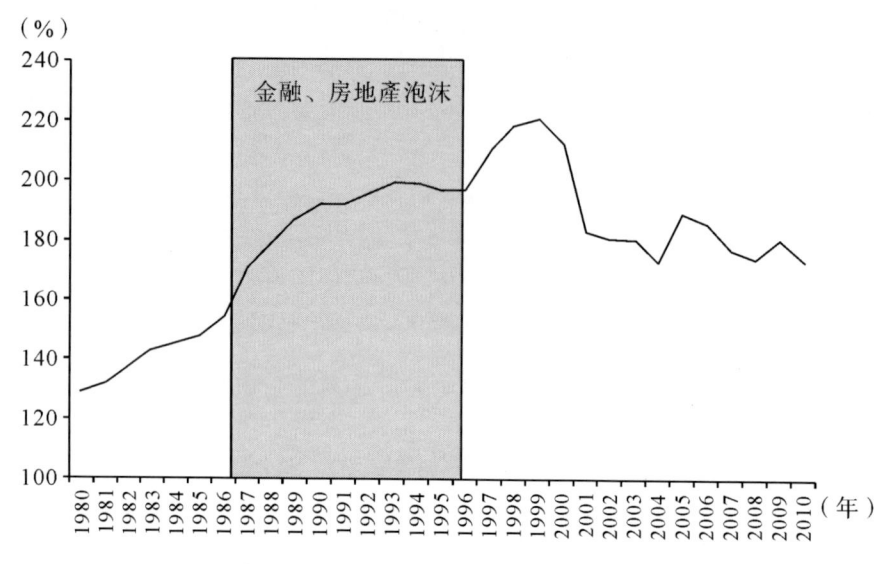

圖 1-21　日本銀行信貸擴張與金融危機

20 世紀 80 年代前後，很多國家開啓了金融自由化進程，智利便是這一浪潮中的典型國家。智利政府利用比較激進的手段在短時間內推行了一系列的金融自由化政策。智利的金融自由化進程自 1974 年開始，大體分為國內金融市場自由化和對外資本項目開放，國內金融市場的自由化主要是放鬆管制，具體來說，就是放開對信貸以及利率的管制。自 1974 年開始，國內信貸市場進行了一系列改革：允許非銀行金融機構經營存貸款業務，使利率自由化；取消了商業銀行的利率上限；國有銀行私有化；放寬國內金融機構獲取外國貸款的條件。對外資本項目開放主要是指消除資本管制和外匯兌換限制。自 1974 年起，智利逐漸放開個人、企業和銀行的對外資本帳戶交易，1980 年，智利取消了對銀行外資頭寸的限制。

在短短幾年內，改革的措施導致銀行的外債迅速增長，使國際資本流入規模也急遽上升，智利披索匯率攀升，出口壓力倍增。同時，1979 年國際石油價格又一次飆升，進一步惡化了智利的經常項目收支。經常項目的巨額赤字和國際熱錢的投機使外儲急遽下降的智利不得不放棄固定匯率制。而當時正值墨西哥債務危機，熱錢恐慌撤離，使國內大量銀行出現償付困難，最終導致了智利銀行危機。圖 1-22 顯示了智利在激進的金融自由化過程中的信貸擴張，成為銀行危機的潛在推手。

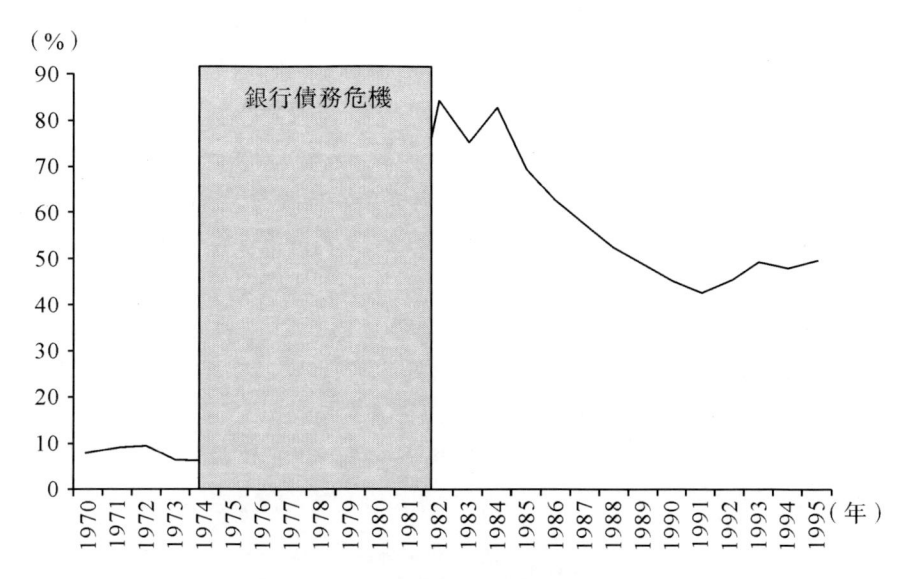

图 1-22　智利银行信贷扩张与银行危机

2009年，两位学者 Schularick 和 Taylor 考察了欧元区内的荷兰、意大利、德国、西班牙、法国以及欧元区以外的9个经济体在1870—2008年期间的宏观经济数据，发现一国信贷增长幅度可以作为金融危机的主要指标，但政策制定者却没有意识到这一点。基于这个发现，2011年，Jorda et al. 研究得出结论，信贷增长的幅度与经济衰退的幅度之间在经济扩张阶段存在显著的联系。Hanusch（2010）在欧债危机之后研究了主权风险，认为政府为了防止经济萧条，实行扩张性的财政及信贷政策，在全球范围内大规模借贷。而信贷的迅速增长会导致很多国家的主权信用评级下降，进而引发主权债务危机。

1.2.3 杠杆率与经济波动

1.2.3.1 杠杆率的测度与影响因素

信贷的扩张必然带来各部门杠杆率的提高，而过高的杠杆率，尤其是金融机构在层层证券化过程中无限发达的金融体系的杠杆率，更是直接引发了全球的金融危机。此次危机之后，国际监管合作的一个标志性文件《巴塞尔协议Ⅲ》将杠杆率纳入监管范围，从而形成对资本充足率的有效补充。

（1）杠杆率的测度指标。

杠杆率大致可以分为微观杠杆率和宏观杠杆率。

第一，微观杠杆率是指各个经济主体的杠杆率，包括家庭部门、金融机构、非金融企业以及政府等利用负债来达到利用少量资金持有更大规模资产的

目的。針對不同主體，可以利用不同的比率來測度槓桿率。

張江濤（2018）在研究居民加槓桿對經濟影響的內在邏輯與政策啟示時，利用三個指標來測度居民槓桿率，即居民部門負債規模與 GDP 之比、居民部門負債與可支配收入之比以及居民部門的資產負債率。Adrian 和 Shin（2010）利用總資產與權益的比值作為槓桿率的測度來研究金融槓桿與流動性之間的關係。汪莉（2017）利用資本與負債之比來測度金融機構的槓桿率，研究貨幣環境改變對銀行風險承擔行為的影響。中國人民銀行課題組（2017）在研究企業的預算軟約束對價格扭曲和資源錯配的影響問題時，將槓桿率定義為下期生產所需資本品數量與資本實際價格之積除以企業淨資產。在政府槓桿率方面，郭玉清等（2017）將財政槓桿率定義為債務存量與可用財力的比值，並將中國財政槓桿率按全國和地方兩個維度以及從顯性和隱性兩個層次進行了區分，包括全國顯性槓桿率、全國綜合槓桿率以及地方顯性槓桿率、地方綜合槓桿率等。

第二，宏觀槓桿率在理論上是將各個微觀主體的槓桿率進行加總，即可以通過計算全國各部門總負債與國民收入的比值來度量。但在一般的文獻研究中，由於各部門的資產負債數據的可獲得性較差，大多利用其他指標來替代。陳雨露等（2017）以私人部門信貸與 GDP 的比值、M2 與 GDP 的比值作為宏觀金融槓桿率的指標，研究老齡化、金融槓桿與系統性風險之間的關係。譚海鳴等（2016）利用總債務與名義 GDP 的比值來測度宏觀槓桿率，並研究其與人口遷移和經濟增長之間的關係。

（2）各部門槓桿率的影響因素。

第一，居民槓桿率的影響因素有：

①經濟的發展和居民消費觀念的轉變。隨著經濟的快速發展，層出不窮的商品和服務的創新拉動了越來越多的市場需求；居民可支配收入的增多和對生活品質的訴求將需求的層次不斷推升。同時，隨著消費信貸的飛速發展，商品分期購買已成為一種普遍的生活方式。因此，在無形之中，經濟的發展與消費觀念的轉變推動著居民的信貸規模逐漸增大。

②房地產市場的發展。居民槓桿率與房地產市場存在很大的關聯。住房貸款在整個居民消費貸款中佔有絕大部分比例。據艾瑞諮詢數據顯示，中國的住房按揭貸款占居民消費信貸的比例一直在 70% 以上。美國的住房抵押貸款占居民債務的比例始終穩定在 60%~80% 之間。房地產市場的發展拉動了居民債務的上升，而居民債務中大部分又都投入到房地產市場來刺激其更加繁榮地發展，這種不斷加強的正反饋在推升了居民槓桿率的同時也累積了房地產市場的

系統性風險。

第二，非金融企業槓桿率的影響因素有：

①企業經營效益與資金利用率。企業經營效益不高往往是導致企業槓桿率過高的主要原因。如果企業的產品供應與市場的供需結構出現錯配，企業經營能力差，就會導致存貨積壓，難以形成穩定的現金流，只能通過借新債還舊債的方式來解決自己的債務問題。而如果不從根本上改變企業的盈利模式和經營方式，資金和負債的占用只會越來越嚴重，最終將導致企業槓桿率的不斷高漲，甚至有可能引起負反饋循環。

②地方政府對經濟活動的干預。地方政府為提升業績往往會為企業提供擔保，形成企業的預算軟約束。企業在政府擔保的條件下，往往會出現道德風險，消極對待自身的債務問題，降低經營效率，大量占用資金，造成資源無效使用，並形成過高的槓桿率。

③企業融資渠道單一。傳統的銀行貸款依然是企業獲得資金的主要渠道，企業獲得的外部資金直接提升了槓桿率。開放其他融資渠道，比如完善產權交易市場、完善融資法制環境等都能夠適當降低企業的槓桿率。

第三，金融機構槓桿率的影響因素有：

①信貸擴張與順週期因素。在信貸擴張形成的低利率市場環境中，金融機構為了獲得更好的發展，往往會進行加槓桿操作，形成信貸順週期。存款保險制度的存在以及政府的隱性存款保證都會放大金融機構對順週期槓桿的調整。

②金融創新與行業競爭。受資本充足率監管的影響，商業銀行會傾向於開展更多的表外業務以及大力發展金融創新，在不降低資本充足率的情況下保證更好的盈利。而過度的金融創新會導致銀行資金缺口的增大以及槓桿率的上升，同時也會加速虛擬經濟的獨立運轉。

第四，財政槓桿率的影響因素有：

①中央政府對地方政府的隱性擔保。地方政府舉債是為了發展地方經濟，提升自身的政績，而中央政府的隱性擔保會使地方政府在可以更便利地獲得資金的同時，降低債務風險意識，出現一些道德風險現象。因此，這種預算軟約束會誘使地方政府提高槓桿率。

②內部晉升機制。從政府換屆的角度來看，現屆政府由於不確定未來是否能夠連任，因此存在跨期推卸責任的動機，即將現屆財政擴張刺激經濟的責任和產生的後果推卸給下屆政府，那麼現屆政府就傾向於採取擴張性的財政政策（Alesina 和 Tabellini，1990）。現實中政府官員任職期限（一般為 3~5 年）與貸款償還年限（一般為 10 年左右）的錯配，更是加重了這種跨期卸責的動

機，形成債務融資的道德風險。

1.2.3.2 槓桿率對經濟增長的影響機制

（1）槓桿率對經濟發展的促進作用存在閾值。

Reinhart 和 Rogoff（2009）選取了 44 個國家的公共部門槓桿率進行研究，發現其對 GDP 的影響出現了倒 U 形的關係，即當槓桿率提升到一定水準時，會不利於經濟的增長。Mendoza（2010）認為，在低水準階段，槓桿率與經濟擴張同時上漲，而達到高水準階段，槓桿率會通過通縮機制抑制經濟發展。Cecchetti 和 Kharroubi（2012）選取 1980—2009 年為時間窗口，利用 50 個國家的金融槓桿率數據來分析金融槓桿與經濟增長之間的關係，發現兩者間的關係存在拐點：拐點之前，金融槓桿率的上升能夠拉動經濟增長；拐點之後，金融槓桿率的上升會降低經濟增速。Cecchetti 等（2011）對 18 個國家的資產負債數據進行分析，發現不同部門的槓桿率對經濟的促進作用存在不同的閾值，其中，居民部門的閾值為 85%，企業部門為 90%，政府部門為 85%。

（2）槓桿率過高會引發經濟大幅波動甚至金融危機。

Bencibvelli 和 Zaghini（2012）認為，當金融槓桿率上升到一定水準時，宏觀經濟的波動性會顯著增大。Era 和 Narapong（2013）通過實證研究給出了一個具體的水準，即當金融槓桿率超過 100%時，如果繼續上升，則會顯著增大經濟的波動性。從金融危機的角度來看，商業銀行為擴大盈利而不斷提高槓桿率，加重風險承擔，進而成為引發金融危機的誘因（Valencia，2014）。Tepper 和 Borowiecki（2014）認為，強制性的資金清算會造成金融市場的大幅波動，尤其是在銀行間市場和股票市場。Adrian 和 Boyarchenko（2015）在分析槓桿率與金融穩定之間的關係時，發現風險約束會導致金融槓桿順週期波動，進而導致信貸波動和風險定價調整，並演變為系統性風險，增加爆發金融危機的可能性。

1.2.3.3 關於去槓桿的討論

2008 年的全球金融危機讓各個經濟體意識到，去槓桿已經成為經濟體走出經濟困境、恢復健康發展的主要任務。然而，去槓桿對經濟會產生什麼樣的影響以及應該如何有效地去槓桿，是每一個經濟體要考慮的問題。

（1）去槓桿對經濟可能產生的影響。

首先，從國外經驗來看，去槓桿大多會帶來經濟的下滑或衰退。Buttiglione 等（2014）發現，經濟的衰退與去槓桿會形成正反饋循環，去槓桿會加劇經濟的衰退。Mian 和 Suif（2011）研究美國次貸危機之後的家庭部門去槓桿，發現在 2007—2009 年期間，家庭部門去槓桿是造成高失業率的重要

原因。Greenlaw 等（2012）發現，當經濟景氣時，社會流動性充裕，單個金融機構的去槓桿不會對整個市場流動性和金融穩定產生影響；但當經濟不景氣時，社會流動性緊張，此時去槓桿則會增加流動性危機發生的可能性，造成金融不穩定。馬勇等（2016）利用 91 個國家連續 39 年的經濟數據進行實證研究，發現去槓桿既會增加金融危機發生的概率，也會抑制經濟增長。

其次，可以在避免經濟大幅波動的情況下進行有效去槓桿。去槓桿的實質是降低分子對分母的比例，適當地調節資產與負債的比例可以實現有效去槓桿（楊金梅，2009）。去槓桿並不一定帶來經濟的進一步衰退，「好的去槓桿」情況也存在。Krishnamurthy（2010）認為，在金融危機期間，美國政府實施救市政策，接管問題機構和問題資產，大幅調整金融機構的業務規模和結構，實現了有效的去槓桿。在不同經濟環境下，去槓桿操作會帶來不同的結果。成功實現的去槓桿一般都是在社會槓桿率不再攀升並有所下降的狀態下完成的，並且會伴隨著槓桿結構的調整。例如美國在危機期間救市過程中，大幅提升政府部門的槓桿率，而居民部門的槓桿率則有所下降。

（2）去槓桿的有效措施與結構性去槓桿。

第一，政府部門去槓桿。從根本上防範化解地方隱性債務風險，首先需要處理好中央政府與地方政府之間的權責關係。中央政府對地方債務的隱性擔保是造成地方政府槓桿率居高不下的重要原因。如果中央與地方的收入劃分改革不徹底，地方政府的獨立信用基礎難以有效建立，那麼中央政府的「不救助」就成了不可置信威脅。因此，明確中央和地方的權責關係，完善中央與地方的稅收劃分，是一個重要的方面。其次，還要處理好地方政府與融資平臺之間的關係。地方政府既是地方融資平臺的大股東或實際控制人，又是融資平臺的主要客戶和收入來源。兩者在產權關係和業務關係上的難以厘清，將使得財政隱性背書難以避免。最後，改變政績考核機制，推進權責發生制的政府綜合財務報告制度的改革，強化債務投入的風險和收益管理。

第二，金融機構去槓桿。美聯儲在幾次量化寬鬆之後逐漸縮表，減少基礎貨幣的投放，是一種典型的降低金融槓桿率的途徑。而在中國央行資產中主要是外匯資產，對各部門的債權占比並不高。中國金融去槓桿主要體現在影響貨幣流通量的另一個方面：商業銀行的信貸投放。為了避免類似次貸危機的情況發生，對商業銀行各項業務尤其是對資產管理業務的監管，是金融去槓桿的一個重要環節。2018 年的《關於規範金融機構資產管理業務的指導意見》，對資產管理產品制定了統一的監管標準，解決了金融機構為監管套利而進行的多層嵌套的問題，最大限度地消除了監管套利。

第三，全社會結構性去槓桿。為避免去槓桿給經濟帶來不利影響，有效的方式應該是在總體槓桿率較為穩定的情況下，改變槓桿率的結構，在各部門之間，根據債務承受能力的不同調節槓桿率的高低，即結構性去槓桿。在美國危機救市中通過不斷量化寬鬆來降低企業和金融機構的槓桿率，提升政府的槓桿率，便是一種部門間的槓桿再平衡，主要原因是政府對債務的承受能力高於金融機構和企業。因此，在經濟政策的制定和實施上，就有了很大的區別：如果單獨採取貨幣政策即提高利率和準備金率，那麼對於居民、企業和政府來說，都提高了各自的槓桿率，有可能對經濟產生不利影響；如果採用擴張的財政政策，如減稅或增加政府支出的話，那麼就可以實現降低企業的槓桿率，並向政府轉移。

要實現有效的去槓桿，需要良好的頂層設計以及各個部門之間的積極配合，共同將總體槓桿率降低到合理水準以維持經濟的穩定健康發展。

1.3 政府政策的週期性調整

1.3.1 政策週期性討論

對於經濟週期的解讀，史上出現了很多經濟週期理論。比如，馬克思的經濟制度危機論、賽伊的經濟無危機論、凱恩斯的有效需求不足論以及熊彼特的創新理論等。這些理論都是從經濟制度或經濟活動本身來推演經濟危機的形成，而經濟的週期性波動，還有一個不能忽視的重要力量，即政府政策的週期性調整。

以波蘭經濟學家卡萊斯基為主要代表人物的政治因素理論，闡述了政策週期與經濟週期之間的傳導關係。該理論認為，經濟週期的根源在於一國政府對通貨膨脹進行週期性的抑制。為了實現經濟增長這個終極調控目標，政治家連任的野心與選民們低失業、高增長的需求一拍即合，加之凱恩斯有效需求理論為刺激經濟增長提供了政策工具，進而一國政府通常會從總需求入手，制定並執行刺激總需求的擴張性政策。而擴張的後續階段，往往就是通貨膨脹。政府抑制過高膨脹的方法，就是製造衰退。經濟衰退可以將過度膨脹的經濟瞬間冷卻，也給政府留出了更多的政策空間。衰退之後，政府又一次致力於發展經濟，開啓新一輪的刺激政策，推動信貸擴張，促進充分就業，等待下一次通貨膨脹的到來，進而出現又一次衰退，如此循環往復。

此外，從監管角度來說，馬勇等（2009）對66個國家和地區在1980—

1999 年期間金融危機高發階段的信貸擴張與監管數據進行研究，研究認為信貸週期、資產價格週期和金融監管週期具有同週期性，共同導致了金融體系的系統性失衡。

前文已闡述了信貸擴張的週期性，而基於規則的監管也會順應這一「同週期性」。經濟繁榮時期，信貸擴張程度加大，借款企業和貸款機構資金流充裕，就連資產負債表都「看上去很完美」，金融機構擁有的資產質量較高，由此計算的資本充足率也很容易滿足監管當局的資本監管要求。這樣的信貸擴張和同週期的規則監管，使銀行等金融機構在景氣繁榮的經濟階段逐漸累積更大的風險，而從監管的視角來看，依然表現出良好的狀態。因此，金融監管本身所具有的同週期特徵直接導致了危機過程中監管作用的錯配——危機到來之前過鬆的監管和危機爆發之後過緊的監管。這種錯配的存在，不僅不利於危機的防範，反而會在危機爆發之後加劇其惡化程度。

正是由於監管出現了明顯的同週期性，因此在 2008 年全球金融危機之後，《巴塞爾協議Ⅲ》要求銀行業計提逆週期資本緩衝。

1.3.2　政策週期性與經濟波動：以 1980 年以來的美國為例

1.3.2.1　第一輪加息週期與 1987 年股災

20 世紀 70 年代末期，西方資本主義國家經濟出現了滯漲。同時，布列敦森林體系的解體，對美國的經濟造成了很大衝擊，美國經濟在 1976—1980 年的平均增長率為 3.4%，到 1982 年更是下降到了-2.5%，而 1980 年的消費物價上漲率高達 12.4%，失業率上升到 7%。1981 年雷根上臺之後宣稱：「整個美國正經歷著許多經濟學家所說的自大蕭條之後的最嚴重的經濟緊張時期。」面對即將從「超級大國」和「自由世界領袖」位置上退下來的美國，雷根政府開啓了改革重振之路。

雷根政府吸收了包括供給學派等多方的觀點和主張，制訂了「經濟復興計劃」，從減稅、簡政以及貨幣供給等角度大力改革。比如，將個人所得稅最高稅率從 50% 降到了 28%，公司所得稅最高稅率從 46% 降到了 34%；嚴格控制貨幣供給，使貨幣發行量與經濟增長同步。雷根的經濟改革實踐，被認為是美國在進入國家壟斷資本主義階段之後，擺脫了羅斯福新政的凱恩斯主義的影響，開始了務實自由的經濟運行機制。

在 1983 年經濟逐漸走出衰退陰影之後，美國的貨幣政策也一直以兼顧經濟增長和控制通貨膨脹為目標。因此，在嚴格控制貨幣供給的狀態下，美聯儲開始了 1980 年以來的第一個加息週期：1983 年 3 月至 1984 年 8 月，聯邦基金

利率從 8.5% 上調至 11.5%。美國經濟在 1976—1980 年的平均增長率為 3.4%，到 1982 年更是下降到了-2.5%（圖 1-23）。

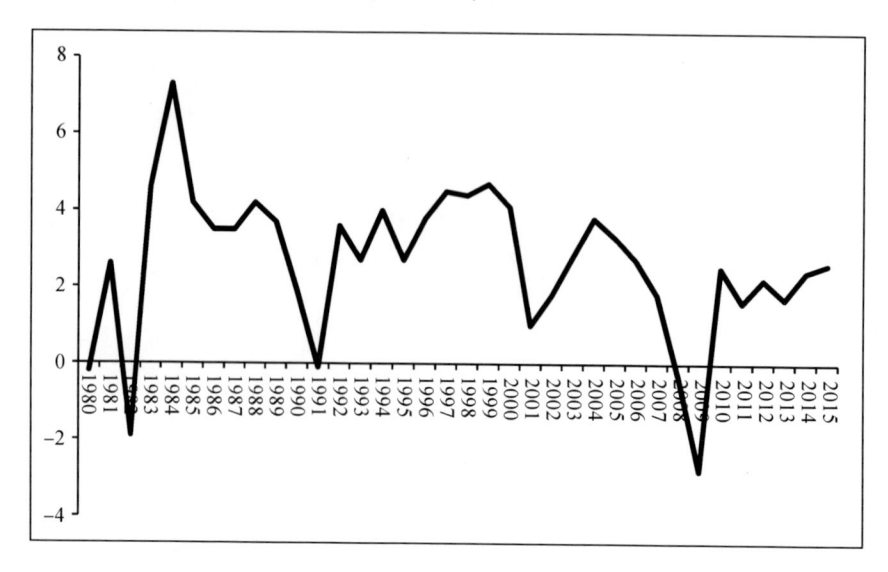

圖 1-23　美國 1980—2015 年期間的實際 GDP 增長率
資料來源：國際貨幣基金組織 WEO 數據庫。

雷根政府的控制通膨的措施取得了明顯的效果，美國經濟也從 1983 年開始持續增長。同時，由於政府減稅政策、加息政策等刺激，大量國際熱錢及私人資本開始湧向股市。股市逐漸加速繁榮，且繁榮速度遠遠超過了剛從滯漲中走出來的經濟的實際增長速度。股市與實體經濟的不對稱發展最終不斷累積成 1987 年的股災。

1.3.2.2　第二輪加息週期與 1990 年經濟危機

美聯儲第二輪加息週期為 1988 年 3 月至 1989 年 5 月，基準利率從 6.5% 上調至 9.812,5%。

1987 年「股災」導致美聯儲緊急降息救市。這次股災與 1929 年的股災不同，由於經濟形勢在股災前仍保持上漲勢頭，且政府救市及時，股市驟跌並沒有對經濟造成嚴重的衝擊。自 1988 年起通膨依然持續上揚，美聯儲開啓了第二輪加息，利率在 1989 年最終升至 9.812,5%。這一輪加息週期的結束正伴隨著自 1982 年開始的經濟平穩增長走向尾聲，1990 年的經濟危機給雷根時代的繁榮畫上了句號。

1990 年的經濟危機普遍被認為是生產過剩而消費能力不足導致的資本主義經濟危機。表 1-9 中的數據給出了危機之前國民生產總值的構成變化。從

1982年開始的經濟增長過程中，在1986年以前，平均每年的個人消費支出的增長率高於平均每年的國民生產總值的增長率，說明在經濟增長的前半階段，個人消費支出做出了貢獻。而自1987年之後，經濟增速下降，個人消費支出的增長率也大幅下滑，除1988年之外，個人消費支出的增長率都低於國民生產總值的增長率。同時與私人消費相關的住宅投資的增長率也在1987年之後由正轉負並一路下滑。在1987年之後，支撐經濟增長的主要是非住宅固定投資，其增長率一直高於當年的國民生產總值。以上對比表明，在1987年之後，生產的擴張與有支付能力的消費需求之間出現了矛盾並逐漸累積，最終導致了生產過剩性質的經濟危機。

在這場危機的形成過程中，金融市場以及金融政策也起到了推波助瀾的作用。1986年爆發的儲貸（Savings和Loan，簡稱S和L）危機，即上千家儲貸機構倒閉，存在的問題主要是資產與負債不匹配、大量投機於垃圾債券、詐欺以及對商用房地產的巨額投資。商業銀行也受到波及，資產質量惡化，倒閉數量激增，整個信貸市場緊縮。監管不嚴導致的金融機構倒閉加上1988年開始的加息政策，加速了危機的爆發。

表1-9　美國1990年經濟危機之前實際國民生產總值及其構成

	1982—1986年平均	1987年	1988年	1989年	1990年
	變動率（單位:%，按每年第四季度比較）				
國民生產總值	4.3	5.0	3.5	1.8	0.3
個人消費支出	4.5	2.3	4.7	1.2	0.2
非住宅固定投資	5.5	6.1	5.3	4.5	0.9
住宅投資	14.7	-2.2	-0.1	-7.1	-8.7
政府採購	4.1	2.0	1.1	0.3	3.8
	按1982年價格計算的年平均規模（單位：10億美元）				
存貨投資	17.7	22.8	23.6	23.8	-1.1
商品和勞務淨出口	-84.5	-118.5	-75.9	-54.1	-37.5

資料來源：美國《總統經濟報告》，1991年。

1.3.2.3　第三輪加息週期與1997年亞洲金融危機

1990年的經濟衰退並沒有持續很長時間，1991年4月之後，美國的工業生產開始回升（表1-10）。1991年年初波斯灣戰爭的爆發消除了之前因石油價格上漲而導致的通貨膨脹，並且波斯灣戰爭的迅速結束也恢復了民眾對美國經濟

的信心。同時，金融政策的放鬆也起到了一定作用。自 1990 年開始，美聯儲就開始採取降息政策。在 1990—1992 年期間，美聯儲連續 18 次降息，將聯邦基金利率從 8.25% 降到了 3%。其中 1991 年一年之內就連續降息 10 次。

到 1994 年，經濟復甦勢頭重燃，債券市場擔心通膨卷土重來。十年期債券的收益率從略高於 5% 升至 8%，美聯儲又開始了第三輪加息——從 1994 年 2 月至 1995 年 2 月，將利率從 3% 提高至 6%，使通膨得到控制，債券收益率大幅下降。此次加息使美元匯率上浮，而採取釘住美元固定匯率制度的東南亞國家的貨幣也隨之升值，貿易條件進一步惡化，成為引發 1997 年亞洲金融危機的一個重要誘因。

表 1-10　　　　　　美國 1991 年工業生產狀況

單位：10 億美元

時間	工業生產總值
1991 年 1 月	170.345
1991 年 2 月	169.707
1991 年 3 月	167.793
1991 年 4 月	167.789
1991 年 5 月	168.914
1991 年 6 月	175.282
1991 年 7 月	168.982
1991 年 8 月	175.077
1991 年 9 月	176.917
1991 年 10 月	175.593
1991 年 11 月	172.517
1991 年 12 月	170.234

資料來源：世界銀行 GEM 數據庫。

1.3.2.4　第四輪加息週期與互聯網泡沫破裂

雷根政府時期的經濟改革政策除了減稅之外，還加大了對軍事和科技的開支。在實施戰略防禦計劃的推動下，包括資訊科技、光導技術等在內的尖端科技迅猛發展。1994 年，全球資訊網（World Wide Web）的出現，顛覆了整個世界的生產生活方式。而互聯網作為一種最佳的資訊溝通媒介，開啓了全新的商業模式，它可以利用低成本將市場中的所有相關群體（廠商、消費者、仲介、

廣告商等）聯繫起來。互聯網這一新興行業很快得到了風險投資的青睞，同時 1998—1999 年的低利率環境使更多的流動性湧入以互聯網企業為代表的新興經濟體。就像 19 世紀 40 年代的鐵路、20 世紀 20 年代的汽車和收音機、20 世紀 50 年代的電晶體、20 世紀 60 年代的分時共享計算機以及 20 世紀 80 年代早期的家用電腦和生物技術等一樣，互聯網開啓了又一個技術繁榮時代。

新經濟概念、營收增長、新商業模式等推演出的預期增長刺激著投資者的神經，而落後的管理、缺乏可行性的計劃以及長期淨虧損的市場推廣等問題都被忽略掉了。市場又進入了狂熱狀態，以技術股為主的那斯達克綜合指數開始迅速攀升，在 2000 年 3 月達到最高點 5,048.62。

由於互聯網熱潮信息科技的投資增長，經濟出現過熱傾向，美聯儲再次收緊貨幣，從 1999 年 6 月到 2000 年 5 月，利率從 4.75% 經過 6 次上調至 6.5%。流動性的收緊將互聯網企業美麗面紗之後的種種問題暴露出來：現金流被蠶食、股價下行、高管套現、市場資金縮減、再融資困難等。市場陷入恐慌並開始瘋狂抛售，互聯網泡沫破裂。

1.3.2.5 第五輪加息週期和全球金融危機

2000 年在互聯網泡沫破滅和那斯達克指數崩潰後，經濟再次陷入衰退，「9/11」事件更是使經濟和股市雪上加霜，美聯儲隨即轉向，次年年初開始連續大幅降息。此次降息推動了房地產市場的繁榮發展，時值金融自由化、證券化的深入實踐，兩者相互加強，共同創造了次貸的空前規模。從經濟形勢來看，2003 年下半年開始強勢復甦，為防止通膨抬頭，美聯儲開始了第五次加息週期：從 2004 年 6 月到 2006 年 7 月，聯邦基金利率從 1% 上調至 5.25%，引發了次貸危機以及後來的全球金融危機。

1.4 全球化背景下的金融危機

全球化是人類社會發展的必經過程，人類對未知世界的探求、利益的驅使等諸多因素都促使全球化進程的不斷加快。全球化給世界帶來了諸多利弊，在全球經濟謀得共同發展的美好願景下，貿易失衡、資源掠奪、熱錢衝擊、風險擴散與傳染、區域經濟失衡以及國際貨幣體系失衡等問題給人們帶來了諸多困惑，也引發了一次又一次的危機。

1.4.1 全球化背景下資本主義基本矛盾更加尖銳

資本主義的基本矛盾，是生產資料私有制與社會化大生產之間的矛盾，是

過剩的社會總供給與有限的社會總需求之間的矛盾。而當資本主義的生產關係擴大到全球經濟範圍時，這種基本矛盾會在更廣的範圍內更尖銳地存在。全球化是一個歷史趨勢，馬克思曾在《共產黨宣言》中對其進行描述：「資產階級為了不斷擴大產品的銷路而奔走世界各地。他們必須在各地落戶、開發並建立各種聯繫。資產階級由於開拓了世界市場，使一切國家的生產和消費都成為世界性的」。在對經濟危機的研究中，馬克思非常注重生產環節在整個經濟運行中的作用，他認為，資本主義的發展史，同時是一部經濟危機週期性爆發的歷史，其根本原因是生產相對過剩，即過剩的總供給與有支付能力的總需求之間的矛盾的集中體現。

資本主義基本矛盾的根源是資本的逐利性，而作為資本的最高形態，金融資本從誕生之時便將其貪婪性體現得淋漓盡致。美國第 44 任總統歐巴馬說過：「我們不是因為歷史的意外才走到這一步，是華爾街的貪婪與不負責任造成了今天這樣的局面。」列寧在《帝國主義論》中提到了金融資本的重要地位：「銀行資本和工業資本已經融合起來，在這個『金融資本』的基礎上形成了金融寡頭」，「金融資本是一種存在於一切經濟關係和一切國際關係中的巨大力量，可以說是起決定作用的力量」，並將金融資本作為帝國主義的一個主要特徵。

經濟全球化和金融全球化的背後力量是資本的全球化，這意味著資本可以在全球範圍內無約束地榨取剩餘價值，資本主義經濟的社會化大生產發展成全球範圍內的大生產，這無疑加劇了生產資料私人佔有與大生產之間的矛盾。一個典型的體現就是，跨國公司內部高度組織性和計劃性與世界生產無政府狀態之間的矛盾，這種矛盾將進一步演化成資本擴張的無限性與地球資源的有限性之間的矛盾，以及全球生產的無限擴大與世界市場容量的有限性、資本累積過剩與消費需求不足之間的矛盾。

從實質上來看，經濟全球化就是資本主義壟斷的全球化、金融資本擴張的全球化以及資本剝削的全球化。經濟全球化一方面將資本主義生產方式擴展到全球範圍；另一方面又將資本主義的基本矛盾和內在頑疾向全世界蔓延，將危機的波及範圍擴張到全世界。資本主義經過幾百年的發展，經歷了私人資本主義、壟斷資本主義、國家壟斷以至於目前的金融全球壟斷的階段，那麼全球金融資本的高度壟斷與社會生產的高度全球化之間的矛盾日益突出，這直接導致全球金融財富的高度集中以及全球範圍內不斷加劇的貧富分化。

這些全球化時代的矛盾演化體現在經濟危機上，便出現了發達國家的全球金融資本壟斷和國民經濟虛擬化，以及金融資本投機與全球化的過度消費形成

的投機泡沫和消費泡沫。然而在這些現象的背後，仍然是實體經濟中生產相對過剩的矛盾的尖銳存在。

1.4.2　全球化背景下國際經濟的失衡必然導致危機

一國實體經濟的失衡會導致該國經濟衰退，在全球化背景下，各國之間通過貿易、金融往來加深了國與國之間的經濟聯繫，那麼全球範圍內的經濟失衡則必然會導致全球性的經濟危機。

經濟結構的失衡，意味著新的經濟格局的重構。梳理從 1929 年以來的經濟危機，幾乎無一不是與國際經濟格局的變動或者經濟結構失衡有關。第一次世界大戰結束之後，英國的世界霸主地位漸漸衰落，美國和歐洲開始逐漸崛起，尤其是美國的經濟飛速增長更是有取代英國成為世界霸主的趨勢，然而這種經濟格局的調整與傾斜為 1929 年的資本主義大蕭條做了鋪墊。20 世紀八九十年代，拉美國家的區域經濟一體化發展迅速，同時拉美國家與美國存在較高的經濟關聯性，而拉美國家的金融危機也正是由這種經濟結構的失衡導致的。同樣，在第二次世界大戰結束後，日本突飛猛進的發展打破了歐洲、美國、日本之間的經濟平衡，日本在經歷了連續三個景氣時代之後便陷入了深深的衰退。1992 年歐洲貨幣危機的國際背景是統一後德國的飛速發展，導致了德國與美國以及英國等其他歐洲國家原有的平衡被打破，最終釀成了席捲歐洲的貨幣危機。

從機制上來說，當存在各國經濟發展失衡時，逐利避險的金融資本便迅速流動形成新的配置，國際資本的大規模流入流出導致一國虛擬經濟的隨之膨脹和蕭條，引發流動性短缺，從而形成金融危機。具體來講，影響國際資本流動的內在原因是經濟增長的差異，直接原因是各國間宏觀經濟政策的差異。如果這種變化發生在一個較小的經濟體內，那麼它可能會對其周邊產生區域性影響；如果這種變化發生在一個強大的經濟體內，那麼它可能產生全球性的影響。短期內，全球的經濟總量不變，資本供給存量與資本需求量一定，那麼當一國經濟出現明顯差異時，就會引起資本流動和國際需求的變化。比如，當一個強大的經濟體發展得更加繁榮時，國際資本趨之若鶩，那麼必然會導致其他國家資本的淨流出，這種淨流出在達到一定規模時，就會出現流動性短缺，使發生金融危機的可能性不斷加大。而對於較小的經濟體而言，當其發展迅速時，同樣會吸引國際資本的湧入。湧入的國際資本可以進一步提升該國的經濟發展動力，促進其快速發展。但當該經濟體吸收飽和後，更多的國際資本流入會推動虛擬經濟的發展，進而形成泡沫。這種泡沫任其發展下去直至與實體經

濟嚴重背離時，泡沫破裂，國際資本迅速撤出，嚴重的流動性緊縮將導致該經濟體爆發金融危機。

上述分析的金融危機的產生機制實際上是國際經濟失衡通過影響各國的國際收支（包括貿易收支和資本流動）進而引起流動性短缺來實現的。各國國際收支失衡的調整需要通過國際貨幣體系來進行，如果存在一個有效完備的國際貨幣體系，則可以大大降低金融危機發生的可能。然而，現實中存在的國際貨幣體系存在著大國霸權的特徵，這種國際經濟失衡不僅不能健康調整，反而會更加嚴重。

1.4.3 全球化背景下的國際貨幣體系的扭曲被逐漸放大

在第二次世界大戰結束之後建立的布列敦森林體系確定了美元的霸權地位，實現了各個國家的貨幣與美元掛鉤的國際貨幣體系。這樣的以單一貨幣為中心的國際貨幣體系在進行對國際收支失衡或者國際經濟失衡的調節時，勢必會出現嚴重後果。由於特里芬難題的愈發難以解決，導致了布列敦森林體系瓦解。然而，現存的國際貨幣體系依然體現了發達國家的強勢地位，難以扭轉發展中國家在貿易、投資等方面的劣勢地位。布列敦森林體系中美元難以解決的特里芬難題在現存的國際貨幣體系中依然存在，儘管歐元和日圓在國際貨幣體系中的作用逐漸增強，但是儲備貨幣的多元化並不能有效解決「特里芬難題」，這只是將以前集中於美元的矛盾分散到了其他儲備貨幣上，並未改變各種儲備貨幣既是國家貨幣又是國際貨幣的特徵。在這樣的國際貨幣體系下，儲備貨幣國家的各種宏觀經濟政策都會通過貨幣體系影響到其他國家和地區，而且這種針對一國之內的經濟政策不可能與世界或區域經濟發展的要求完全一致，這樣的偏離不斷累積必然會導致外匯市場和全球金融市場的動盪。對於非儲備貨幣國家來說，其經濟不僅依靠自身經濟政策的調節還要考慮各個儲備貨幣國家經濟政策的影響。在現行的國際貨幣體系下，儲備貨幣國家通過利率和匯率政策影響發展中國家等較弱經濟體的發展，大國利用霸權地位導致國際金融市場的動盪，極易產生區域性或全球性的金融危機。雖然布列敦森林體系已經瓦解，但現存的國際貨幣體系在其發揮作用時依然延續了原來的理念和原則，尤其是在對國際收支不平衡的調節中。但同時，各國在制定宏觀經濟政策進行國際協調時卻失去了原來的秩序性，因此導致了目前世界經濟中國際經濟失衡不斷加劇的局面。

以最主要的儲備貨幣美元為例，美聯儲在調整聯邦利率的時候關注的是美國國內的通膨率，並不會顧及其他將美元作為主要儲備貨幣的國家的經濟會不

會受到不良衝擊。而事實上，美元的利率調整都會對其他經濟體，尤其會對那些與美國存在緊密經濟聯繫或者匯率與美元掛勾的經濟體產生很大的影響，甚至造成很大的衝擊。不管是浮動匯率制還是固定匯率制，在以美元為支柱的國際貨幣體系下，只要沒有完善的紀律約束，美國經濟政策的外部性就難以消除。如果各國的浮動匯率政策可以遵守國際貨幣體系中有關貨幣政策制定的約束，那麼以投機為目的的國際資本流動規模將大幅下降，同時也降低了由此導致金融危機的可能性。然而，在經濟全球化過程中各國制定貨幣政策的自主性被削弱，所以當前的貨幣體系難以保證浮動匯率政策下美元的紀律性。正因如此，單個經濟體制定的宏觀經濟政策有可能導致相關經濟體的金融市場波動，同時在國際熱錢的推波助瀾下爆發金融危機。

1.4.4 全球化背景下國際熱錢日益囂張

隨著經濟金融的全球化進程加快，各國的資本帳戶開放程度不斷加大，國際資本流動的約束越來越小。而國際經濟失衡導致的經濟危機和金融危機，大多都與國際資本流動有關。

最典型的國際熱錢衝擊是1992年開始的歐洲貨幣危機。德國統一之後的經濟發展迅速，其國內利率水準也明顯高於其他歐洲國家，而當時歐洲各國大多實行固定匯率制。這種經濟的不平衡發展勢必會導致固定匯率制的難以維持，而國際熱錢看到了機會，於是大規模地做多德國馬克同時做空英鎊，英格蘭銀行不斷維持固定匯率最終因外儲不足而放棄，英鎊大幅貶值，歐洲貨幣危機由此展開。發生在1994年的墨西哥金融危機，大多以短期證券投資形式存在的國際熱錢在墨西哥政變之後迅速撤出，直接導致了流動性緊縮，爆發了金融危機。同樣，1997年經濟疲軟卻存在大量金融泡沫的泰國遭到了國際熱錢的攻擊，泰國政府難以守住固定匯率，開啓了東南亞金融危機。

國際熱錢能夠成為金融危機的導火索主要是因為其龐大的規模。據IMF統計，在20世紀80年代初國際短期資本約為3萬億美元，而到了1997年年底迅速增長到7.2萬億美元，這個規模相當於當時全球國民生產總值的20%。另外，國際熱錢的主要形式——對沖基金的投資策略也不斷多樣化，包括賣空+槓桿策略、套利、併購，等等。這些規模越來越大、投資策略越來越豐富、風險特徵也越來越多樣化的國際熱錢為了獲取利潤和規避風險而在不同國家之間大肆流動，加劇了金融市場的動盪，也加快了危機來臨的腳步。

國際熱錢對一國金融體系的強大破壞力與金融週期有關。與經濟週期類似，金融週期是指一個經濟體的金融市場從繁榮到蕭條的週期性交替過程。這

種交替過程受很多因素的影響，主要包括一國的金融體系的完善程度、國家的貨幣政策（如利率、匯率政策等）、一國的經濟發展狀況等。而當國際熱錢大規模進入某一經濟體時，會通過影響該國的利率、匯率等基本經濟指標進而影響金融市場，通常會推動金融市場的非理性繁榮。在這個過程中，國際熱錢有計劃、有預謀地流入和流出，勢必會導致該金融市場的崩潰和該經濟體的衰退。金融衍生工具的出現成為國際熱錢在世界經濟和金融蓬勃發展階段賺取高額利潤的利器。而在金融危機階段，國際熱錢以其巨大的資金規模趁機收購危機經濟體的優質資本，逐漸掌控危機發生國的經濟命脈。這個過程便是在危機發生後的新興經濟國家形成新經濟殖民主義的實質。

2 歷次金融危機的比較與啟示

2.1 經濟週期理論的梳理

2.1.1 古典經濟學時期的經濟週期理論

拉斯・特維德在《逃不開的經濟週期》一書中描述了英格蘭在 1720—1791 年期間發生的 18 次經濟危機:「在這 18 次經濟危機中,每一次都是經濟自我復甦,而且多數時候經濟在復甦後都會上升到更高水準的穩定狀態。但是,每一次復甦都只有幾年時間,隨後又會出現新的危機,並再次摧毀經濟。」可見,經濟的週期性波動自商業經濟體系建立之後便出現了。

經濟週期的明顯出現以及經濟危機的頻繁爆發引起了學術界的關注。17 世紀後期產生的古典經濟學便是早期研究經濟週期的學派。從 17 世紀後半葉到 19 世紀前半葉的古典經濟學時期,正是資本主義經濟成長和發展的階段。這一階段的主要問題大多是涉及經濟增長,研究經濟波動以及經濟週期問題的學者主要以亨利・桑頓和西斯蒙第為代表。

銀行家亨利・桑頓在其經典著作《大不列顛票據信用的性質和作用的探討》(1802 年) 中思考並討論了貨幣、利率、信用以及經濟波動之間的關係。貨幣供給的增加(比如降低利率)會引起社會貸款數量的增加,而商業活動也會愈發繁榮。只要經濟還未達到充分就業水準,經濟就能隨著貨幣供給的增加而增長,那麼每一次的貨幣供給都會被證明是合理的。然而,信用體系是不穩定的,非計劃的信用會導致經濟蕭條。在經濟未達到充分就業狀態時,增加貨幣供給可以促進經濟增長;而當經濟處於充分就業狀態時,再增加貨幣供給會導致通貨膨脹。

西斯蒙第在其 1819 年發表的《政治經濟學新原理》中首次系統闡述了經濟危機,並將經濟危機的爆發歸因於消費不足。西斯蒙第從小生產者的角度強

調生產應服從消費，批判了經濟自由主義和李嘉圖的市場供求平衡理論，認為追求利潤和財富的資本主義大生產導致了生產與消費的矛盾。生產的無限擴大，小生產以及小生產者逐漸消失，小生產者的消費不斷減少；同時，分配制度的不合理導致廣大一無所有的勞動生產者收入和消費不足，而資本家的收入大多用於累積，富人並沒有隨著財富增長而一味地增加消費。因此，市場需求日益萎縮，大生產出來的產品價值無法實現，必然會導致經濟危機的爆發。

2.1.2 新古典經濟學時期的經濟週期理論

隨著資本主義經濟危機的不斷爆發以及階級矛盾的逐漸深化，19世紀末誕生的新古典經濟學更細緻地研究了經濟危機和經濟週期現象。這一時期的經濟週期理論大多以賽伊定律為基本前提——供給創造需求，經濟穩定是常態，外部衝擊或摩擦導致的波動是暫時的，經濟將最終走向均衡。

2.1.2.1 投資過度理論

投資過度理論認為，經濟週期與資本品生產特別是固定資本設備的生產活動密切相關，而經濟社會中的消費品生產活動與資本品的生產活動並不一致。經濟擴張過程中不同類型商品的生產不平衡會導致經濟的萎縮或蕭條。在經濟繁榮時期，固定設備等資本品往往生產過剩，而勞動力和生活消費品不能與之相適應，最終導致資本品的投資下降，經濟收縮；在經濟蕭條時期，原材料、設備、勞動力等價格水準較低，較低的利率水準會鼓勵更多的新投資，加之生產方式的改進以及技術發明的更新提高了生產和投資的利潤，經濟將逐漸復甦並開始新的繁榮。

2.1.2.2 存貨週期理論

1923年，約瑟夫·基欽提出了基欽週期理論。該理論將經濟週期根據市場長度劃分為大週期和小週期。根據經驗數據和歷史事實，基欽認為，小週期的平均時間在40個月左右，而2~3個小週期就構成了1個大週期。根據1890—1922年美國和英國經濟中的物價、利率、生產以及就業等歷史數據，基欽從微觀企業「過量生產→存貨積壓→壓縮生產」這樣的環節中，提出了存貨週期，其時間大概在2~4年，即進行短期調整的小週期。

2.1.2.3 太陽黑子週期理論

杰文斯對1875—1882年期間的大量統計數據進行研究發現，作為當時經濟重要組成部分的農業，農產品收成的變化可以解釋經濟波動。英國在1254—1400年的穀物收成數據明顯存在週期性特徵，而這個週期的長度（11.1年）與天文學中的太陽黑子的活動週期相吻合。根據這些經驗數據，杰

文斯總結出太陽黑子與經濟週期之間的關係：太陽黑子的頻繁活動可以提高陽光照射強度，促進農作物生長，提高農業收成，推動經濟繁榮。

2.1.2.4 純貨幣理論

霍特里認為經濟週期是一種純粹的貨幣現象，他在許多著作（如1919年的《通貨與信用》、1928年的《商業與信用》以及1931年的《商業蕭條和解脫的方法》）中都對經濟週期進行了純貨幣解釋。霍特里強調了經濟中的貨幣流通量是決定經濟活動的繁榮或蕭條的唯一因素。當經濟中的貨幣流通量增大時，社會需求增加，企業生產擴張，市場繁榮，價格上漲，企業為追求利潤而擴大再生產，就業增加；而當經濟中的貨幣流通量減小時，社會需求萎縮，存貨增加，企業再生產減少，生產趨於停滯，失業增加，經濟逐漸衰退。因此，由銀行信用的週期性擴張和收縮導致的社會貨幣流通量的伸縮是導致經濟週期性波動的根本原因，通貨膨脹與通貨緊縮的輪換交替是經濟週期性波動的另一種寫照。

2.1.2.5 負債—緊縮論

費雪認為，經濟的蕭條是由兩個相互關聯的因素導致的：負債過度與通貨緊縮。通貨緊縮導致債務負擔加重，而過度負債導致社會中貨幣與信用的萎縮，進而社會需求減少，價格下跌，企業利潤降低，償債更為困難。為償還到期債務，企業會選擇降價銷售，利潤的進一步縮減甚至消失導致生產停滯、失業增加、經濟逐漸衰退。在經濟緩慢恢復過程中，逐漸出現創新性的要素、發明、產品以及新市場。隨之出現的便是高回報率的投資機會。社會對信貸資金的需求增多，而商業銀行等信貸機構隨著經濟基本面的好轉也不斷增加供給，經濟中便又出現過度負債。所以，通貨緊縮與過度負債在經濟活動中的循環出現便形成了經濟週期。

2.1.2.6 創新理論

熊彼特認為，導致經濟波動的三個因素是外部因素、增長因素和創新，而前兩個因素可以導致經濟波動但不能解釋波動的週期性。經濟週期產生的根本原因在於企業家的創新活動，這種創新活動對生產函數是一個實質性的改變。經濟波動之所以呈現週期性，是因為企業家的創新活動並不連續，企業家才能這一變量的時間分佈和空間分佈並不均勻。熊彼特將繁榮定為一個週期的起點，認為那是創新的直接結果。「在新方向上取得的任何一步成功，會立即很容易被跟隨……率先成功的人喚醒了其他人……繁榮由此而來。」當創新的機會減少，創新進程放緩，經濟會向下尋找一個新的均衡水準，這就是衰退。

2.1.3 凱恩斯主義經濟學的經濟週期理論

1929—1933 年的大蕭條使資本主義世界進入了嚴重而持久的衰退期，傳統自由放任的經濟理論宣告破產。羅斯福新政的成功將凱恩斯主義經濟學推上了主流，其成為 20 世紀 30 年代之後的官方經濟學。

凱恩斯對經濟週期的解釋是有效需求不足。他認為社會總產出應取決於有效需求，而非新古典的意願性需求。而導致有效需求不足的是經濟中的三個基本心理規律：邊際消費傾向遞減、資本邊際效率遞減以及流動性偏好。邊際消費傾向遞減是指人們偏愛儲蓄的心理傾向導致邊際消費傾向隨收入的增加而出現遞減趨勢，這勢必會導致消費需求不足；資本的邊際效率遞減是指隨著資本投入的增加，資本的預期收益率從長期來看存在下降趨勢，這勢必會導致投資的積極性降低；流動性偏好是指人們傾向於手中持有一定的流動性以滿足日常開支、預防意外以及投機活動的需要。在這三種基本規律中，人們的流動性偏好和邊際消費傾向相對穩定，對經濟波動的影響較弱，而由資本的邊際效率的循環變動引起的投資的變動，是導致經濟週期性波動的主要原因。

凱恩斯採用靜態分析和比較靜態分析方法去研究經濟週期，之後的薩姆爾森和希克斯等人對其進行改進，利用乘數—加速數週期模型討論了經濟週期的動態性。

在經濟擴張時期，投資大幅增長，資本邊際效率處於上升階段，生產擴張，就業增加，經濟逐漸繁榮。同時，由於乘數效應，投資增量引起消費增加，進一步促進收入的增長。然而，生產擴張存在限制，原材料和勞動力價格上漲，生產成本增加，資本的預期收益率逐漸減少。在達到某一個臨界值時，資本的邊際效率下降，市場信心減弱，投資減少。同樣，乘數效應的存在導致消費和收入的進一步減少，最終導致生產萎縮，經濟步入蕭條期。正是由於資本邊際遞減與乘數效應的存在，凱恩斯主義經濟學主張由政府投資來應對衰退。

2.1.4 新古典宏觀經濟學時期的經濟週期理論

20 世紀 70 年代西方資本主義社會出現的滯漲現象，動搖了主張國家干預的凱恩斯主義經濟學的主流地位。這一期間，自由放任的思想再次蔓延，新古典宏觀經濟學不斷發展完善。在研究經濟週期方面，有三大階段的代表性成果：以傅利曼為代表的貨幣主義學派理論；以盧卡斯為代表的理性預期學派的「均衡週期理論」；以基德蘭德和普雷斯科特為代表的真實經濟週期理論。

2.1.4.1 貨幣主義學派理論

貨幣主義學派認為，經濟波動的主要原因是公眾未預期的貨幣供給變化所導致的總需求變動。傅利曼假定公眾預期是一種適應性預期，當貨幣供給發生變化導致價格水準變動時，公眾會根據其預期調整自身的經濟活動和資源配置，這就導致了總需求的變動，進而影響到產出、失業率等實體經濟的變動。這時公眾會意識到之前所有變動的結果只是名義上的變動，實體經濟並沒有發生改變，因此就會對自己的經濟活動進行修正，經濟也會重新恢復到正常的水準。因此，貨幣學派認為，政府對貨幣供給的干預只會造成經濟的波動而不能起到穩定經濟的作用，他們主張政府應該遵循單一的貨幣供給規則。

2.1.4.2 理性預期學派的「均衡週期理論」

盧卡斯以理性預期假說、市場出清假說和自然率假說為前提，在20世紀70年代初提出了「均衡週期理論」，認為經濟週期是由未預期的貨幣衝擊引起的。

理性預期學派假定公眾的預期是一種理性預期，即經濟行為主體的主觀概率分佈等於經濟體系的客觀概率分佈。但這並不意味著微觀主體能夠準確地預見未來，由於可獲得的信息的不完整，預期往往會產生錯誤。

盧卡斯認為經濟中存在兩種衝擊：一種是貨幣供給增加的總體性衝擊，這種衝擊會引起一般物價水準的變動；另一種是由生產技術條件或消費者偏好等因素造成的局部衝擊，這種衝擊會引起商品之間的相對價格變動。當企業面對產品價格波動時，需要判斷是由局部衝擊造成的相對波動還是由總體衝擊造成的一般波動。然而，信息的不完全往往會造成廠商的錯誤判斷。如果政府在公眾沒預期的情況下增加貨幣供給，進而導致一般價格水準上漲，而企業很有可能認為價格上漲中的一部分原因是因為自身產品相對價格的上升，於是增加投資、擴大生產，經濟將逐漸繁榮。然而，當企業在某一時期掌握了更為充分的信息，就會意識到自己之前的預期錯誤，從而加以調整，降低投資，縮減生產，經濟將會下行。

因此，理性預期學派認為，經濟週期波動是由於政府隨機的、不可預見的貨幣供給變化，使微觀主體對價格變化產生錯誤的預期而導致的實際產出和就業的波動。

2.1.4.3 真實經濟週期理論（Real Business Cycle）

真實經濟週期學派的代表人物基德蘭德和普雷斯科特在2004年被授予諾貝爾經濟學獎。兩位學者在1977年和1982年合作的論文《規則勝於相機抉擇：最優選擇的不一致性》和《構建時間與匯總波動》中，體現了他們對宏

觀經濟研究的突出貢獻：第一，具體分析了宏觀經濟政策的「時間一致性」問題，為宏觀經濟政策尤其是貨幣政策的實施提供了新思路；第二，從引起經濟週期性波動的各種因素以及各因素之間的相互關係入手分析經濟週期，提出了真實經濟週期理論。

與貨幣學派和理性預期學派相區別的是，基德蘭德和普雷斯科特在可能導致經濟波動的根源因素中排除了貨幣因素。兩個學者認為，造成經濟的週期性波動的根本原因是多個經濟變量不斷變化，比如消費者偏好的變化、科技的創新以及由此推動的生產力的提升，即技術衝擊等。在社會生產中，技術這一要素決定了另兩個要素資本和勞動轉變為產出的效率，進而導致經濟產出與社會就業的變動。

技術進步提高了生產的效率，同時也改變了資本和勞動等其他生產要素的相對價格。具有理性預期的經濟主體將據此對自身的消費和勞動供給進行重新分配，那麼從總體來說就導致了就業與產出的變動。

基於以上分析，技術衝擊是經濟波動的起因，而勞動力供給的跨時期替代是經濟波動的傳導機制。真實週期理論假定勞動者對短期內工資變動的敏感性很高，即工資短暫變化的勞動供給彈性很高。在一個兩階段的分析框架中，勞動者在兩個時期進行勞動投入的分配取決於兩個時期的相對工資，相對工資高的時期會伴隨高勞動投入。在一個短暫的技術衝擊之後，當期實際工資短暫上升，勞動者將加大勞動投入，從而導致就業量和產量上升。同時，勞動者在預期實際工資較低的未來減少工作，導致未來時期的就業量和產量下降，出現了經濟的週期性波動現象。

2.1.5　新凱恩斯主義動態隨機一般均衡模型（NK-DSGE）

真實經濟週期模型在學者們的不斷探索中逐漸完善改進，但不變的是其核心框架依然是瓦爾拉斯的完全競爭一般均衡。這個框架成為其解釋現實經濟現象的局限。現實中的非完全競爭市場普遍存在，商品和要素價格存在黏性，並不能根據供需靈活調整。另外，在真實經濟週期模型中，沒有強調財政政策和貨幣政策的調控作用，然而宏觀政策調控在當下的世界經濟中起著不可忽略的作用。

動態隨機一般均衡模型（DSGE）沿襲了真實經濟週期模型的研究方法，主要表現為：①強調微觀基礎，總體宏觀經濟表現應該是微觀個體理性選擇結果的綜合；②強調一般均衡，即各個市場相互作用的整體均衡，均衡中的代表性微觀個體在每一個時段都形成最優決策；③代表性微觀個體遵循理性預期進

行跨期決策；④採用動態研究法，將經濟波動視為不同經濟變量對隨機衝擊的動態反應過程。

在真實經濟週期模型研究方法的基礎上，DSGE模型也做出了一些改變和調整，即引入了新凱恩斯主義的兩個關鍵假定：壟斷競爭和價格黏性。前一個假定意味著市場不再是完全競爭市場，市場中的廠商不再是價格的接受者，他們能夠決定價格，價格因此內生；後一個假定意味著價格存在黏性，不能靈活調整。這兩項假定的引入能夠幫助DSGE模型綜合分析總需求和總供給，解決了真實週期模型只能單方面分析總供給的局限。同時，在進行總需求分析時，宏觀經濟政策的重要性也能夠在模型中體現出來，使模型具備政策分析能力。

同樣，DSGE模型也在不斷地發展和完善過程中。在其基礎上發展起來的有金融經濟週期模型，其將金融衝擊、金融摩擦和金融仲介等金融市場因素嵌入DSGE的分析框架中，重點研究金融週期與實體經濟週期之間相互作用的內生機制。

2.1.6　內生經濟週期理論

上文中提到，在動態隨機一般均衡模型和真實經濟週期模型的研究方法中都強調隨機衝擊，將經濟波動視為不同經濟變量對外生的隨機衝擊的反應。而內生經濟週期理論認為經濟波動並不是由外生衝擊造成的，而是源於經濟系統內部的不確定性。兩類理論從不同視角研究經濟波動，真實經濟週期理論和DSGE都是在經濟系統穩定的假定下研究外生衝擊，而內生經濟週期理論則是從系統複雜性的角度，強調經濟系統本身的不穩定引發經濟波動從而形成經濟週期。

2.2　歷次危機的深入探討

2.2.1　1929年大蕭條

2.2.1.1　危機演變

美國在20世紀20年代經歷了經濟的快速增長，到1929年，美國在資本主義世界工業生產中的比例達到48.5%，使得對外資本輸出、對外貿易、國民收入等不斷攀升，從而新移民湧入、城市化速度加快、美元走強。在這一時期，美國經濟以強勁的姿態演繹著柯立芝繁榮。然而，1929年由於股票市場崩盤快速蔓延開來的經濟大蕭條，使一路高歌猛進的經濟進入了持續的衰退。

物資短缺、存貨上升、銀行擠兌、工人失業等怪象頻發並蔓延到世界，幾乎包含了所有的資本主義國家。

1929年10月下旬的股市崩盤被認為是大蕭條的開始，「黑色星期四」或「黑色星期二」瘋狂拋售的恐慌也成為民眾失業與貧窮的開端。而股市崩盤的根本原因必然是經濟的引擎出了問題——從1927年開始，工業經濟就開始出現衰退跡象。但這種跡象被工業投資的高潮給掩蓋掉了，而這次的投資高潮卻是因德國的工業生產接近飽和而尋不到投資機會的海外資金撤回而導致的。

股票市值的蒸發讓市場的繁榮燃成了一片灰燼，數萬家企業破產、停產，越來越多的銀行因貸款給客戶進行股票投資而倒閉。而當時的胡佛政府卻將此次危機認定為一次普通的經濟衰退，主張無為而治，仍堅持自由放任的原則，依靠市場進行自我矯正。海外的其他國家也出現了危機。英國新政府宣布脫離金本位，而美聯儲為穩定美元幣值卻採取了提高利率的措施，貨幣供給的收緊對銀行來說更是雪上加霜，使得倒閉銀行的數量急遽增加。實際利率高企和貨幣供給的進一步緊縮，使私人投資銳減，工業產值大幅下滑。

1933年上任的羅斯福總統面對愈發嚴峻的經濟形式不得不採取激進的措施，他意識到壟斷資本主義經濟在無政府干預下並不能解決所有問題。於是，羅斯福政府開始進行大規模的改革，範圍涉及金融、政府投資、農業生產以及工業復興（見表2-1）。

表2-1　　　　　　　　羅斯福新政頒布的部分措施

時間	事件
1933年3月4日	羅斯福就任美國總統
1933年3月5日	羅斯福宣布為期4天的銀行休假
1933年3月9日	《緊急銀行法案》通過
1933年3月31日	《造林救濟法案》通過，建立民間資源保護組織（CCC）
1933年4月19日	美國放棄金本位制
1933年5月12日	聯邦緊急救濟署（FERA）成立
1933年5月12日	《農業調整法案》通過，成立農業調整管理局（AAA）
1933年5月18日	田納西流域管理局（TVA）成立
1933年6月16日	《格拉斯-斯蒂格爾法案》通過
1933年6月16日	《國家工業復興法（NIRA）》通過，成立國家復興管理局（NRA）

表 2-1(續)

時間	事件
1933 年 6 月 16 日	公共工程管理局（PWA）成立
1933 年 11 月 8 日	土木工程管理局（CWA）成立
1934 年 6 月 6 日	《證券交易法案》通過，成立證券交易委員會（SEC）
1934 年 6 月 28 日	《國家住房法案》通過，成立聯邦住宅管理局（FHA）
1935 年 1 月 7 日	最高法院宣布部分《國家工業復興法案》無效
1935 年 5 月 27 日	黑色星期一：最高法院宣布《工業復興法案》無效和其他的一些政策措施無效
1935 年 7 月 5 日	《國家勞工關係法案（瓦格納法案）》通過，創建全國勞工關係委員會（NLRB）
1935 年 8 月 14 日	《社會保險法》通過
1935 年 8 月 23 日	《銀行法案》通過，重新組建美國聯邦準備委員會
1938 年 6 月 25 日	《公平勞動標準法案》通過

資料來源：嚴鼎程. 從羅斯福新政看「大蕭條」的原因及啟示［J］. 重慶科技學院學報，2016（2）：35-38.

羅斯福新政被看作是大蕭條結束的標誌，但國家干預並不能解決資本主義經濟的基本矛盾。羅斯福新政之後依然存在高失業、低產出的現象，從歷史的角度來看，大蕭條並沒有被真正地解決，只是此後的第二次世界大戰強制性地中斷了資本主義國家的經濟進程。正如美國經濟學家約翰·肯尼思·加爾布雷思所說：「30 年代的大蕭條從來都沒有結束，它只是在 40 年代的大動員中消失了。」

2.2.1.2　成因分析

對於這場大蕭條，凱恩斯主義和貨幣主義分別給出了不同的解釋。

凱恩斯認為，大蕭條的出現是由有效需求和投資需求不足造成的。在凱恩斯提出的三大基本規律中，邊際消費傾向遞減導致人們對商品的有效需求不足，而資本的邊際效率遞減和流動性偏好使政府通過利率來調整經濟的效果大打折扣，導致投資需求不足。因此，這就需要政府採取政府購買、政府投資以及轉移支付等財政政策來刺激總需求，在總供給不變的情況下，力求總供求的均衡，以實現各類生產要素的充分就業水準。

貨幣主義者將大蕭條歸咎於貨幣供給的減少。傅利曼和施瓦茨的《大衰退》梳理了大蕭條中的一系列貨幣事件：銀行業危機、英國脫離金本位、

美聯儲的貨幣緊縮政策以及銀行的倒閉潮等，並分析了美國金融體系變動和貨幣政策變動，認為大蕭條起因於貨幣供給的外生變化，即直接是由20世紀30年代初貨幣供給收縮引起。

兩類學派給出的解釋是針對大蕭條中不同時期以及從不同維度得出的。凱恩斯學派更多地關注在大蕭條初期的私人支出下降；而貨幣主義則更關注大蕭條的嚴重程度。但究其根本原因，傳統的馬克思政治經濟學給出瞭解釋——利潤率下降的趨勢。

馬克思認為，利潤率下降的趨勢伴隨著經濟週期，這種經濟的週期性是由經濟體系的投資決策缺少協調所引起的。馬克思強調，資本累積的速度快於產生剩餘價值的有效雇傭勞動力的增長。因此，剩餘價值與預付資本的比率即利潤率趨於下降。當利潤率下降時，投資的刺激也隨之下降，從而導致資本累積下降。結果就是衰退隨著經濟系統的老化而不斷加深。事實上，在大蕭條之前的幾十年間，美國的資本利潤率呈現了長期下降的態勢。吉爾曼等學者對1880—1920年期間的美國資本利潤率進行估算，得出這一期間的資本利潤率下降了40%左右。

馬克思關於利潤率下降的理論能夠解釋產生全球性衰退的原因。三個世界最大經濟體的低利潤率導致了低水準的生產性投資，這意味著經濟停滯並不是因為基於消費和房地產的非生產性支出、投機泡沫和債務，而是一旦經濟增長疲軟必然導致這些支出的下降，隨之而來的是與生產性部門產出相對應的市場的迅速縮小。

2.2.2 20世紀70年代滯漲危機

2.2.2.1 危機演變

經歷了大蕭條之後的美國政府，自羅斯福新政之後一直奉行赤字財政擴大需求以刺激經濟的政策，國家干預對經濟的回暖效果顯著。尤其是在第二次世界大戰及以後的戰爭物品的生產及出口中，更是刺激了美國的經濟增長。「在1939—1944年期間，美國的總產值增長了77%，失業率降到了可忽略的程度。」[①] 第二次世界大戰結束之後，美國迎來了嬰兒潮，人口數量大增，同時戰爭期間被抑制的消費需求得到充分釋放。這一期間，私人消費成為刺激經濟增長的主要因素。

---

① 赫伯特·斯坦.美國總統經濟史——從羅斯福到柯林頓[M].金清,郝黎莉,譯.長春:吉林人民出版社,1997.

另外，從實體經濟來看，美國的製造業在這一時期迅猛發展，建築業、公路建設以及汽車製造業等成為美國的支柱產業。此外，政府在新興工業、教育、科研等方面的大規模投資，推動了第三次科技革命，極大地提高了勞動生產率。技術、資本和勞動的有效配置創造了美國經濟在1960—1969年長達106個月持續增長的極大繁榮①。

然而，第二次世界大戰結束之後的美國飛速發展的經濟也伴有危機的發生，雖然短暫的危機很快消失，但是危機的發生暗含著一些不能被忽視的信號。在1957—1958年，美國經濟出現了顯著的物價上漲，在1969—1970年出現了高失業與高通膨並存的局面 。這種局面在1973—1975年表現得更為突出，即滯漲危機。滯漲（stagflation）是由薩繆森在1976年首次提出並用來描述經濟停滯、失業率和通膨率均居高不下的現象 （圖2-1）。

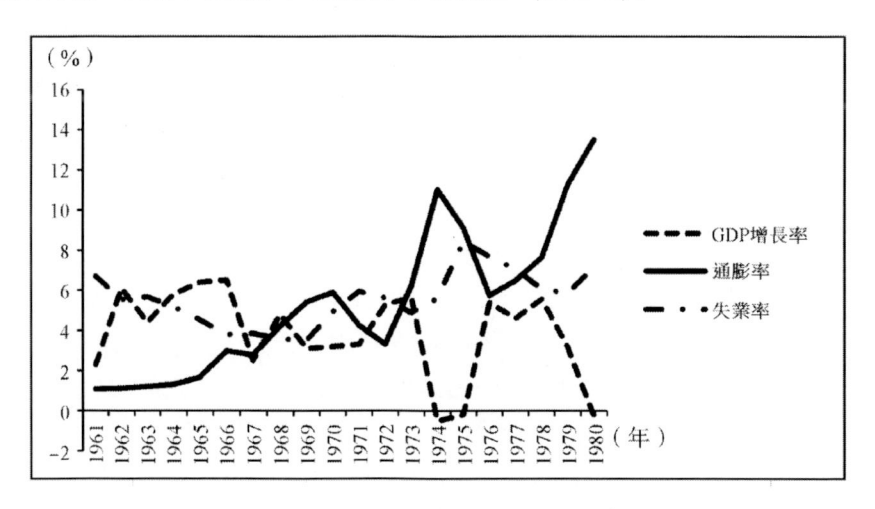

圖2-1　美國1961—1980年的GDP增長率、通膨率和失業率數據
資料來源：世界銀行數據庫。

自1965年開始，美國的物價水準就出現了明顯的增長趨勢，之後經歷了三大階段的暴漲，即1968—1970年、1972—1975年以及1978—1980年。同時，這三個階段的物價大漲均伴隨國內失業率的升高以及GDP增長率的下滑。第一個階段的物價上漲並沒有引起當局者太多的關注，尼克森在執政（1969—1974年）之初，認為「通貨膨脹是一個問題，但不是最令人憂慮的問題，也

---

① 劉緒貽. 美國通史第6卷——戰後美國史（1945—2000） [M]. 北京：人民出版社，2008.

不是一個用犧牲其他目標,尤其是高就業所能應付的問題」。然而,對於這種滯漲局面的不斷升級,吉米·卡特(執政期間為 1977—1981 年)甚至提出了悲慘指數①來描述當時的經濟狀況。

2.2.2.2　成因分析

(1)制度性因素。

①凱恩斯主義的「藥方」失效。大蕭條以後,凱恩斯主義的理論一直被奉為圭臬,資本主義國家不得不對資本主義的制度框架進行調整。凱恩斯主義提出的拯救危機經濟的思想主要有:第一,提出了「非自願失業」,而且其根源是社會的有效需求不足;第二,為了刺激社會的有效需求以創造供給,政府需要對經濟活動進行干預;第三,政府除了干預經濟之外,還需執行擴張性政策,不斷減稅。

而凱恩斯主義堅持的國家干預與加大政府投資,導致的直接結果就是巨額的財政赤字。而政府為了維持預算,只能通過兩個方面來彌補赤字:一是增加稅收;二是利用經濟繁榮期的財政盈餘來彌補。然而,在第二次世界大戰結束之後,資本主義危機頻發以及各國福利制度的不斷完善,政府的財政盈餘並不能彌補赤字;同時,增加稅負導致投資減緩,失業率上升。

美國政府在 1961—1968 年期間連續八年出現了財政赤字,雖然刺激了經濟的增長,但是通膨壓力逐漸加大。尼克森政府開始實行緊縮政策,縮減財政支出,提高聯邦利率。然而這些舉措並沒有收到預期效果,反而形成了 1969—1970 年的經濟衰退。為刺激經濟,政府轉而實行擴張政策,結果卻進一步推升了通膨。

②國家壟斷資本主義的深化與工人運動。凱恩斯的國家干預的思想在制度上限制了自由競爭,導致了壟斷或是國家壟斷的出現。1890 年、1920 年和 1950 年是美國歷史上三次發生大規模企業併購浪潮的時期,也就是從自由資本主義階段逐步向私人壟斷資本主義階段乃至所謂的國家壟斷資本主義階段不斷發展的三個時期。同時也是資本由在美國國內擴張的階段逐步向海外擴張並確立資本主義世界經濟霸主地位的過程。

這一時期的壟斷並不是一個行業內的兼併,而更多的是一些大型企業集團採取多元化經營策略,不斷收購不同行業的其他企業,但對於一個行業內部而言,這些大企業並沒有絕對的定價權。大規模的收購會提高公司股票的每股收

---

① 悲慘指數=失業率×2+通貨膨脹率,是 1976 年由吉米·卡特總統在選舉辯論中提出的指標。

益,但這之後的多元化經營卻並沒有那麼樂觀,甚至給大多數盲目擴張的公司帶來了災難性後果。

此外,工會力量的增強使勞動力成本居高不下,一方面對於經營困難的多元化企業來說更是雪上加霜,紛紛將工廠移向海外,這構成了美國在20世紀70年代經濟低迷的原因之一;另一方面,經濟衰退時期的高工資在不利於降低通膨的同時還會進一步擴大失業。

③布列敦森林體系的內在缺陷。貨幣學派的代表人物傅力曼認為,嚴重的通貨膨脹無論在何時何地都是一種貨幣現象。除了美國在20世紀60年代的財政擴張造成的通膨之外,布列敦森林體系的難以維繫更是推高了通膨。

1944年7月,布列敦森林體系確立了美元霸權,將美元與黃金等價聯結,其他國家貨幣與美元掛鉤,其他國家需要大量持有美元來進行國際經濟與金融往來。這便形成了特里芬兩難:為了滿足國際金融與貿易發展的需要,美國需要不斷向外輸出美元,保持國際收支逆差;而長期的國際收支逆差必然會導致美元貶值以及黃金儲備流失,從而形成美元危機。在1968年,美國曾停止黃金兌換,並徵收10%的進口稅以改善國際收支。到了1971年,美國的黃金儲備已不足第二次世界大戰結束時的一半,尼克森下令停止黃金兌換,而各國紛紛放棄與美元掛鉤的固定匯率。1973年,美國政府放棄了美元與黃金的固定比價,布列敦森林體系就此瓦解。美元大幅貶值,導致國內物價上漲、企業倒閉、失業率上升。

(2)偶然性因素。

①越南戰爭。1965—1973年曠日持久的越南戰爭改變了美國的政治、經濟結構,其間巨額的軍費開支成為通貨膨脹的重要推手(表2-2)。

表2-2　　　越南戰爭軍費開支一覽表(1965—1973年)

財政年度	GNP 金額(10億美元)	越南戰爭軍費開支 金額(10億美元)	占比(%)	財政盈餘/赤字 金額(10億美元)
1964	629.2	——	——	-1.6
1965	672.6	0.1	0	1.5
1966	739.0	5.8	0.8	-0.3
1967	794.6	18.4	2.3	-8.6
1968	849.4	20.0	2.4	-12.3
1969	929.5	21.5	2.3	5.2

表2-2(續)

財政年度	GNP 金額（10億美元）	越南戰爭軍費開支 金額（10億美元）	占比（%）	財政盈餘/赤字 金額（10億美元）
1970	990.2	17.4	1.8	-0.7
1971	1,055.9	11.5	1.1	-20.6
1972	1,153.1	7.3	0.6	-19.2
1973	1,281.4	6.2	0.5	-15.1

資料來源：劉守旭.1973—1975年美國滯漲危機成因分析［D］.長春：吉林大學，2012.

從表中可以看出，軍費開支的暴漲直接導致了財政壓力的增加，尤其是導致了在1966—1967年期間財政赤字的大幅增加。財政赤字以及貨幣的增發為戰爭後期的通貨膨脹埋下了隱患。

②石油危機。1973年10月，中東爆發了第四次戰爭，石油輸出國組織對美國與荷蘭實行了石油禁運，美國國內的石油價格暴漲了70%。美國在1973年1月至9月的物價指數上漲了6個百分點，工業生產率下降了14%，GDP下降了4.7%。石油作為當時的一種廉價新能源，其價格的暴漲一方面加劇了通貨膨脹；另一方面也抑制了國內的投資。

在此次滯漲危機之後，1978年的伊斯蘭革命以及隨後的兩伊戰爭又一次引發了世界石油危機，國際市場的石油供應量產生大幅波動，基準原油價格從13美元/桶上漲到34美元/桶。這次更為嚴重的石油危機直接導致西方主要國家的經濟在大蕭條之後出現了一次最為嚴重的經濟衰退，惡性通膨與高失業率並存（請參考圖2-1），由此經歷了1973年的滯漲危機之後的工業化國家又一次深陷泥潭。

③糧食危機。1972年，受氣候影響，蘇聯糧食大幅減產，國際市場上糧食價格猛增。美國國內也出現了糧食供應量不足，作為經濟中重要的生產和生活資料，農產品價格上升引起了食品價格的上漲以及工業的通貨膨脹。與石油危機一樣，糧食的短缺推動了生產資料價格的上漲，抑制了美國國內的投資，惡化了失業狀況。

2.2.3 20世紀90年代日本泡沫經濟

2.2.3.1 危機演變

（1）危機前泡沫的產生。

在第二次世界大戰結束之後，日本經濟很快恢復並經歷了長時間的經濟高

速增長。從 20 世紀 50 年代到 20 世紀 70 年代，日本經濟大致經歷了三次市場繁榮，即 1955—1957 年的神武景氣、1958—1961 年的岩戶景氣以及 1965—1970 年的伊奘諾景氣。這段時間的市場繁榮，主要是由消費品的普及高潮引起的。20 世紀 70 年代之後，日本的「國民收入倍增計劃」超額完成，緊接著又進入了一個新的計劃——田中角榮政府的「日本列島改造計劃」。這一計劃引發了房地產投資熱潮，使土地價格逐漸上升。而這一時期的銀行對企業的貸款也大多以土地作為抵押。

20 世紀 70 年代的石油危機導致了很多資本主義國家出現了滯漲，美英等國探索治理途徑，奉行供給學派的理論，最後仍是深陷泥潭，美國甚至出現了經常收支和財政雙赤字的現象。同時，美聯儲不斷提高利率以抑制通膨。而美聯儲的高利率政策導致國際資本的大量流入，使美元不斷升值。從 1979 年連續 3 次提高利率之後，到 1985 年 2 月，美元匯率上升了 70%以上。這直接導致了美國的經常項目逆差。而日本在 1975 年就率先擺脫了滯漲，經濟恢復了增長，美日兩國貿易逆差不斷擴大，因此，在日圓升值、美元貶值的強烈呼籲下，廣場協議誕生了。

1985 年 9 月在紐約的廣場飯店，美、英、日、法、德（西德）等國的財長和央行行長就美國對日本巨額赤字以及美元不斷升值的問題進行磋商，決定聯手干預外匯市場，降低美元兌日圓和歐洲國家貨幣的匯率，被稱為「廣場協議」。在此之後，其他各國在外匯市場上拋售美元購入本幣，美元匯率下跌。

「廣場協議」簽訂之後，日圓大幅升值，從 1985 年 9 月的 1 美元兌 240~250 日圓，升值到 1987 年 1 美元兌 120 日圓的水準，之後在 19 95 年甚至突破了 1 美元兌 80 日圓的水準。日圓的迅速升值對當時出口導向型的日本經濟造成了很大衝擊，短期內經濟增長率、出口指數、企業經常利潤等均出現大幅下滑。

然而，在短期的「日圓升值蕭條」之後，日本開始轉變經濟增長方式，從外需導向的增長轉變為內需導向的增長。為刺激內需，降低日圓升值對本國經濟的衝擊，日本實行了「超低利率」的寬鬆貨幣政策。1987 年之後，各項經濟指標逐漸好轉，形成了「平成景氣」的經濟繁榮。這一階段的繁榮同 20 世紀 50 年代至 20 世紀 70 年代的繁榮相似，都是由民間消費拉動的。這次的經濟繁榮以及寬鬆的貨幣政策進一步推升了土地和股票等資產價格（表 2-3 和表 2-4），最終形成了泡沫經濟。

表 2-3　　　　　　　　　　　戰後日本股價一覽表

年份	日經股票年平均價格（日圓）
1955	374.00
1960	1,116.62
1970	2,193.21
1980	6,870.16
1981	7,510.73
1982	7,399.36
1983	8,808.71
1984	10,560.61
1985	12,565.62
1986	16,401.83
1987	23,248.06
1988	27,038.57
1989	34,058.81

資料來源：孫執中．榮衰論：戰後日本經濟史（1945—2004）[M]．北京：人民出版社，2006．

表 2-4　　　　　　　　　　　日本土地價格指數變動表

年份	1990＝100	年份	1990＝100
1955	1.64	1974	46.0
1956	1.86	1975	44.0
1957	2.39	1976	45.3
1958	2.91	1977	46.6
1959	3.60	1978	46.6
1960	4.58	1979	48.7
1961	6.52	1980	52.8
1962	8.29	1981	57.4
1963	9.71	1982	61.5
1964	11.1	1983	64.4
1965	12.6	1984	66.5

表2-4(續)

年份	1990＝100	年份	1990＝100
1966	13.2	1985	68.3
1967	14.3	1986	70.2
1968	16.3	1987	74.1
1969	19.0	1988	81.5
1970	22.8	1989	87.6
1971	26.4	1990	100.0
1972	29.9	1991	110.4
1973	37.4		

資料來源：孫執中．榮衰論：戰後日本經濟史（1945—2004）[M]．北京：人民出版社，2006．

（2）泡沫破裂引發金融危機。

由於泡沫不斷加劇，日本政府開始進行干預。從1989年5月開始，日本連續5次提高利率，並在1990—1991年期間對銀行實行嚴格的窗口管制。同時，為了打擊土地投機行為，日本從1992年起推行地價稅，即土地持有者需要繳納土地持有稅。雙緊的財政貨幣政策導致了泡沫的破裂，日本經濟開始崩潰。

泡沫破裂導致的結果首先是股票、房地產等資本品價格的下跌，進而銀行因壞帳過多而倒閉引發金融危機，最終國民經濟陷入蕭條。

在連續5次升息之後，股票開始大幅下滑。日經225指數在1989年曾達到38,915點的頂峰，之後在1992年下滑到14,309點，縮水了60%左右。與此同時，土地價格也在不斷下滑，1999年的土地價格比1990年下降了80%左右，並仍持續下跌。

資產價格的暴跌導致銀行出現了巨額的不良債權根據大藏省公布的數據，截至1995年6月6日，金融機構的不良債權已經達到40萬億日圓。這個數字隨後還在不斷增加，據日本銀行統計，在1990—2001年期間不良債權處理額累積達81.5萬億日圓。巨額的不良債權迫使日本的很多金融機構相繼倒閉。

（3）危機之後國民經濟的蕭條。

泡沫破裂之後，日本的國民經濟進入了長達10多年的蕭條期。股票和房產等資產價格的一蹶不振導致銀行不斷收緊信貸。沒有了信貸資金的支持，國

內的投資大幅縮減，企業因難以存續而紛紛倒閉，失業率不斷攀升，經濟出現負增長。

日本經濟在繁榮期間即在1975—1991年期間的平均增長率達4.1%，而在泡沫破裂之後的1992—1998年期間平均增長率僅為1%。日本經濟在1993年的經濟增長率為0.3%；1994年的經濟增長率為0.6%；1995年的經濟增長率為1.5%；其中個別季度為負增長，直到1996年才有所恢復，GDP增長率為5.0%。然而，1996年的高增長率只是曇花一現，1997年回落到1.4%，1998年甚至出現了負增長。此外，1998年的失業率也達到了歷史最高水準4.1%，這些經濟數據都表明，日本經濟已經進入了蕭條期。

2.2.3.2 成因分析

日本經濟在泡沫破裂之後便陷入了長期的蕭條。從表面上看，導致這次危機的是資產價格的崩盤，直接推手是放開金融管制之後國際熱錢的大規模湧入。逐利的國際資本加劇了日本國內經濟結構的失衡，危及經濟增長的動力。資產價格之後，經濟被迫去槓桿必然會經歷強烈陣痛。因此，從根源上講，日本陷入經濟蕭條的原因在於不適當的經濟政策以及產業機構的空心化。

（1）日圓升值背景下的國內雙擴張政策。

廣場協議對當時出口主導型的日本經濟造成了很大衝擊，使日本經濟出現了明顯的升值蕭條。然而，此時的世界經濟正值石油價格下跌和資訊通信快速發展帶來的經濟高漲期，加之日本政府實行寬鬆的貨幣和財政政策，因此，日元升值蕭條並沒有持續太長時間。1987年，日本的投資和個人消費已經開始穩定增長。但是，這一階段的「雙鬆」政策（即鬆的財政政策和鬆的貨幣政策）為泡沫經濟埋下了深深的隱患。

在財政政策方面，政府為進一步擴大內需，實施了寬鬆的政策。1987年5月，日本政府決定減稅1萬億日圓，投入4.3萬億日圓用於公共事業，另有0.7萬億日圓用於對住宅金融公庫的追加融資，之後又增加了4萬億日圓用於實施公共事業規劃。

在貨幣政策方面，日本銀行自1986年開始便長期實行「超低利率」的貨幣政策，在1986年1月至1987年2月期間，日本銀行連續五次下調貼現率至歷史最低水準2.5%，並一直持續到1989年5月。同時，美元在1987年「黑色星期一」之後大幅貶值，為支持對美元的匯率，日本不得不大量購入美元，拋出日圓。因此，在超低利率與大量的貨幣投放背景下，消費物價不斷上升，日本經濟開始了新一輪的設備投資熱潮，而且投資的增長遠高於消費的增長。土地和股票價格也是在這一階段開始迅速攀升（參考表2-4），資產價格異常

膨脹，形成了典型的泡沫經濟。

（2）金融自由化。

日本於 1984 年開始進行金融自由化改革，主要內容包括：①利率自由化。隨著日本金融市場的逐漸開放，日本經濟的蓬勃增長以及利率自由化改革必然會推動日圓攀升。②取消對銀行經營業務範圍的限制，證券公司的業務也得到了擴展。③國內外資金流動的自由化。政府對資金的跨境流動不進行干預，除非國際收支出現嚴重失衡或者日圓匯率出現急遽波動。隨著金融自由化程度的加深，日本的金融市場日益開放，日本銀行的海外業務規模不斷擴大，金融國際化程度不斷提高。

然而，金融自由化的快速推進為金融危機埋下了隱患：一是自由化的過快推進以及自由化程度的不平衡扭曲了利率體系，極大地刺激了股票、房地產等虛擬資產的投機活動；二是自由化放鬆了對金融機構的監管，尤其是銀行機構為追求貸款規模降低了貸款的審批和稽核的力度，在一定程度上增加了對投機資金的供給。

（3）產業結構和投資結構失衡。

在第二次世界大戰結束以後，日本政府為快速發展經濟，以產業政策、計劃調節等手段對經濟進行調控，形成了政府主導型經濟。這種經濟管理模式在短期內效果顯著，日本經濟經過三次「景氣」，實現了趕超西方國家的目標。然而，政府的過度干預一方面形成了資源配置不均導致的生產率低下；另一方面形成了官營企業龐大而民企薄弱的「雙重結構」。

雙重產業結構在日本表現得非常明顯：一方面，日本的家電、汽車、工具機等出口型製造業發展強勁，具有非常高的勞動生產率，就業人數占總就業人數的 10%；另一方面，其餘 90% 的勞動力都參與到勞動生產率低下的其他產業，如國內的製造業、農業以及服務業等，十分缺乏競爭力。這部分缺乏競爭力的「夕陽產業」卻在政府的各種政策下得到極大的保護，這種出於政治目的的資源傾斜擾亂了市場進行資源配置的秩序，降低了資本的產出效率，使日本經濟一步步進入結構性陷阱。同時，廣場協議之後的日圓升值使這個進行產業結構調整的有利時機也被政策制定者忽視了，最終導致經濟增長動力匱乏。

日本在第二次世界大戰結束之後其經濟突飛猛進，快速躋身於經濟強國之列，國內資本日益充裕，廣場協議之後國內財富進一步增加。然而，此時日本政府沒有意識到需要進行調整的產業結構，而是制訂了房產開發計劃來滿足國民的閒暇需求。受政策影響，過剩資本大量流入土地和房地產行業，或流向海外進行經濟擴張，導致了在資產價格飆升的同時出現了產業空心化。

泡沫破裂之後，日本政府迅速採取措施，刺激內需，擴大出口，綜合利用財政政策和貨幣政策在對外貿易和金融領域進行了深度調控。然而，此時的日本經濟陷入了投資陷阱，即利率的下調已無法刺激投資，而人們持幣待購的心理使得貨幣量的增加無法導致利率的下降。因此，日本政府之後多次的經濟政策都沒有收到顯著的效果。

2.2.4 2008年經濟危機

2.2.4.1 危機演變

2008年的全球經濟危機的直接導火索是美國的次貸危機，而次貸危機又是由於美國在21世紀之初實行的低利率刺激政策導致的。低利率政策推動了房地產市場的快速繁榮。商業銀行等房貸機構基於對未來房價持續上漲以及持續低利率的預期，辦理大量的次級貸款業務，並利用衍生工具將信用風險轉移並擴散。

然而，政策並未如預期那樣持續，2004年美聯儲開啓加息通道，因而出現了利率持續上升而房價見頂回落的狀況。而當各金融機構尚未來得及調整預期，市場流動性危機便出現了。2007年3月，全美最大的次級房貸公司Countrywide Financial Corp宣布破產，開啓了貸款機構破產倒閉的序幕。而大量的金融衍生交易所帶來的風險傳染，使各投行和對沖基金開始受到波及。2008年3月被摩根大通銀行收購。到了2008年9月，形勢急遽惡化。房地美和房利美被美國財政部接管；雷曼兄弟申請破產保護；美林銀行被收購；美國國際集團（AIG）被政府接管；高盛和摩根士丹利宣布改為商業銀行。

美國國內的金融動盪逐漸傳遞到全球市場。從2008年開始，全球各主要股市全面下跌。除美國之外，歐洲和亞洲的各大股指均出現了不同幅度的大跌，甚至一度出現停止交易的情況。在金融動盪之後，經濟危機接踵而至。各國政府雖然採取了各種救市措施，但全球增長率仍出現了大幅下滑，短期內未見逆轉。

2.2.4.2 成因分析

（1）新自由主義加劇貧富分化導致金融及經濟危機。

在滯漲危機爆發之後，英、美等西方國家紛紛尋求能夠走出危機的理論主張。凱恩斯主義的理論已經不再適用，而主張自由化、市場化，反對國家干預，要求放鬆管制的新自由主義思想恰恰符合了當時各利益集團的需求。尤其是在「柴契爾新政」頒布之後，而新自由主義正式成為經濟社會中的主流理論。正是這種推崇自由市場的理論，將美國經濟乃至於全球經濟推向了另一個

深淵。

美國推行的新自由主義政策使貧富兩極分化日益加劇。1999 年，美國前 900 家大型跨國公司的利潤增長率為 19%，而當年美國的勞動力成本僅上升了 1.8%[①]。大衛·科茨指出，新自由主義造成了日益嚴重的貧富分化，GDP 增長的絕大部分都進入了少數富有階層的口袋。導致這一現象的原因主要是，新自由主義時期工會力量被嚴重削弱，其在與資本的博弈中處於弱勢。就像供給學派的代表者吉爾德倡導的：「竭力從富人那裡拿走他們的收入，就會減少他們的投資，而把資金給予窮人，就會減少他們的工作刺激，就肯定會降低勞動生產率並限制就業機會。」因此，政府從 20 世紀 50 年代的提升社會福利政策轉變為 20 世紀 80 年代的削減福利，減少政府干預。

然而，貧富分化的加劇導致美國社會有效需求不足，使國內經濟衰退的趨勢日漸明顯。尤其是在經歷了 2001 年互聯網泡沫之後，美國政府開始刺激有效需求，如不斷降低利率，倡導按揭消費，濫發信貸。但是，根本的貧富差距依然存在，不斷被刺激出來的消費沒有可支配收入的支撐，當這一切都失去控制的時候，危機便爆發了。

（2）金融自由化的推進與泛濫成為金融危機的加速器。

1929 年大蕭條出現之後，監管鬆散的金融業飽受詬病，1933 年簽署的《格拉斯—斯蒂格爾法案》標誌著美國金融體系分業經營、加強監管的開始。然而，從 20 世紀 60 年代開始，布列敦森林體系逐漸瓦解，英、法、德、日等國逐步進入第二次世界大戰結束之後的蓬勃發展期，美國金融機構面臨利率、匯率風險的威脅以及不能滿足國際金融需求的窘境，因此，金融創新與金融監管進入了博弈階段。到 20 世紀 80 年代，新自由主義理論的廣泛確立，推動了自由化進程並形成了一種全球趨勢和浪潮。直至 1999 年，柯林頓簽署了《金融現代化法案》，美國金融混業經營才進入了新紀元。然而，監管的不斷放鬆使金融自由化的「二重效應」逐漸顯現——在促進金融及經濟發展的同時，金融體系的脆弱性和金融風險不斷累積。但是，在布列敦森林體系瓦解以及兩次石油危機之後，美國政府嘗到了金融自由化的甜頭，在 2000 年互聯網泡沫破裂之後，依然寄希望於金融創新來刺激經濟。在連續 13 次下調利率之後，房地產市場極度繁榮，各類金融衍生工具也層出不窮。大量的衍生品交易進一步催大了房地產泡沫，同時也讓市場投資者們更加瘋狂，在超額收益面前忽略

[①] 胡連生. 論當代資本主義的兩難困局：從「滯漲」危機到「次貸」危機 [J]. 理論探討, 2009 (2)：23-26.

了「灰犀牛」的逼近。當美聯儲政策轉向時，房地產價格失去了支撐，風險暴露並迅速蔓延，最終導致次貸危機以及全球金融危機。

（3）全球經濟失衡是金融及經濟危機的根本原因。

全球經濟失衡是一個由來已久的問題，這種失衡的持續以及規模的不斷增大最終導致了危機。全球經濟失衡最直觀的表現是各國國際收支的失衡。美國自布列敦森林體系以來經常項目一直持續逆差，而自布列敦森林體系之後一直未改變的美元本位，導致其他國家大量持有美國資產，因此美國也一直持有負的淨國際投資頭寸。進一步來講，美國通過經常帳戶的赤字向世界輸出美元，同時又在美元本位的背景下大力創新各類金融產品以吸引美元的回流，而回流的美元在推升了資產價格的同時又引發了美國國內的信貸擴張，使市場流動性越發充裕，加之美國長期的低利率政策，使美元環流不斷持續並加大，同時資產價格的風險也在不斷累積。然而，美國貿易逆差的不斷擴大以及 2000 年之後一直疲軟的經濟最終難以維持國際投資者對美元的信心，在國內資產價格破裂形成次貸危機之後，這種環流便難以持續，反而演變成危機傳導鏈，最終引發了全球的經濟危機以及後來的歐債危機。

2.3 歷次危機的比較及其啟示

2.3.1 危機爆發原因分析與啟示

比較分析歷次金融危機，不難發現導致危機爆發的共性因素，這些因素中既包括一些直接的或表象的原因，也包括導致危機發生的深層次的根本原因。

2.3.1.1 表象原因

（1）高槓桿率。

高槓桿率是歷次金融危機發生前經濟中的一個顯著特徵。在經濟繁榮時期，微觀主體對未來存在良好預期，因此在進行資產配置時往往會增大槓桿，尤其是一些資產規模大的企業、金融機構等。金融機構持有的大量資本的逐利性進一步推升了經濟中的槓桿率，信貸擴張與資本膨脹形成了一個互相加強的過程。然而，在危機爆發之後，流動性緊缺的市場必然迫使每一個經濟主體降低槓桿率。在這個去槓桿化的過程中，資產價格不斷縮水，從而加劇了市場的流動性緊缺。商業銀行等金融機構在繁榮期間的推波助瀾形成的不斷增大的信貸，在危機期間便形成了大量的壞帳，最終導致銀行的破產。繁榮期間的信貸膨脹與資本價格上漲之間的正反饋變成了危機期間資本縮水與壞帳之間的相互

惡化。

高槓桿率在很多金融危機中都能體現。在大蕭條之前美國的土地和股票的買賣十分繁榮，買方只需支付10%的保證金便可以參與交易；日本的房地產行業的槓桿率高啟導致了房地產泡沫破裂之後大批金融機構的倒閉；拉美債務危機以及歐洲的主權債務危機則是因國家部門的槓桿率過高而導致的。此外，經濟中槓桿率的短期集中化也是引發金融危機的一大原因，墨西哥金融危機便是一個典型的例子，過多的短期負債只能不斷加劇危機的惡化。

（2）貧富差距過大。

資本主義的生產資料私有制以及資本的逐利性必然導致社會貧富差距的不斷加大。生產方式的不斷發展，社會化大生產在各個行業逐漸普遍，社會的總供給日益豐富。然而，收入差距的不斷加大意味著社會財富不斷地向少數人聚集，廣大的中低資產家庭實際的可分配收入降低，導致其消費能力下降。高財富人口更注重財富累積而降低消費，中低財務人口由於收入降低而無能力消費。這就導致了社會居民的消費嚴重不足，總供給相對於總需求嚴重過剩，必然會導致經濟衰退和危機。

在大蕭條之前美國經濟持續增長，然而這種經濟增長帶來的財富卻集中在少數人手中，1929年，美國大約有三分之一的財富掌握在5%的富人手裡，貧富差距極大。20世紀80年代拉美地區的貧苦人口達到總人口的44%，基尼係數高達0.535。經濟體在追求經濟發展的過程中難免關注效率而忽略公平，但由此導致的收入差距過大卻制約著經濟的發展。

（3）過分強調公平的福利主義。

經濟中過分追求效率則會導致收入差距過大，而過分強調公平則會導致競爭力低下。福利政策是對收入差距過大的一種調整，能夠提高中低階層的可支配收入和消費能力。然而，過高的福利政策則不利於勞動力市場的供給和社會生產活動。歐洲國家歷來的福利保障都較為完善，但其普遍的高福利政策導致的就業率低下抑制了經濟的發展。高福利國家一方面勞動力市場缺乏彈性，同時人口老齡化突出，經濟發展的後勁不足；另一方面，高失業率和老齡化導致的福利支出不斷加大，財政負擔過重。歐洲債務危機的一個很重要的原因就是國內的高福利政策導致財政入不敷出。

2.3.1.2 根本性原因——經濟結構不合理

金融危機爆發的根本性原因是經濟結構的不合理，上述的三種直接原因只是根本性原因的引申，加速了金融危機的到來。經濟結構不合理導致經濟增長乏力，長時間的累積與政策制定者的短視行為都為金融危機的爆發醞釀了動

力。美國在20世紀80年代滯漲危機發生之前，經濟的高速發展主要在建築業、公路建設以及汽車製造業等行業，與其他行業的發展並不平衡。拉美國家和東南亞國家的金融危機則是因為資源大量集中在對外貿易部門，經濟發展過度依賴外資，尤其是短期外資，而實體經濟的發展趕不上資本泡沫的形成速度。日本的泡沫危機和美國的次貸危機則是因為房地產行業過度繁榮，集中了大量的資源，而實體經濟外遷，本國產業空心化嚴重。經濟發展的不均衡，經濟結構的非均衡導致經濟體容易受到單一衝擊的影響，從而釀成經濟危機。

2.3.1.3 啟示

在未來的經濟發展中，對每一個經濟體而言，合理安排和調整自身的經濟結構，維持各個產業均衡健康發展，是保證經濟平穩增長、避免危機的最根本前提。在資本全球化、經濟金融化的發展趨勢下，謹慎對待實體經濟與虛擬經濟的相互關係，大力發展虛擬經濟對實體經濟的促進作用，嚴格控制虛擬經濟的過度發展，是當前國際資本快速流動背景下控制風險的重要著眼點。

此外，注重投資、消費、出口三大經濟增長動力的平衡發展。過度強調投資，容易加大槓桿率，加速泡沫的形成；過度強調消費而增大福利，容易形成高失業率，同時造成過大的財政負擔，形成債務經濟；過度強調出口則容易忽視經濟基本面的健康發展。

同時，處理好公平與效率的平衡。既能夠滿足微觀個體的基本訴求，也能夠激發勞動力的供給；既能夠維護社會的和諧穩定，也能夠提升經濟發展的動力。

2.3.2 危機的演變過程分析

金融危機的爆發必然會導致經濟的衰退，美國次貸危機最終發展成為全球性的經濟危機便是一個典型的例子。而金融危機演變為經濟危機主要是通過信貸渠道以及資產價格的變動。一方面，金融危機的發生導致資產價格暴跌，使國民財富大量縮水、消費驟減、市場蕭條、經濟難以增長；另一方面，金融危機導致銀行壞帳增多，流動性緊縮，銀行為控制風險而提高信貸標準，降低信貸額度，因此投資驟減、企業資金困難、生產難以維持、經濟面臨衰退。信貸與資產價格之間存在一種互相加強的機制。信貸擴張，則經濟中流動性增大，過多的貨幣供給必然推升資產價格；反過來，微觀主體持有資產上升，則更容易獲得銀行貸款，使銀行信貸進一步膨脹。這種正循環很容易出現在房地產領域，從而形成日本和美國的由房地產崩盤而引發的金融危機。因此，政策當局在經濟發展過程中應即時關注社會信貸總量與資產價格的泡沫化程度，運用貨

幣政策進行及時的調控，避免危機的發生以及向實體經濟的傳導。

2.3.3 危機的處理方式分析

2.3.3.1 危機處置的路徑

在歷次危機發生之後，各國的處置應對大都是按照「即期—短期—中期—長期」的路徑進行。即期手段指的是救市，比如剝離有毒資產、去槓桿、切斷風險源等。短期措施主要是貨幣政策，降低利率水準以充盈流動性，同時以減稅、加大政府投資等積極的財政政策進行輔助。中期措施便是大力發展實體經濟，向實體經濟注入資金，刺激生產，增加社會供給。長期政策便是調整經濟產業結構，使經濟健康發展。

2.3.3.2 危機後調控政策的適度性

危機之後各國的政策路徑大多是按照凱恩斯主義的思想進行需求干預，並配合供給學派的思想增加生產，同時在長期內進行產業結構的調整和經濟體制的改革。在初始階段，政策干預考慮的是穩定金融部門和金融體系，提出重組方案和改變制度框架，並實行配套的經濟刺激計劃。當經濟逐漸平穩之後，應遵循其自身的發展規律，逐漸減少強制性的行政干預，結合市場規律共同促進經濟發展。

2.3.3.3 風險處置模式

風險處置模式大致分為四種：①政府主導下的重組模式。這種模式主要是針對系統性重要的大型金融機構，比如2008年全球金融危機中的花旗、通用和兩房的風險處置方案。②市場化併購。這類模式主要是針對大中型金融機構，大多是由行業內的龍頭企業進行收購。在收購中，剝離問題資產，同時增強收購企業的業務實力。③市場化重組。這種模式也是針對行業內的大中型企業，一般不以被重組公司的法人主體資格因原公司破產清算被消滅為代價，重組後存續的公司或者繼續保有法人主體資格，或者是將被重組的若干公司取消法人主體資格而新設一個法人。④市場化破產，這類模式主要是針對那些資產狀況嚴重惡化，救助成本極高的金融機構。

2.3.3.4 建立宏觀審慎監管模式

歷次金融危機的爆發與蔓延說明，相互關聯和層層傳遞的金融風險是微觀審慎監管難以控制的。金融風險的跨行業和跨市場傳遞要求監管模式也應該跨行業和跨市場監管，即建立宏觀層面的審慎監管。

從監管目標來看，宏觀審慎監管重視防範系統性風險，維護金融穩定，保障經濟不受系統性金融風險的影響；而微觀審慎監管的目的在於控制個體金融

機構或行業的風險，保證市場的公平性，保護投資者的利益。從監管內容來看，宏觀審慎監管主要是監管金融機構的整體行為及相互聯繫，關注宏觀經濟的不穩定因素對金融體系的影響；而微觀審慎監管側重於對金融機構的個體行為和風險偏好的監管。

3 從經濟週期到政策週期的演變

世界範圍內經濟週期的輪動以及經濟危機的頻繁爆發，讓人們開始探究原因並不斷尋求解決之道，不同形式的危機以及難以避免的經濟繁榮—蕭條的循環推動著經濟理論的發展以及對政策實踐的探索。1929 年的大蕭條推翻了「自由市場」的新古典經濟學的信條，將主張政府干預和財政擴張的凱恩斯主義定為主流，推動了宏觀經濟理論的誕生。而 20 世紀 60 年代凸顯的通貨膨脹，讓人們開始正視並探尋貨幣政策的理論與實踐。自大蕭條出現之後的近百年來，危機的爆發伴隨著宏觀調控政策的發展成熟，進入 21 世紀之後，各國在避免危機和追求增長中不斷探索，然而，一場突如其來的全球性經濟危機讓人們開始反思，宏觀調控在經濟週期中到底承擔了什麼樣的角色，貨幣政策到底應該錨定什麼，以及政府干預形成的政策週期是否經濟週期的始作俑者。

3.1 經濟週期中的宏觀調控

3.1.1 美國在歷次危機中的宏觀調控

3.1.1.1 1929 年大蕭條

（1）政策措施。

在大蕭條之初，政府仍堅信市場的自我調節能力，謹守「守夜人」的職責，並沒有採取及時的政策措施來阻止衰退的進一步蔓延。美國政府甚至為維持金本位下的黃金儲備量而不斷提升貼現率，加重了通貨緊縮，降低了民眾信任度，使經濟陷入了深淵。

羅斯福（任期：1933—1945 年）執政後，迅速開展了一系列恢復經濟的政策措施。大致分為以下幾個方面：第一，頒布各項法律，賦予政府調控管理經濟的權利，提高群眾對政府的信任度；第二，實行積極寬鬆的貨幣政策，即不斷降低再貼現率，由美聯儲大量購買國債；第三，讓美元貶值，即放棄金本

位制，通過貶值促進商品出口，使國內商品價格緩慢回升；第四，政府出資舉辦國家大型工程，建立基礎設施，維持各行業的正常運轉；第五，加強對金融機構的監管，即通過頒布相應的法律，嚴格限制各類金融機構的功能；第六，加強對社會福利制度的建設，即針對老幼病殘以及下崗工人等特殊群體進行政府救助，利用財政撥款給予生活保障。

（2）政策表現。

羅斯福新政的一系列措施收到了明顯的效果，通過寬鬆的政策穩定了物價，降低了失業率，推動經濟逐漸走出衰退，具體見表3-1。

表 3-1　　　　　　　1927—1939 年美國經濟數據一覽表

年份	生產價格指數	消費價格指數	國內生產總值（10億美元）	貨幣供應量M2（10億美元）	失業率（%）
1927	18.4	21.1	96.3	44.73	3.3
1928	18.6	20.8	98.2	46.42	4.2
1929	18.3	20.8	103.9	46.6	3.2
1930	16.6	20.2	91.9	45.73	8.7
1931	14.0	18.5	76.4	42.69	15.9
1932	12.5	16.6	58.5	36.05	23.6
1933	12.7	15.7	56.0	32.22	24.9
1934	14.4	16.2	65.6	34.46	21.7
1935	15.4	16.6	72.8	39.07	20.1
1936	15.5	16.8	83.1	43.48	16.9
1937	16.6	17.4	91.3	45.68	14.3
1938	15.5	17.0	85.4	45.51	19.0
1939	14.8	16.8	91.3	49.27	17.2

資料來源：成思危．成因與對策：透析中國的通貨緊縮［M］．北京：經濟科學出版社，2002．

總的來看，政府首先通過一系列立法提高了政府的公信力，穩定了大眾預期；其次，利用寬鬆的貨幣政策和財政政策不斷向經濟注資，增加流動性，刺激了經濟恢復；最後，加強對金融機構的監管，對金融風險嚴加防範。

3.1.1.2 20世紀七八十年代的滯漲危機

美國自20世紀60年代末開始出現通貨膨脹，並且經濟一度停滯，滯漲危

機在 1973 年和 1979 年兩次爆發，並一直延續到 20 世紀 80 年代。在這期間，美國歷經四任總統：理查·米爾荷西·尼克森（1969—1974 年）、小傑拉德·魯道夫·福特（1974—1977 年）、吉米·卡特（1977—1981 年）和隆納·威爾遜·雷根（1981—1989 年）。總統的更迭以及選舉週期。嚴重影響了經濟政策的制定與實施 歷任總統都想在任期內大有作為以贏得連任，然而，面對高通膨率和經濟衰退，單純的緊縮或擴張的財政政策顯得越發無力。治理通膨需要緊縮的政策，而緊縮的政策會造成更嚴重的衰退，這注定難以贏得民眾的支持。同時，美聯儲的獨立性在這一階段受到了嚴厲地拷問。在伯恩斯時代（1970—1978 年），美國通膨並沒有得到控制，而貨幣供應量卻在不斷增加。伯恩斯公開聲明，「降低可能導致失業率升到無法接受的水準，而這會讓國會的意圖無法實現」。反覆的貨幣政策讓美聯儲失去了公信力，人們對美聯儲對抗通膨的信心大大減弱，同時也增大了對通膨的預期。這讓 1979 年被任命為美聯儲主席的保羅·沃克面臨的形勢更加嚴峻。

沃克在任期間，主要從兩個方面展開貨幣政策：第一，不惜經濟衰退，高利率治理通膨，重獲公眾信任；第二，頂住政府壓力，堅持美聯儲的獨立性。從圖 3-1 中可以看出，在 1979 年 8 月沃克上臺之後，一直堅持高利率貨幣政策，其間通膨幾次卷土重來，但都被美聯儲嚴格控制了。在 1981 年通膨預期再次抬頭時，聯邦基金利率曾一度高於 20%，這對疲軟的經濟無異於雪上加霜，但這也讓民眾意識到美聯儲對抗通膨的決心。這種決心在面對總統大選時也依然沒有改變。1980 年總統大選將至，通膨率高達 11.22%，失業率達 5.9%，經濟增長率為負（見圖 3-2）。這些數據極不利於卡特的連任，然而美聯儲依然選擇緊縮的貨幣政策，不惜一切代價將治理通膨作為首要目標，同時維護了美聯儲的獨立性。在雷根執政期間，財政赤字以每年 28% 的速度增長，然而美國經濟卻依然迅速滑坡，失業率依然不斷攀升。美聯儲的緊縮性貨幣政策受到詬病，來自政府的壓力越來越大。沃克曾表示，「緊縮的財政政策與緊縮的貨幣政策同樣重要，這些政策都可以抑制通膨。事實上，美聯儲一直在為減少政府支出而努力。財政支出越平衡，金融市場所受到的壓力越小，利率才會降低」。

美聯儲從 1979 年 8 月至 1982 年 10 月的連續高利率政策，最終消除了通膨預期，徹底治理了長達十餘年的通膨。

3.1.1.3 2008 年經濟危機

2007 年的次貸危機以及之後的經濟危機是典型的資產價格泡沫破裂、市場流動性枯竭導致的大面積的失業與衰退。在這次救市的過程中，傳統的貨幣

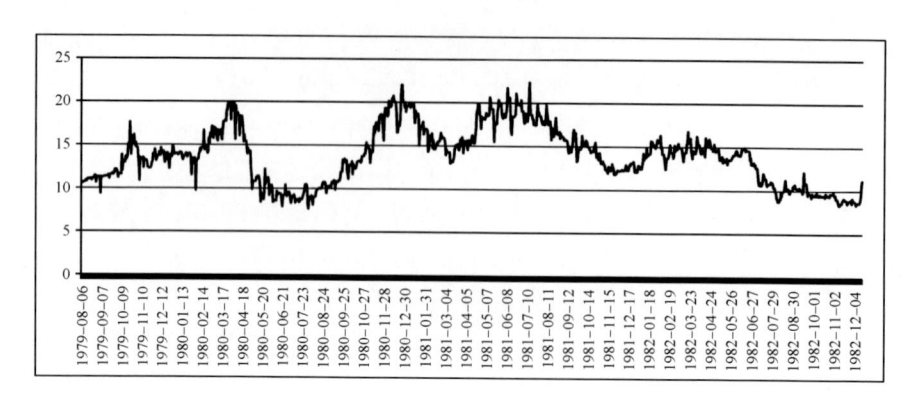

圖 3-1 保羅·沃克時期聯邦基金利率水準（1979—1982 年）（單位:%）
資料來源：美國聯邦準備銀行網站。

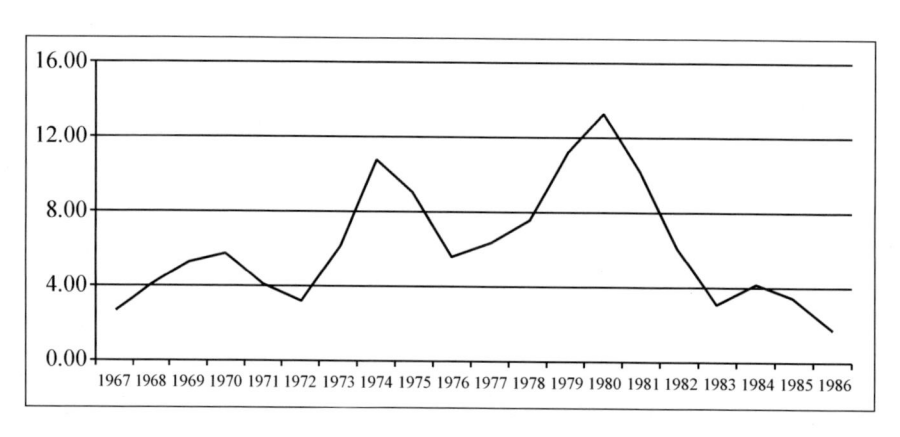

圖 3-2 美國 1967—1986 年的通貨膨脹率（%）
資料來源：世界銀行數據庫。

政策工具難以奏效，因此美聯儲創新性地推出了一系列非傳統的貨幣政策工具，以增大市場流動性，刺激經濟的恢復。

（1）傳統的貨幣政策工具。

①多次下調基準利率。在 2007 年第二季度爆發了次貸危機之後，美聯儲從 9 月份開始連續三次降息予以應對，將基準利率從 5.25% 降低至 4.25%。然而，危機迅速地惡化蔓延，美聯儲又在 2008 年繼續 7 次下調基準利率直至 0~0.25%（表 3-2）。

表 3-2　　　　　美聯儲 2007—2008 年多次降低基準利率

時間	2007 (9.18)	2007 (10.31)	2007 (12.11)	2008 (1.22)	2008 (1.30)	2008 (3.18)	2008 (4.30)	2008 (10.8)	2008 (10.29)	2008 (12.16)
原利率	5.25	4.75	4.50	4.25	3.50	3.00	2.25	2.00	1.50	1.00
下調基點	50	25	25	75	50	75	25	50	50	75~100
調整後	4.75	4.50	4.25	3.50	3.00	2.25	2.00	1.50	1.00	0~0.25

②下調再貼現率。為向市場提供流動性，美聯儲從 2007 年 8 月開始下調再貼現率，降低再貼現率與聯邦基金利率的差額。之後，在每次調整聯邦基金利率的同時，美聯儲也會相應地下調再貼現率。2007—2008 年年底共下調 11 次再貼現率，直至 0.5% 的水準（表 3-3），同時，再貼現的期限也由 30 天延長至 90 天。

表 3-3　　　　　美聯儲 2007—2008 年多次下調再貼現率

時間	2007 (8.17)	2007 (10.31)	2007 (12.11)	2008 (1.22)	2008 (1.30)	2008 (3.16)	2008 (3.18)	2008 (4.30)	2008 (10.8)	2008 (10.29)	2008 (12.6)
原貼現率	6.25	5.75	5.00	4.75	4.00	3.50	3.25	2.50	2.25	1.75	1.25
下調基點	50	75	25	75	50	25	75	25	50	50	75
現貼現率	5.75	5.00	4.75	4.00	3.50	3.25	2.25	2.25	1.75	1.25	0.50
與基準利率差額	50	50	50	50	50	25	25	25	25	25	25

③公開市場操作。在金融危機爆發的初級階段，美聯儲進行了大量的隔夜操作以不斷注入流動性。2007 年 8 月以後，美聯儲陸續增加了 7 天、43 天以及 28 天的回購操作。除了大量的公開市場業務之外，美聯儲還對公開市場操作的規則進行了調整，比如擴大可供交易的有價證券品種以及增加長期性的公開市場操作等。通過公開市場操作，美聯儲在 2008 年累計向市場注入了 8,600 多億美元的資金。

（2）非常規貨幣政策操作。

①非傳統貨幣政策工具。在本次危機時期金融機構對信貸風險特別是對交易對手風險尤其謹慎，同時，大量的資產證券化產品價值的縮水惡化了金融機構自身的資產負債表，因此傳統的降息以及公開市場操作並沒有有效地緩解市場的流動性枯竭，也難以對實體經濟產生刺激。在傳統貨幣政策工具可能失靈的情況下，美聯儲推出了直接投放流動性的貨幣政策工具，包括：針對存款類金融機構的定期貸款標售（TAF）；針對一級交易商的定期證券貸款（TSLF）和一級交易商信貸（PDCF）等；面向貨幣市場的定期資產支持證券信貸便利

(TALF)、商業票據融資便利（CPFF）以及貨幣市場共同基金流動性便利（AMLF）等。各類工具的主要機制見表3-4所示。

表3-4　　　　美聯儲在危機期間推出的非傳統貨幣政策工具

工具名稱	創立時間	主要機制
定期標售便利（TAF）	2007.12.12	財務健全的存款類金融機構，可依規定程序向所在地聯邦準備銀行提出利率報價和競拍額據。美聯儲根最高的投標利率向金融機構投放資金 。期限有28天、84天和遠期三種。
定期證券借貸工具（TSLF）	2008.03.11	一級交易商以缺乏流動性的證券（包括機構擔保第一支持債券、較高信用等級的住房第一支持債券等）作為抵押品進行投標，來交換美聯儲的高流動性政府債券。
一級交易商融資便利（PDCF）	2008.03.17	賦予一級交易商進入貼現窗口的權利，允許其可按照與存款類金融機構相同的貼現率借款。借款的利率固定不變。
貨幣市場共同基金流動性便利（AMLF）	2008.09.19	美聯儲以貼現率向存款機構和銀行控股公司提供無追索權貸款，供其從貨幣市場共同基金購入商業票據。提高資產支持商業票據的流動性。
商業票據融資便利（CPFF）	2008.10.07	美聯儲通過特殊目的機構從符合條件的商業票據發行機構手中購買評級較高的資產抵押商業票據和無抵押商業票據，為商業銀行和大型企業等商業票據發行人提供流動性支持。
貨幣市場投資者融通機制（MMIFF）	2008.10.21	美聯儲授權紐約聯邦儲備銀行向一系列特殊目的公司提供優先擔保融資，促使SPV從合格投資者手中購買美元定值存單和商業票據等合格資產。MMIFF旨在增加貨幣市場投資者的流動性，增強金融機構滿足企業和居民貸款需求的能力。
定期資產擔保證券貸款機制（TALF）	2008.11.25	為應對資產擔保證券發行和交易量大幅下降的情況，美聯儲向持有資產抵押證券的金融機構提供無追索權貸款。資產支持證券信貸便利的範圍包括住房貸款支持證券、企業設備貸款或租賃支持證券、交通工具租賃支持證券等。

資料來源：美國聯邦儲備銀行。

②貨幣互換。一直以來，美元的強勢地位使得美元資產備受青睞，其他國家的金融機構大多通過美元短期融資的渠道來獲得包括次級債券在內的長期資產。金融危機的爆發導致流動性愈發枯竭，為了償還短期融資，投資機構只能不斷兌現以獲得美元，由此流動性更為緊張。美聯儲針對這一情況，與其他國家開展了貨幣互換業務，以期向國際金融市場輸入美元資金。

美聯儲開展的貨幣互換業務實際上就是美國向其他國家提供短期資金，那

麼這些國家的金融機構可以通過本國央行來借入美元資金以彌補短期債務，這樣便緩解了資金流動性問題。從2007年年底開始，美聯儲先後與歐洲、亞洲等很多發達國家以及新興經濟體開展了貨幣互換業務。

③量化寬鬆。所謂量化寬鬆，即央行在實行零利率政策的同時通過購買國債等中長期債券來向市場補充流動性的貨幣政策。2009年3月18日，美聯儲發表聲明大規模購入中長期債券，包括3,000億美元的長期國債、7,500億美元的抵押貸款支持證券以及1,000億美元的「兩房」發行或擔保的機構債券。此為第一輪量化寬鬆操作（QE1）。

2010年11月4日，美聯儲再次宣布啟動第二輪量化寬鬆操作，收購6,000億美元的5年期左右的國債。2012年9月15日，美聯儲開啟了第三輪量化寬鬆政策，繼續買入4,000億美元的中長期國債，每月採購400億美元的抵押貸款支持證券。2012年12月13日，美聯儲宣布每月採購450億美元的國債，即第四輪量化寬鬆操作。

3.1.2 日本在歷次危機中的宏觀調控

3.1.2.1 20世紀90年代平成泡沫危機

日本1991年的泡沫破裂引發了連續十幾年的經濟衰退，在這期間的宏觀調控，尤其是貨幣政策，大致經歷了四個階段：

第一階段，1991年7月至1995年5月。日本採取擴張性貨幣政策，不斷降低公定貼現率，直至歷史最低的0.5%，並一直延續到2000年。同時，伴隨寬鬆的財政政策，日本經濟在1995—1996年出現了好轉的勢頭。

第二階段，1999年年初。1997年爆發的東南亞金融危機對剛有起色的日本經濟造成了很大影響。1997年年末，日本就出現了多家金融機構破產，市場流動性緊縮，經濟又出現了負增長。這一階段公定貼現率已經無法再降，日本開始利用降低隔夜拆借利率來緩解危機。

第三階段，1999年年末至2001年年初。日本連續實行了幾年的寬鬆財政政策和貨幣政策使經濟逐漸恢復增長，但同時又出現了通膨壓力。因此，這一階段日本取消了零利率政策，但這一政策又將剛有起色的日本經濟推向了負增長。

第四階段，2003年年初到2006年年初。日本改變了貨幣政策的操作方式，將目標定為銀行活期帳戶餘額，採取了量化寬鬆的貨幣政策。

日本的此次長時期的經濟衰退主要是由於泡沫期間過度投資引發的生產力過剩。泡沫破裂之後日本的經濟增長率存在很大的波動，時正時負，這也主要

是由於投資波動和投資增長速度的持續下滑。寬鬆的貨幣政策不斷增強市場的流動性，對危機的緩解起到了明顯的作用。但在金融機構出現大量不良資產時，政府沒有及時處理，最終使危機越發危急。在經濟恢復之時，為滿足資本充足率的監管要求，金融機構又不得不減少對企業貸款，使經濟發展遲緩。

3.1.2.2　2008年全球經濟危機時的宏觀調控

2008年的全球經濟危機對日本的經濟造成了重創，股市、商品價格以及經濟增長率都受到了不同程度的波及。日本央行推出了一系列政策以對抗危機對日本經濟的影響。主要包括：

第一，寬鬆的貨幣政策，直接向金融體系釋放規模資金。

一方面，日本央行運用傳統的貨幣政策工具釋放流動性，啓動量化寬鬆操作。在通過公開市場向經濟注入大量資金的同時，不斷調低利率水準。日本央行不斷大規模買入長期國債，同時在2008年12月下調日本銀行間隔夜拆借利率至0.1%，並在2010年4月的貨幣政策會議上決定繼續維持該低利率。另外，為維持低水準的基準利率，日本央行暫時對存款準備金付息。

另一方面，日本央行利用非傳統的貨幣政策措施增加或保證金融機構的資本充足率。比如，從商業銀行手中購買其持有的股票以增加商業銀行的流動性，並規定限售期限以穩定股價水準，保證了商業銀行的資本充足率。同時，日本央行還嘗試直接認購金融機構發行的次級貸款和次級債，以增加金融機構的核心資本和附屬資本。另外，日本央行還為商業銀行提供低利率短期的抵押貸款，以充實流動性。

第二，穩定市場預期，通過票據市場向企業提供流動性支持。

商業銀行的流動性直接影響到企業的融資狀況，銀行的流動性緊縮將直接導致企業陷入資金困境，難以持續經營。為防止市場上的企業出現破產倒閉浪潮，日本銀行在給商業銀行注入流動性的同時，也通過票據市場收購企業發行的票據，直接向企業提供資金支持。

一系列寬鬆的貨幣政策釋放了大量的流動性，使廣義貨幣量的增速顯著提升，從而在一定程度上緩解了全球危機對日本經濟的損害。日本的經濟增長率逐漸回升，但增長動力依然不足。

3.2 經濟蕭條的直接原因

3.2.1 金融危機與貨幣擴張

3.2.1.1 經典經濟理論中的貨幣擴張

早在20世紀30年代，奧地利經濟學派的代表人物哈耶克就開始研究金融危機與貨幣政策的關係。哈耶克提出的貨幣經濟週期理論認為，貨幣供給的擴張與收縮是造成經濟危機的根源。擴張的貨幣政策導致企業容易高估自身價值，過度借款以增大投資規模，從而促使信貸膨脹，產生資產價格泡沫；而擴張之後的貨幣政策緊縮，會導致資產價格迅速下降、信貸急遽收縮、金融危機接踵而至。

20世紀五六十年代，凱恩斯主義成為主流的經濟理論，其政策主張大多是通過財政政策進行政府干預，而貨幣政策沒有得到太多的關注。之後20世紀七八十年代的資本主義國家的滯漲危機動搖了凱恩斯主義的主流地位，以傅利曼為代表的貨幣主義日益興起。與凱恩斯主義不同的是，貨幣主義強調貨幣政策的宏觀調控作用，對於金融危機與貨幣政策關係的研究也逐漸增多。Friedman和Schwartz（1963）回顧了美國在1867—1960年期間的貨幣政策，認為金融危機爆發的根源是貨幣政策，不恰當的貨幣政策導致了金融風險的累積和金融危機的爆發。Brunner和Meltzer（1972）對該思想進行了更深一步的論述，文章更細緻地將金融爆發歸因於貨幣存量的增速。即使在良好的宏觀經濟環境下，突發性的貨幣大幅緊縮會導致金融機構通過出售資產來維持流動性，同時資產價格迅速下降，市場利率水準上升，導致金融機構的破產，最終引發金融危機。

此外，克魯曼提出的第一代貨幣危機理論，也認為盲目擴張的經濟政策是導致金融危機的重要原因。對於實行固定匯率制的國家，在經濟基本面較弱的情況下，政府長期過度推行擴張性的財政和貨幣政策來刺激經濟，必然會增加本幣的貶值壓力。政府為維持固定匯率不得不在外匯市場上不斷拋售外幣來購回本幣，導致本國外匯儲備不斷減少。當外匯儲備量難以繼續維持時，國際資本的投機衝擊會進一步耗盡外匯儲備，使貨幣急遽貶值、固定匯率制崩潰，從而引發貨幣危機。

3.1.2.2 全球金融危機前貨幣擴張的文獻綜述

Borio和Zhu（2008）提出了「風險承擔渠道」（Risk-taking Channel），描

述了貨幣政策對商業銀行風險創造和風險承擔的影響，具體指貨幣政策中基準利率的調整對金融機構風險容忍度、資產定價以及融資擴張等方面的影響。這種渠道大致包括五個方面：

第一，政策利率調整對抵押品價值、金融機構收入和現金流的影響。貨幣擴張的低利率會提高金融機構持有的抵押品價值，比如股票價格的上升會增加股權質押的價值，進而，金融機構會對債權的違約概率、違約損失進行樂觀修正，金融機構的風險容忍性加強，同時會增加風險承擔。此外，出於對盈利的追求，低利率伴隨的充足流動性會誘使商業銀行放鬆對貸款人進行貸前審查和甄別，降低貸款審批的標準，可能會引起商業銀行之間競相壓低借貸標準（Dell』Ariccia 和 Marquez，2006）。

第二，政策利率調整對投資目標回報率的影響。一方面，對於金融機構的資產負債管理而言，政策利率的調整會導致缺口的出現。對於一些養老金或壽險公司，這些機構的負債會設定一個固定的收益率，而當利率下降時，資產方不得不致力於提高收益率以彌補缺口，進而投資於高風險、高收益的產品上（Borio 和 Zhu，2008；Altunbas 等，2009）。另一方面，對於資產管理類業務而言，在低利率的市場環境中，投資經理不得不投資於高風險產品以期獲得高回報來提升自己的投資業績或者給投資者滿意的交代。

第三，中央銀行的公告政策對金融機構的風險承擔的影響。如果政策制定者決定提高政策的透明度並承諾降低未來的不確定性，那麼金融機構會相應地增加自己的風險承擔。同時，如果金融機構預感到在疲軟的經濟中央行會推行寬鬆的貨幣政策為金融機構增加流動性，那麼就會形成「道德風險」，金融機構不作為，追求高風險的投資（Farhi 和 Tirole，2009）。

第四，寬鬆的貨幣政策對投資者風險偏好的影響。在經濟下行階段，消費（投資）者的預期會更大幅度地下降，因此其更傾向於風險規避，減低或減少投資或消費行為，同時對風險資產要求更高的風險報酬。在此狀況下，如果實施緊縮的貨幣政策，那麼將進一步提高消費（投資）者的風險規避程度，市場會進一步萎縮；如果實施寬鬆的貨幣政策，則將會緩解消費（投資）者的風險規避程度（Campbell 和 Cochrane，2000）。

第五，低利率對投資者投資收益率預期和風險預期的影響。各國監管機構對商業銀行都提出了基於《巴塞爾協議》的資本充足率監管要求，對商業銀行的經營風險有了一定的限制。但市場上的投資者往往不太清楚具體的監管標準，進而會高估這種限制的作用；同時，複雜的資產證券化也會給投資者和監管者的判斷造成困難（Blumdell-Wignall 和 Atkinson，2008）。進一步講，投資

者對資本充足率監管作用的高估，會導致其降低對實際風險水準的預期估計，進而下調風險溢價。在低利率的市場環境下，商業銀行獲得低成本債務的可能性越大，加之投資要求的風險溢價率很低，從而將刺激金融機構增加風險承擔。

3.2.2 2008年金融危機與美國的貨幣政策

3.2.2.1 關於貨幣政策是否引發此次危機的爭論

2007年美國次貸危機和2008年全球金融危機的爆發，再次引發了貨幣政策是否是金融危機的主要原因的爭論。

（1）長期的低利率政策是此次危機爆發的主要原因。

泰勒（2009，2010）分析了危機爆發前美國的貨幣政策，認為美國的貨幣政策是此次危機爆發的必要條件和重要原因。文章指出，美國在2003—2005年期間貨幣政策過於寬鬆，聯邦基金利率不僅長期低於20年來執行的利率規則，同時也長期偏離泰勒規則下的利率水準。美國當時的利率水準處於20世紀70年代滯漲危機之後的最低水準，過度寬鬆的流動性造成了房地產市場的過度繁榮和資產價格泡沫，從而導致了金融危機。

《國際結算銀行 2008—2009年度報告》指出，此次金融危機的爆發有兩大宏觀經濟原因：一是全球經濟失衡；二是全球長期持續的低利率政策。低利率政策必然導致信貸膨脹並扭曲經濟結構最終引發金融危機。首先，長期低利率降低了資金使用成本，使很多經濟體的信貸規模迅速增加。美國和英國在2003—2007年期間的平均信貸總量分別上升了7%和10%，廉價的信貸增加了槓桿率，使家庭負債規模不斷上升。其次，長期低利率不斷推升資產價格，直接導致房地產市場和股票市場的繁榮。最後，低利率加大了金融機構的風險。充裕的流動性使金融機構不得不承諾較高的名義收益率以擴大其資產規模，然而在長期的低市場利率下，資產要獲得較高收益就必須投向風險更高的項目。

（2）危機不能歸因於美國的低利率。

以一些主要國家的央行行長為代表，認為全球經濟失衡導致儲蓄過剩，美國的長期利率與聯邦基金利率之間的溢價關係被破壞。而催生房地產泡沫和引發危機的是全球儲蓄過剩導致的長期抵押貸款利率偏低，而不是長期低水準的聯邦基金利率。葛林斯潘指出，世界經濟自冷戰結束之後迅速發展，尤其是東亞等發展中國家，這種強勁的經濟發展導致全球儲蓄高於投資，出現儲蓄過剩，進而全球長期利率不斷下降趨同，因此形成了全球的房地產泡沫和金融危機。伯南奇認為，美國2006年以前的寬鬆貨幣政策是美聯儲綜合未來通膨預

期和全球經濟形勢所採取的正確選擇,並不是危機爆發的主要原因。Svensson(2010)指出,導致此次金融危機爆發的原因是全球流動性過剩、金融監管不完善以及金融市場激勵機制的扭曲等因素,與一國的貨幣政策無關。

國際貨幣基金組織(2009)以多個國家和多次金融危機為樣本,對主要國家的實際利率水準和房地產價格之間的相關性進行實證研究,結果顯示:貨幣政策環境與房地產價格之間不存在顯著的相關性,貨幣政策只能解釋房地產價格上漲的5%。然而,貨幣政策也並不是與金融危機的爆發全無關係,政策制定者對金融泡沫的容忍、對金融系統的脆弱性的忽視、對金融監管的缺失等都導致了金融危機的爆發。

3.2.2.2 美國的低利率政策與金融危機——廣義金融市場傳導渠道

隨著全球範圍內金融創新活動的不斷發展和深化,金融市場的內涵已遠不止銀行信貸市場或股票、證券市場;同樣,貨幣政策在金融市場中的傳導也有了新的含義。隨著經濟金融化和金融衍生化的不斷深入,以及與貨幣政策的交互影響已經成為貨幣政策向實體經濟傳導的新特徵。這種廣義金融市場的貨幣政策傳導渠道如圖3-3所示。

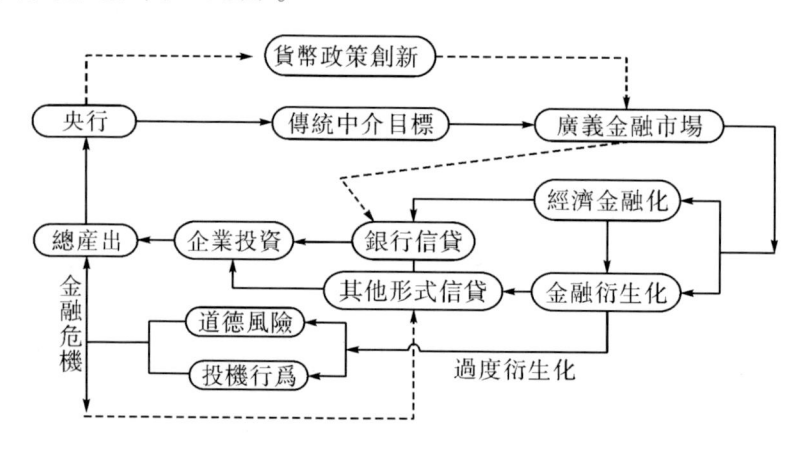

圖3-3 廣義金融市場的貨幣政策傳導渠道

資料來源:張成思.貨幣政策傳導機制研究新前沿——全球新型金融危機視角下的理論述評[J].國際經濟評論,2010(5):110-120.

從圖3-3中可以看出,一方面,貨幣供給與利率等貨幣政策變量的變動對金融衍生品的交易產生了重要影響;另一方面,金融衍生品市場的迅速擴大對銀行信貸、證券投資等傳統的金融造成影響,從而不斷推動創新型產品的出現。兩個方面的相互影響最終改變了金融機構的資產負債以及企業的投資行為,影響了實體經濟的發展,同時也反饋給了貨幣政策當局。

不可忽略的是，在廣義金融市場傳導中，不加約束的金融衍生化和經濟金融化會引發道德風險和投機行為，從而成為金融危機的導火索。而在爆發金融危機之後，金融衍生化又會反作用於銀行信貸等傳統領域，進而形成對實體經濟的更深衝擊。在這樣的形勢下，僅釘住仲介目標的貨幣政策已經不能有效應對危機，因而非傳統的貨幣政策工具才會應運而生，如前文中提到的定期拍賣便利等。

貨幣環境的長期過度寬鬆，會使金融衍生品市場出現爆炸式發展，在此過程中必然會誘發金融市場的道德風險和投機行為。這是因為：一方面，投資者對未來的流動性有很好的預期，在投資行為之前很容易忽略流動性風險，因此市場中的交易會不斷增多；另一方面，在寬鬆的貨幣環境下，商業銀行等存款類機構的預期利潤難以通過傳統的存貸差來實現，勢必會參與和發展金融衍生品交易來滿足其利潤需求。這樣，不管是市場上的個體參與者還是金融機構都會不斷加大其衍生品交易的規模和比重，而金融衍生品交易本身便是一個不斷增加槓桿的過程。金融風險在每一次的打包轉售過程中向下一個節點轉移，同時也增加了一次槓桿。然而每一個參與者都認為其自身的交易不過是在傳遞風險而不會留存風險，因此也忽略了對手方的信用等級的高低。

在產品不斷打包轉售和金融風險不斷轉移累積的過程中，交易主體的道德風險便顯現出來，投機行為也愈演愈烈。如果此時貨幣政策突然從緊，市場流動性逐漸收縮，那麼金融衍生品交易的風險便會爆發。爆發的始點便是信用等級最低下的投資者的破產，然後這種破產風險會沿著衍生品交易鏈條傳染給每一個交易主體。在寬鬆環境下蓬勃發展的衍生品市場便會崩塌，資產價格暴跌，銀行信貸緊縮，實體經濟惡化。

這一過程在美國的次貸危機中得到了驗證。在 2000 年的互聯網泡沫破裂和2001年的恐怖襲擊之後，美聯儲為刺激經濟執行了長期的的低利率政策（見表 1-7 和表 1-8）。而到了 2004 年中期，為了應對潛在的通貨膨脹，美聯儲又開啓了新一輪密集的緊縮政策。政策的急速轉變，資產價格的應聲調整，最終成為次貸危機的直接推手。

3.3 貨幣政策的終極目標

3.3.1 貨幣政策共識的形成

3.3.1.1 1960 年以前：貨幣政策的初期實踐

第一次世界大戰爆發之前，金本位制是西方主要國家普遍使用的貨幣制

度，黃金儲備量與黃金的輸入輸出成為一國貨幣供應量調整的主要方向，而貨幣政策在此階段仍處於萌芽階段。第一次世界大戰結束之後，金本位制開始逐漸瓦解，黃金開始逐漸退出貨幣領域，國內與國外之間的貨幣聯繫開始慢慢改變。而此時，各國央行的決策自由度逐漸增大，貨幣政策也開始發揮作用。第一次世界大戰結束後世界經濟得到了一段時期的繁榮發展。

然而，大蕭條的到來將世界經濟拖入衰退的同時也意味著第一次世界大戰結束後的貨幣政策初期實踐的失敗。大蕭條是一次典型的通縮型衰退，而當時由於銀行系統的崩潰，貨幣政策無力挽救通貨緊縮。人們對貨幣政策不再信任，同時在政策和學術領域，貨幣政策又慢慢淡出了。與此同時，凱恩斯主義思潮的崛起使財政政策被政府視為救市良藥。宏觀調控政策的重心轉移，各國的財政部門對經濟的掌控力越來越大，各國央行大多成為財政部的下屬機關，形成了「大財政，小央行」的調控局面。在第二次世界大戰期間，貨幣政策的主要目標便是為戰爭費用融資，貨幣總量急遽增加，通貨膨脹的隱患就此埋下。

3.3.1.2　1960—1980 年：尋找貨幣政策名義錨

在第二次世界大戰結束之後，世界經濟開始慢慢從戰爭帶來的破壞中恢復。20 世紀 60 年代，通貨膨脹終於成為各國亟須處理的課題。因此，有關於貨幣政策的討論和研究逐漸增多，這一時期也形成了很多經典的學術思想。1958 年，菲利普斯發現了工資變動率與失業率之間的替代關係；1960 年，薩繆森和梭羅研究得出失業率和通貨膨脹率之間的替代關係年，並通過實證得出均 3% 的失業率可以通過 4%～5% 的通貨膨脹率來實現。這種思想也被當時的凱恩斯主義所吸納。

以傅利曼為代表的貨幣學派開始發出自己的聲音，傅利曼對菲利普斯曲線提出質疑，他認為，長期的失業率會處於自然失業率水準，而任何試圖降低失業率的努力都是徒勞的，而且會推升通貨膨脹率。傅利曼的觀點對凱恩斯主義形成了反擊，他們認為在解釋經濟波動和調節通貨膨脹的過程中，貨幣供應量比名義利率更有效。因此，貨幣政策應當保證穩定的貨幣供給的增長率，從而控制通貨膨脹。然而這一思想並未獲得廣泛認可，世界經濟從此進入了大通膨時代。

進入 20 世紀 70 年代，理性預期得到深入發展，長期內垂直的菲利普斯曲線得到了解釋，並成為貨幣總量目標制的理論基礎。在此期間，石油危機的衝擊將西方發達國家的經濟推入了滯漲。日漸衰退的經濟和居高不下的通貨膨脹率使學術界和政策制定者將貨幣總量目標制推上了歷史舞臺。

貨幣總量目標制包括以下三個要素：①以貨幣總量作為貨幣政策工具；②宣布中期貨幣總量目標；③明確的機制以防止系統性的目標偏離。

從1975年開始，美國、英國、加拿大、瑞士以及西德等國的央行陸續宣布國內的貨幣增長率目標，實行貨幣總量目標制。然而，這次貨幣政策的探索又以失敗告終：20世紀80年代，各國經濟依然深陷泥潭，通貨膨脹並沒有被馴服，貨幣總量目標制最終被各國央行拋棄。總量目標制的失敗歸因於其嚴格的假定難以被滿足，即目標變量和貨幣供應量之間需要存在穩定關係；而這種穩定關係必然會被經濟中變化的貨幣流動速度所打破。

3.3.1.3　1990年之後：通貨膨脹目標制確立

通貨膨脹難以消除，與貨幣政策的選擇存在很大關係。Kydland和Prescott（1977）提出了「時間不一致性」問題，認為如果央行相機抉擇貨幣政策，那麼便會出現長短期內貨幣政策的不一致性。短期內，央行傾向於在較低的通膨水準上刺激經濟以降低失業率，從而採取擴張型貨幣政策；而隨著經濟參與者對工資和物價的預期的調整，長期來看擴張性政策只能推高通貨膨脹，由此來看，央行天生具有通膨偏好。因此，貨幣政策極需一個有效的名義錨。

20世紀90年代，通膨目標制登上了歷史舞臺，繼紐西蘭之後，加拿大、英國以及瑞士等國也開始採納並獲得成功。進入21世紀，巴西、南非等新興經濟體也開始紛紛採用。現如今大多數經濟體的央行均採用嚴格的或類似的通膨目標制。

通貨膨脹目標制主要包括四個方面的內容：①貨幣政策的主要目標就是追求價格穩定；②明確的通貨膨脹目標值；③央行應保持貨幣政策制定與執行的透明性；④政策的制定應基於前瞻性的通貨膨脹預期。

在這種通貨膨脹目標制下，政策制定的相機抉擇的自由空間受到限制，但可以增大貨幣政策的透明性與連續性，避免了「時間不一致」問題的產生。根據國際貨幣基金組織2005年的數據和實證研究，在1990—2004年期間，採取通膨目標制的國家的通貨膨脹率有了明顯的下降，相較於其他國家，通貨膨脹率平均低4.8%。

通貨膨脹目標制被採用之後，各國央行的貨幣政策有效性得到了大大的提高，對宏觀經濟的穩健運行也做出了顯著的貢獻，通貨膨脹目標制已成為當前貨幣政策共識的核心。

3.3.2　貨幣政策終極目標的選擇——資產價格與金融穩定

在歷次金融危機的比較中，我們可以發現，股市泡沫和房地產泡沫對金融

體系和實體經濟的衝擊是非常嚴重的。那麼對於貨幣政策而言，應該如何管理資產價格，學術界對此有著不同的觀點。

一種觀點是，央行對資產價格應該採取「逆風干預策略」的貨幣政策。即使經濟中的通膨率滿足了通膨目標制，貨幣政策也不能放鬆，應將利率水準維持在泰勒規則的利率水準之上，以此抑制泡沫的產生和金融風險的累積。持有此觀點的國際結算銀行學者認為，貨幣政策制定者應該有更長遠的視角。

另一種觀點是，央行對資產價格應該採取「事後清理策略」。當經濟中出現泡沫時應採取善意的忽略，而當資產價格進入下跌週期時應採取寬鬆的貨幣政策來防止經濟衰退。持有這種觀點的主要代表人物是葛林斯潘，美聯儲在處理 1987 年股票崩盤、1990—1991 年資產價格大幅下滑、2001 年互聯網泡沫以及 2008 年的金融危機時，均採用這一策略，被稱為葛林斯潘危機管理的典型模式。

事後管理模式雖然在實踐中被多次採用，但其代價也是巨大的。Mishkin（2008）和 Blinder（2008）為我們提供了一個嶄新的視角，文章將資產價格泡沫分為兩種：一種是信貸驅動型資產泡沫，這類泡沫是高度危險的，比如房地產價格泡沫，泡沫的破裂會對金融體系造成很大損害並形成惡性循環；另一種是非理性繁榮泡沫，這類泡沫是由於市場過度樂觀而產生的，比如互聯網泡沫，相對於第一種泡沫，這類泡沫的危險程度很小。針對不同的泡沫，貨幣政策需要採取不同的策略。對於第一種泡沫，由於其高危性和高破壞性，需要進行事前的「逆風干預」，而對於第二種泡沫，可以依然選擇「事後清理」策略。

對於信貸驅動型泡沫，由於它所帶來的高昂的事後成本及其更容易被辨識的特徵，「逆風干預策略」就顯示出其合理性；對於非理性繁榮泡沫，「事後清理」仍然是最優選擇。然而，「逆風干預策略」應如何實現，是否應該將資產價格作為貨幣政策目標，仍是一個需要討論的課題。

3.3.2.1 貨幣政策與資產價格

自 20 世紀 90 年代以來，通貨膨脹目標制一直占據著主要地位，在美國堪薩斯城的聯邦儲備銀行央行貨幣政策研討會上形成的「傑克森霍爾共識」，其一直是世界各國央行制定和執行貨幣政策的重要指導原則，即以平穩的低水準通膨率作為央行的首要目標。然而，一般物價水準的平穩並不意味著資產價格的平穩，資產價格的過度波動在一定程度上反而被認為是通膨目標制的副產品。2008 年的全球金融危機讓人們開始質疑通膨目標制，貨幣政策是否還要繼續以通膨作為單一名義錨，是否應將貨幣政策目標調整為資產價格變動或者

金融穩定,已成為後危機時代學術領域和政策領域討論的話題。

(1) 反對將資產價格和金融穩定納入貨幣政策目標。

美聯儲前主席伯南奇等經濟學家認為資產價格不應作為貨幣政策目標,保持資產價格穩定和金融穩定是金融監管部門的責任,與央行的貨幣政策無關。Svensson (2010) 認為,金融穩定與貨幣政策屬於兩個不同的範疇,金融穩定是監管機構的職權範圍。只有當過度波動的資產價格可能對通貨膨脹和實體經濟產生影響時,貨幣政策才可以對其進行適當調控。這是因為,資產價格的失調在實際操作中識別的難度很大,即使識別出來資產價格的過度膨脹,貨幣當局也很難確定一個合理的利率來進行有效調節。而且貨幣政策外部時滯較長,這給決策者進行準確調節增加了難度。此外,他們堅持「事後管理策略」,危機後的貨幣政策可以快速而準確地實施。

(2) 主張將資產價格和金融穩定納入貨幣政策目標。

以前歐洲央行行長尚·克勞德·特瑞謝為代表的學者,認為在貨幣政策目標體系中應納入資產價格和金融穩定。貨幣政策對資產價格的管理應採取事前的「逆向干預策略」,即在資產價格下跌階段採取寬鬆的貨幣政策,而在資產價格上漲階段採取從緊的貨幣政策,以此來控制泡沫風險,降低發生金融危機的可能性。

這部分學者認為,央行將通貨膨脹率作為政策目標,但資產價格與通貨膨脹之間存在必然的經濟聯繫。資產價格可以通過托賓 Q 效應、資產負債表效應以及財富效應等不同渠道影響貨幣政策的傳導和通貨膨脹——資產價格波動會通過財富效應影響消費者的消費計劃,進而改變總需求,使實際產出和物價水準都會受到影響;資產價格上漲提高了托賓 Q 值,加大了企業的投資傾向,同時抵押品價值的增加提高了企業的借款能力,使投資和採購都得到強化,進而改變總需求,使實際產出和物價水準都會受到影響。因此,為保證經濟增長與低通膨,央行應該對資產價格進行適度管理,避免其過度波動對經濟造成衝擊。

從具體操作上來看,特瑞謝認為,資產價格的過度波動與金融體系的不穩定可以從貨幣、信貸等指標中進行識別;央行採取的「逆向干預策略」可以打破金融機構的羊群效應,向市場傳遞準確的政策意圖,即使很小的利率調整也可以有效地引起資產價格和金融條件的調整;資產價格崩潰後的政策救助需要付出很大代價,而事前的利率調整則可以有效降低道德風險和危機發生的可能性。他強調,需要加強對不可持續的金融失衡程度的監控,密切關注貨幣和信貸等先兆指標,並指出歐元區現行的貨幣分析為評估資產價格、貨幣和信貸

提供了可行的框架。

3.3.2.2 央行與金融穩定

上一部分我們分析了資產價格是否可以充當貨幣政策目標，進一步明確了我們需要思考的是中央銀行與金融穩定之間的關係。後危機時代推行的宏觀審慎政策已成為各國調控的共識，然而，政策的執行者與央行承擔的職責則存在較多爭議。當前，大多數國家都設置多機構的模式來執行宏觀審慎政策。

歷次危機的爆發大多都是因為系統性風險的逐漸累積，然而這種累積並沒有被政策和監管部門識別到。因此，中央銀行與監管部門之間的溝通協調極待完善。在未來的業務安排中，央行不能僅作為調控貨幣量的主體，還需要承擔起維護金融穩定、執行宏觀審慎政策的責任。中央銀行具有維持金融穩定、實施宏觀審慎政策的先天優勢：第一，央行在制定和執行貨幣政策的過程中擁有對宏觀經濟和金融市場傳導機制的全面而深刻的認識；第二，央行的通膨目標制的貨幣政策目標與維持金融穩定是密切相關的；第三，央行的最後貸款人角色可以有效地維持金融穩定，而這一功能是央行獨有的。

但從目前的各國實踐來看，大多沒有明確央行維持金融穩定的責任，而只是依賴於央行最後貸款人的角色來實現。雖然許多新興經濟體已經將維護金融穩定、實施宏觀審慎政策作為央行的職責，但是並沒有通過法律的授權。在發達經濟體中，一些國家也正在將審慎政策的實施納入央行的職責中。比如，愛爾蘭將所有的監管職責賦予了中央銀行，而英格蘭銀行業則在內部建立了金融政策委員會。

在宏觀審慎政策自危機之後提出以來，各國央行仍在不斷地進行實踐探索，各類宏觀審慎工具的有效性、成本收益都在討論和摸索中。巴塞爾委員會在提出的第三版巴塞爾協議中，建議商業銀行建立逆週期資本緩衝；國際貨幣基金組織建議對高槓桿金融機構徵稅來降低系統性金融風險。各國逐步推行的宏觀審慎政策大體包括提高對商業銀行的資本金要求、嚴格限制金融機構的槓桿率以及建立商業銀行的動態撥備制度等，各國央行在處理一些具體的金融穩定問題時需要採用更靈活自主的手段和措施。央行實施宏觀審慎政策時，應該逐漸形成一套時間和空間相配合的政策工具，從時間上緩和金融順週期性，從空間上降低風險傳染的危險。

同時，我們也不能忽視一些可能存在的問題，如通膨目標制與金融穩定目標是否存在細微的衝突。比如，央行可能會擔心提高利率會惡化商業銀行的資產負債表，從而放鬆通膨目標制；或者央行的多樣性政策目標會影響其問責性。對於這些可能存在的問題，處理的關鍵在於央行如何進一步提高其透明性

及其與公眾溝通的力度。

3.4 政策干預經濟的作用與反作用

3.4.1 關於自由市場與政府干預的爭論

關於自由市場與政府干預，兩者在理論界存在長期爭論，在實際經濟發展中此消彼長地伴隨著經濟的波動發展。

3.4.1.1 古典自由主義與自由競爭

15世紀，資本主義出現萌芽，在越來越多的經濟實踐中，開始了自由市場與政府干預的交替。重商主義主張政府干預經濟，大肆促進出口，抑制進口，以維持金銀財富不斷流入國內，實現國內的財富累積。隨著資本主義市場的日益成熟，資本主義經濟在崇尚自由競爭的市場機制中創造了巨額物質財富，而傳統的追求金銀財富的重商主義以及政府干預逐漸退出了歷史舞臺。

古典自由主義在這一時期內得到了充分的發展，此時亞當·斯密的《國富論》提出「看不見的手」的理論，主張依靠市場本身的力量發展經濟。亞當·斯密認為，正是在市場自發力量的作用下，市場中的每一個追求個人利益最大化的人都被一隻無形的手牽引著，這些人在追求個體利益的同時，他們的活動亦將引致社會財富的最大化。政府的主要職責在於維護國家安全、設立公正的司法行政機構和公共事業工程。政府的活動如果超出這三點，那麼政府的作用就是有害的。政府對經濟的過度干預將引致政府的腐敗，而政府對經濟干預的政策不當將造成資源配置的低效。

此時，政府僅僅作為一個「守夜人」的身分存在。在亞當·斯密之後，大衛·李嘉圖和賽伊繼承並發展了亞當·斯密的經濟自由思想。大衛·李嘉圖認為政府要做的僅僅是為市場的良性發展提供良好的外部環境，所以政府應盡力避免干預市場，讓市場發揮自我調節功能。賽伊的供給創造需求的理論為經濟自由提供了理論依據，他認為，政府對經濟活動的干預不論是在微觀領域抑或是在宏觀領域都是沒有必要的，因為在市場經濟條件下存在一個內在的平衡機制能夠自動確保社會總供求的均衡。

經濟自由主義理論否定和反對政府干預經濟，強調自由競爭和自由企業制度的重要性，但是現實的經濟發展並沒有像預期那樣，能夠在所謂的內部平衡機制下自動保持社會總供求的均衡，反而週期性地爆發資本主義世界的經濟危機。自1825年爆發了資本主義世界第一場經濟危機以來，幾乎每隔十年就爆

發一場大規模的經濟危機，從而持續威脅著資本主義世界的政治經濟。而在1929年爆發的那場規模空前的資本主義經濟大蕭條則徹底推翻了傳統的自由放任的經濟自由主義，並從實際上宣告了資本主義市場經濟所謂的內部平衡機制的神話的破滅，這場大危機同時標誌著傳統古典自由主義時代的終結。

3.4.1.2 凱恩斯主義與國家干預

20世紀30年代的經濟危機使市場自由主義無計可施，而以凱恩斯主義為代表的國家干預經濟的理論政策觀卻在這一歷史背景下得到了迅速發展。國家干預主義基於市場本身存在的諸多缺陷，深刻討論了政府干預經濟的必要性和相關政策，從而把政府在經濟活動中的角色塑造成了一個與「守夜人」截然相反的全能型政府。

國家干預主義認為，社會總供求的平衡並不能通過自由市場來實現，市場並不是萬能的；相反，它存在著天生的缺陷和難以克服的頑疾。正是這種不足，使得市場的內部均衡機制在經濟危機的衝擊下只能造成資源的浪費。因此，國家干預非常必要。通過制定各種政策來彌補市場的先天不足，在市場失靈時合理地進行資源配置，緩和解決社會矛盾，避免週期性經濟危機的出現，促進經濟實現均衡發展。

然而，國家干預並不是對市場機制的全盤否定，而是從宏觀和微觀兩個層面保證經濟的平穩發展。在微觀層面，政府可以規範市場主體的行為，引導市場主體的有效決策，保證微觀經濟的發展動力。在宏觀層面，政府可以制定頒布國家的經濟發展藍圖，為國家經濟的未來平穩發展確定戰略方針。根據凱恩斯主義的政府干預理念，其政策目標包括四個方面，即實現充分就業、保持物價穩定、推動經濟增長、保證國際收支平衡。

應當承認的是，以凱恩斯主義為代表的國家干預主義成了挽救資本主義制度的救星，以美國的羅斯福新政為開端，資本主義國家紛紛走上了政府對經濟全面干預的新階段，無論是在理論還是在實踐上，資本主義國家均強調政府對經濟的干預，這意味著國家干預主義已經取代了傳統的古典自由主義成為資本主義世界戰後經濟恢復與發展的經濟學教條。國家干預主義的確使戰後資本主義國家的經濟暫時性擺脫了經濟危機的困擾，進入了高速發展的繁榮時期。

然而，以凱恩斯主義為代表的國家干預主義隨著戰後資本主義世界的經濟復甦而呈現出其特有的缺陷，特別是20世紀70年代資本主義國家又一次經歷了世界性的經濟危機——經濟滯漲，這使得以往凱恩斯主義的經濟政策觀明顯不適用於這場危機所產生的新情況。

3.4.1.3 新自由主義與自由市場

雖然凱恩斯的政府干預思想指導西方經濟走出了大蕭條，但是在20世紀

70年代，凱恩斯主義不能有效地解決滯漲問題，所以政府干預主義也日漸被冷落。

新自由主義是基於凱恩斯主義在理論與實踐方面均陷入困境，且傳統的國家干預政策無法解決經濟滯漲的新問題而在西方資本主義世界出現的新經濟理論與思想體系。面對凱恩斯主義的失敗，新自由主義正是基於「政府失靈」的立場，否定了國家對經濟進行全面干預的凱恩斯主義的政策立場，再次闡述了以自由市場機制為代表的市場自發力量在資本主義經濟發展中的地位和作用。

新自由主義者將危機的根源直接歸結為政府，並一針見血地指出政府對經濟干預的失誤是產生滯漲危機的根本原因。以哈耶克為代表的新自由主義者指出，政府干預經濟必然導致「極權主義」，「目前的危機不是資本主義的危機，而是國家資本主義的危機，我們的問題不是市場太多，而是市場不足」，應當取消任何形式的政府干預，充分發揮市場這只「無形之手」的作用。因此，只有繼續推行私有化政策、消除國家壟斷、為市場機制的充分運行提供相應的制度環境、充分發揮市場的自發協調力量等，才能引致經濟實現內部的均衡，從而從根本上擺脫滯漲的影響。

按照新自由主義者的理論視角，政府應當在經濟活動中努力扮演好監督員和裁判員的角色，從而為市場經濟的平穩運行提供一個良好的制度環境。

因有效抑制了資本主義世界的滯漲危機，新自由主義經濟學理論在20世紀80年代成為英國、美國等西方資本主義國家的官方經濟學。一方面，新自由主義的具體理論和政策主張在一定程度上抑制了資本主義國家的通貨膨脹；另一方面，具體政策的負效應表現為加劇了許多資本主義國家的失業和經濟蕭條。在新自由主義政策的影響下，許多西方國家從原來的滯漲危機再次轉入低通貨膨脹與經濟增長緩慢的經濟蕭條階段。

3.4.1.4 新凱恩斯主義與政策協調

新凱恩斯主義發軔於20世紀80年代，基於傳統凱恩斯主義國家干預的理論立場，新凱恩斯主義進一步強調政府對經濟的干預與調節作用，新凱恩斯主義吸收了新古典綜合派與新自由主義的經濟學理論和經濟政策觀，在繼承與發展凱恩斯主義的同時，努力使其走出國家干預主義的死胡同。

新凱恩斯主義者提出，由於社會總供求始終處於一種動態的非均衡狀態，因此，週期性的市場波動是資本主義經濟的常態，而政府對經濟的干預與調節是實現經濟均衡增長的重要手段。在具體經濟政策方面，新凱恩斯主義強調政府應當協調各種經濟政策，規範市場主體的行為，為市場交易活動提供信息平

臺與激勵機制，通過產業政策刺激就業和產出，並通過相應的制度設計消除經濟過程中的外部性影響。

作為新凱恩斯主義的旗手，史迪格里茲認為由於社會經濟發展的異常複雜性，政府的自覺力量能夠控制市場的先天不足，「一般而言，如果沒有政府干預，就不能實現有效的市場配置」，「如果沒有政府的作用，那麼要形成錯綜複雜的經濟和社會網絡是不可想像的」。

新凱恩斯主義經濟學延續了以凱恩斯主義為代表的國家干預主義的理論傳統，並在經濟全球化的新環境下重新界定了政府與市場的關係，因而其理論觀點日益受到西方各資本主義國家的重視。在現代市場經濟中，政府既不是「守夜人」，也不是「超人政府」，它更多地為市場經濟的平穩發展提供良好的制度環境，並為解決「市場失靈」所引發的諸多風險和經濟波動做好充足的準備。

3.4.2　自由市場與政府干預下經濟危機的歷史回顧

3.4.2.1　自由市場條件下的經濟危機

自由市場條件下爆發的經濟危機大致分為兩個階段。1825—1856 年作為第一階段，其間曾爆發了 3 次較為嚴重的經濟危機，即 1825 年英國的經濟危機以及 1837—1843 年和 1847—1850 年波及英、美兩國的經濟危機，這些危機影響的世界性還不太明顯。從 1857 年到第二次世界大戰開始是第二階段。1857 年的危機第一次有了世界性的特徵，在此之後，各資本主義國家的經濟出現了明顯的同步波動。第二次世界大戰爆發前的 1929 年大蕭條，是資本主義發展史上持續時間最長、波及範圍最廣、破壞程度最大的經濟危機。

之所以經濟危機能夠形成階段性的特徵，是因為生產與消費之間的分離程度隨著經濟的發展而不斷加深。在工業革命之前的資本主義經濟中，存在著一定程度的生產與消費分離，但其程度低，範圍有限，因此兩者的矛盾只能引發局部經濟危機。而工業革命完成之後的資本主義經濟，生產與消費出現了越來越大的分離，這兩者之間的矛盾的影響範圍越來越廣，因此發生經濟危機的損害程度和波及範圍都會更深更大。1929 年的經濟大蕭條之所以是當時史上最嚴重的經濟危機，就是因為其背景是大多資本主義國家完成了工業革命。

在自由市場條件下，政府對市場的干預有限，因此政府在危機中「推波助瀾」的作用並不明顯。比如，在大蕭條期間，美國聯邦政府支出僅占 GNP 的很小比例，即使是在羅斯福新政之後，聯邦政府支出比例的提升也非常有限。這說明經濟危機根源於市場，根源於沒有外部約束的市場，也就是馬克思

所說的「單個企業生產的有組織性同整個生產的無政府狀態的矛盾」。

3.4.2.2 政府干預條件下的經濟危機

在第二次世界大戰結束之後，資本主義國家開始大力發展經濟，凱恩斯主義大放異彩。政府逐漸從亞當·斯密的「守夜人」的角色轉變為「看得見的手」，政府對市場的干預程度越來越大。然而，越來越強的國家干預並不能消除市場本身存在的生產和消費分離的特徵，因此，危機根源依然存在。同時，政府難以避免地出抬一些偏袒性政策，只會反過來加深經濟中的供需矛盾，成為危機發生的重要推手。

（1）拉美經濟危機。

拉美國家經濟社會的一個非常顯著的特徵是民主政府與市場經濟存在非常緊密的聯繫。20世紀40年代，拉美國家在軍政府的統治下實現國有化，在國際貿易中開始實行貿易保護，進口先進技術實行工業化戰略，同時利用國家資本興建基礎設施，並實行一系列刺激性的優惠政策，實現了經濟增長的「拉美奇跡」。然而，軍政府的霸權統治逐漸成為經濟發展的阻礙，拉美國家開始了從軍政府到民主政府的過渡。民主政府為鞏固自己的統治，採取了一系列的福利制度來取悅選民，完全沒有考慮自身經濟發展是否能支撐，一味地追求對發達國家的經濟趕超和福利趕超。

民主政府推出了一系列政策刺激了社會需求，但國內生產卻萎靡不振，因此，不得不通過大量進口來滿足國內旺盛的需求，外匯儲備因而不斷減少。同時，高福利給國家財政帶來了很大的負擔，使財政赤字不斷攀升。在這樣的狀況下，拉美國家為維持福利政策和財政擴張大量舉借外債。最終導致了通貨膨脹和巨額外債，債務危機和經濟危機相繼爆發，經濟陷入了衰退。

（2）東南亞金融危機。

與拉美國家類似，東南亞國家的社會經濟特徵是政府與市場經濟存在緊密聯繫。東南亞各國經濟發展的短板是資金短缺，因此政府通過實施國家主導型的工業化政策，對工商企業給予了大量的優惠性政策。國內寬鬆的經濟政策吸引了國際熱錢的大量湧入，有了資金的支持，東南亞國家進入了經濟快速發展的階段。在1977—1997年這20年間，東南亞實現了經濟騰飛。

然而，經濟發展中出現了難以避免的問題——財富高度集中。在尋租、投機和腐敗的社會經濟環境下，政府卻沒有承擔起維護公正公平的責任，反而被既得利益集團「綁架」。政府的無能導致市場發展像一列無人駕駛的列車，風險不斷累積並放大。資本的逐利性和人性的貪婪導致東南亞國家的高儲蓄仍不能滿足國內的資金需求，使其對外舉債的規模越來越大。政府為滿足貿易部門

的要求,開放了資本帳戶,實現了貨幣的自由兌換,為日後的危機埋下了禍根。進入20世紀90年代以後,出口市場的競爭日益激烈,同時其低端工業的出口市場需求疲軟,導致經濟增長高度依賴出口的東南亞國家陷入了困境。與此同時,大量湧入的外資推升了房產和股票等資產價格,泡沫破滅後引發了東南亞金融危機。

(3) 美國次貸危機。

美元在國際貨幣體系中的霸權地位為美國經濟的長期入不敷出提供了便利條件,即美國通過無限制地發行和輸出美元就可以獲得其他國家的商品和服務。為獲得選民支持,政府通過大規模舉借外債來保證民眾的高福利;當貿易收支出現赤字時,政府增發美元來彌補,而不是像其他國家一樣通過緊縮政策來調節國內的需求。居民的高福利和國家的巨額債務導致的一個結果就是,不斷增長的居民財富缺乏實體經濟的投資渠道,資本市場中各種各樣的金融衍生工具應運而生,最終成為危機爆發的導火索。因此,從根源上講,美國的次貸危機是國內長期寬鬆的經濟政策導致的國內外供需失衡、國內實體經濟和虛擬經濟發展失衡的必然結果。

(4) 歐洲主權國家債務危機。

自第二次世界大戰爆發以來,歐洲各國實施了以高工資、高福利為特徵的政策與制度,造就了過分強調民眾高收入、高福利的社會現象。工資水準高速增長,實際工資增速超過了GDP的增速,社會福利涵蓋了社會生活的各個方面,免費醫療保健、長期失業救濟、高額養老金、悠長假期等成為歐洲高福利國家國民的基本福利。歐盟統計局公布的數據顯示,2003—2005年歐盟用於社會保障的支出占國內生產總值的比重分別為27.4%、27.3%和27.2%。高福利也逐漸成為政黨競爭上臺的籌碼,因而具有「不可逆性」,高社會福利制度使得政府承擔了更多的保障公民社會權利的義務,從而使政府財政經常處於超支的狀態。為了維持高福利,一些國家只能以國家信用為擔保,向國際組織或外國金融機構借貸,依賴外債來維持財政支出。2010年歐洲有多個國家負債超過GDP:希臘(152%)、義大利(120%)、愛爾蘭(114%)以及冰島(103%)。在美國次貸危機之後的全球金融危機的影響下,歐元區經濟下滑嚴重,一些主權國家不能按照合同約定的期限歸還本金和利息,由此引發國際金融市場的持續動盪,導致主權國家的債務危機。因此,主權國家債務危機是由於長期實施寬鬆的經濟政策而導致的供需失衡累積的結果。

3.4.3 政府干預的限度與退出

3.4.3.1 現代主流經濟學的政府干預理論

（1）市場失靈與政府干預。

目前大多數國家都採用市場經濟體制，市場機制被認為是能夠進行資源有效配置的機制，但其本身並不完美，市場失靈的存在體現了政府干預的必要性。新古典經濟學利用帕累托最優來描述市場的資源分配效率，即當一種資源的配置狀態發生任何改變，都不能夠在不影響其他人的利益的情況下提高一部分人的收益，那麼這樣的狀態就是帕累托最優狀態。然而帕累托狀態只是一種理論中的狀態，在現實中無法達到，帕累托改進也就難以實現。而市場在追求帕累托狀態的過程中會出現各種各樣的情況，如壟斷、外部效應、信息不完全、經濟失衡等市場失靈的情況。從對公平與效率的權衡上來說，政府干預是必不可少的。

既然市場失靈，無法達到對資源的完美配置，那麼政府的職能就是彌補市場失靈，與市場共同完成資源的有效配置。從微觀的角度來看，政府實施干預可以提高資源配置效率，主要是解決壟斷、資訊不對稱以及負外部性和提供公共產品等問題；從宏觀的角度來看，政府干預是為了達到合理收入分配、避免合成謬誤以及促進宏觀經濟的穩定健康發展。

（2）政府失靈。

政府干預的目的是更好地進行資源配置，而當政府干預失敗時，就意味著政府失靈。政府失靈或公共物品失靈是指，政府干預經濟不當，未能有效克服市場失靈，卻阻礙和限制了市場功能的正常發揮，從而導致經濟關係扭曲、市場缺陷和混亂嚴重，以致社會經濟資源的最優配置難以實現[1]。造成政府失靈的原因有多個方面：

第一，政府行為的內在效應。政策決策者可能會出現追求個人利益最大化的情況，這會導致政策制定的目標與經濟宏觀調控的目標出現偏差，當偏差越來越大時，就會出現政府失靈。比如，當政策制定者將個人收入、機構規模或者政府預算最大化作為目標時，就必然會導致公共支出的大幅增長，提高政府干預的成本，降低政府調控的效率。

第二，政府調控能力有限。首先，政府難以獲得全面的經濟運行的信息，因此存在信息不對稱的問題，進而導致政府失靈。其次，從公共物品的供給角

---

[1] 謝自強. 政府干預理論與政府經濟職能 [M]. 長沙：湖南大學出版社，2004.

度來講，政府壟斷了公共物品的供給，缺少競爭機制和嚴格的成本約束機制，有可能會導致過度供給和資源的浪費。此外，從外部性的角度來看，由於正負外部性的程度難以量化，因此會導致政府對負外部性的徵稅或罰款的力度過小或對正外部性的補貼不足的情況。最後，20世紀70年代出現的滯漲使國家對經濟的干預能力受到了質疑。

第三，政府政策存在時滯性，而且在執行過程中存在諸多不確定性因素。政府制定的經濟政策都存在內部時滯性和外部時滯性，即發現問題、制定政策需要的時間和政策執行收到效果需要的時間。同時，在政策執行過程中可能會存在各種問題導致政策效果被削弱，比如，當政府推出的政策恰恰被公眾提前預期到了，那麼這個政策的效果就大打折扣了。

第四，尋租和腐敗的存在。政府在進行市場干預的過程中往往會涉及利用行政權力對企業的市場准入等行為進行管制，因此，企業出於自身利益最大化往往會進行尋租以獲得進入許可等額外收益。尋租本身不會創造價值，是一種資源的浪費，同時還會導致腐敗現象的出現，使政府失靈。

（3）政府與市場的辯證關係。

資源配置完全由市場來主導會出現市場失靈，而政府干預的介入也依然會出現政府失靈，導致資源配置的進一步扭曲與浪費。因此，市場與政府存在一種辯證關係。首先，從定義上來講，兩者的失靈並不等同於資源配置方式的失敗，而是意味著相比帕累托最優狀態，它們是低效率的。而且，即使是低效率的，我們也必須承認市場配置資源仍然是最佳選擇，同時也不能對政府干預的效果完全否定。其次，市場與政府需要相互配合，兩者之間不是相互替代的關係。市場與政府的單方面配置都會形成不作為。最後，兩者在資源配置過程中的地位，依然是以市場機制為主，充分發揮市場的主導作用，政府可以在恰當的環節和時機進行適當干預，以提高資源配置的效率。

3.4.3.2 政府干預的限度與範圍

（1）市場存在失靈，政府干預是十分必要的。

市場的自發協調在一定範圍內可以進行資源的有效配置，但過度依賴市場這只「看不見的手」，容易出現不正當競爭、壟斷以及企業行為的負外部性等問題。因此，在尊重市場機制的同時，為保證市場的平穩健康發展，兼顧各類市場參與者的利益，需要政府制定一系列的機制來進行有效干預。

現代市場經濟理論認為，政府通過各項政策措施對制度環境和市場環境的維護是市場經濟良性健康運轉的必要條件和有效支撐。政府通過制定和出抬各項法律、行政法規、規章制度等來保護和界定產權、提供公共物品和服務、維

護良好的市場經濟秩序、建立並完善有效透明的信息機制以及確保政治環境的穩定性，進而為市場經濟的繁榮發展奠定基礎。

需要注意的是，政府干預應該保證市場在資源配置中的基礎性作用，而不能一味地利用行政手段去破壞市場機制。比如，在競爭性的行業與領域，政府應當減少行政干預，保證競爭性市場主體的自主決策空間，維護微觀領域的經濟績效。政府干預的關注點應集中在宏觀經濟政策的制定上，力圖確定合理的經濟發展戰略來促進國民經濟的長期穩定增長，並承擔起市場機制不能解決的資源保護與環境治理等責任。

同時，政府在進行干預的過程中，也應盡力避免利用行政手段，而應更多地依靠經濟和法律手段來發揮其對宏觀經濟的管理，即政府應尋求自身職能的轉變，這也是現代市場經濟中「有限政府」的實現。

（2）政府對經濟進行干預的程度需要界定。

我們可以參照新古典經濟學的分析範式來對政府干預的程度進行界定。諾斯的觀點認為，如果預期利潤能夠高於預期成本，便有了制度創新的可能。因此，在政府的經濟干預活動中，介入的程度應取決於，為達到某種目的或特定收益，政府干預與市場自發協調的成本高低比較。我們可以利用邊際分析方法來進行初步量化，在選擇政府或市場來進行資源配置的情形下，當邊際投入不能再帶來交易費用的下降或交易收入的上升時，國家干預與市場自發協調的力量便形成了均衡，任何增加政府干預經濟活動的努力都不會進一步提升經濟績效。

（3）政府干預活動的有效性決定了其行為必須在一定限度內。

根據諾斯第二悖論的思想，制度變遷的一個效率標準是降低交易成本，然而在現實經濟中不斷推高的交易成本會在降低經濟長期績效的同時成為制度創新的障礙。也就是說，從經濟效率的範疇上來講，否定了政府權力無限擴張的合理性：雖然政府進行經濟干預的動機是降低交易成本，但干預活動最後形成的結果還是交易成本的不斷提升。

從總體上來說，政府干預與市場自發協調之間不存在絕對的關係，兩者是一個在時間和空間維度上動態演化的範疇。以往的市場萬能論與全能政府論都是片面誇大了某一主體的作用。現實中並不存在絕對的經濟自由，也不存在絕對的經濟控制。這正是現代市場經濟中研究政府干預經濟行為的理論魅力所在。

（4）2008年全球金融危機過後政府政策的取向發生了變化。

凱恩斯主義認為，新自由主義是導致金融危機的原因，因此主張危機後加

強政府干預；而新自由主義認為，應深入加強市場的自我調節作用，政府應繼續減少對市場的干預；還有學者認為，市場機制與政府干預應共同存在，尋求兩者的平衡。

Feldstein（2007）對危機中的美聯儲不斷注入流動性的行為表示懷疑，因為大量流動性的注入只會推升價格水準，而並沒有從根本上解決消費不足等根源性問題；同時，流動性的增加還會讓政府在穩定物價和刺激經濟增長之間更難抉擇。Taylor（2009）對危機中的政府行為進行了實證分析，認為不正確的政府干預會加劇金融危機，導致危機的影響時間加長。Blanchard（2009）認為央行短期內向市場注入流動性可以解決金融機構因缺乏流動性而拋售金融資產，進而導致資產價格進一步崩盤的問題，可以有效阻斷危機的進一步傳染。Mishkin（2009）認為雖然寬鬆的政策對遏制金融危機存在一定的效果，但同時也會造成後期的通貨膨脹，會對經濟產生不良的影響。

（5）政府干預的著眼點。

隨著世界經濟的不斷發展和演進、社會分工的不斷深化，使用價值與價值的對立運動已經演化成為實體經濟與虛擬經濟的並存狀態，生產與消費的分離程度不斷被放大，經濟危機也通過不同的形式表現出來。因此，政府對經濟的干預應該以社會的供需平衡為主要目標。

第一，在處理實體經濟與虛擬經濟的關係上，應當綜合考慮各種因素，既要注意到虛擬經濟對實體經濟的促進作用，也要意識到虛擬經濟的過度發展對實體經濟的損害；第二，政府要通過嚴格保護個人財產權來從根本上解決勞動收入在國民收入中的比重問題，減少對公共領域的行政干預，尊重市場在調節社會生產和消費中的作用；第三，政府的財政支出要以維持經濟平穩發展為主要目標，保證財政支出的平穩性，力圖達到非生產性公共部門的發展以及社會福利的標準等與實體經濟的發展相適應；第四，在穩定物價方面，貨幣的發行要與實體經濟的發展和勞動收入的增長相協調。

3.4.3.3 政府干預的退出

危機時期的政府干預屬於非常規的政策措施，並不能一直持續下去，因此，當政府干預取得預期效果時，應該選擇退出。那麼，對於退出時機的選擇就非常重要了。如果政府干預退出過早，那麼意味著經濟尚未從危機中恢復過來，寬鬆政策的退出則會延緩經濟的復甦，甚至存在經濟反向下行的風險；但如果政府干預退出過晚，寬鬆的政策則會推升通貨膨脹率，催生資產價格泡沫，為下一次金融危機埋下隱患。從新古典經濟學的視角來看，政府干預存在成本和收益，當收益大於成本時，選擇進行干預或繼續干預；反之，則應選擇

退出。

（1）政府在危機期間的干預成本可以分為顯性成本和隱性成本。

顯性成本包括資金成本以及人力物力成本。政府救市的資金主要來源於本國的財政資金，包括對金融機構註資、增加補貼、減免稅收等積極的財政政策措施，也會有一部分來源於國際救援組織。由此可見，大量的財政支出會導致政府財政赤字的攀升，使財政狀況惡化。

隱性成本包括道德風險成本、資金的機會成本、通貨膨脹成本以及扭曲市場機制的成本等。危機救助的道德風險成本是指政府對危機的救助會導致一些金融機構的不作為，它們預期到一旦出現危機政府必然救市之後，就會更傾向於開展高風險、高收益的業務，鋌而走險，從而增加危機爆發的可能性。資金的機會成本是指用於救市的財政資金本應該用於提供公共物品讓所有人平等獲益，而政府卻將資金運用到經營不善的企業中，而這些企業有可能存在不作為的道德風險，因此財政資金的救市可能更多地使個體收益，而不是所有公眾。通貨膨脹的成本是指，政府的寬鬆貨幣政策大量注入流動性雖然能解一時之困，但是必然會造成後期的通貨膨脹，或者導致通貨膨脹愈發嚴重。扭曲市場機制的成本是指，政府的救助改變了市場資源配置中的優勝劣汰機制，讓一些本該倒閉的企業繼續存活，導致了資源的浪費和市場機制的扭曲。

（2）政府在危機期間的干預收益可以分為微觀收益和宏觀收益。

微觀收益是指政府救助對居民、企業、機構以及政府形成的收益。政府救市避免了金融機構的倒閉，避免了經濟陷入大蕭條，同時使企業免於流動性緊縮導致的破產以及居民免於失業。宏觀收益包括避免危機蔓延、產出的增加以及制度收益。擴張性的經濟政策會刺激消費、投資和政府支出，這些通過乘數效應會引起產出的大規模增加；同時，政府在每一次危機中的干預措施，會增進政府處理危機的能力，也會促使政府進一步完善監管制度，更好地維護經濟的健康穩定發展。

（3）退出時機的具體分析。

苗永旺、王亮亮（2010）認為當經濟復甦時，擴張性的刺激政策可以選擇退出；戴金平、張華寧（2010）認為貨幣政策的退出時機應該根據實際產出和就業率的變化以及貨幣乘數指標來確定。陳華、趙俊燕（2009）給出了政策退出的幾個指標，包括通貨緊縮的壓力、失業率、市場需求的增長率以及財政赤字率等。

4 金融危機的週期性升級與傳遞

4.1 金融危機的週期性

4.1.1 金融危機週期性成因

4.1.1.1 信用關係與虛擬經濟

信用經濟是商品經濟發展的高級階段，在解決了貨幣與商品交換的時空矛盾的同時，將社會經濟的交易媒介轉變為信用關係。在信用經濟時代，貨幣在很大程度上一方面為信用經營所代替；另一方面為信用貨幣所代替[1]。信用關係與資本主義生產兩者相互促進。隨著生產的擴大和經濟的發展，信用關係逐漸占據了社會經濟中的主導地位，信用關係出現的斷裂往往會直接導致金融危機。

在發達的信用經濟社會中，伴隨著擴大再生產，職能資本家之間存在多重複雜的信用關係，即相互牽制的債務鏈條。在經濟高漲時期，債務鏈條不斷擴張，而到某一個時刻，鏈條上的某一個經濟主體未能到期償還債務，出現違約，將會迅速引起全社會債權債務關係的斷裂，形成金融危機。

信用關係的不斷滲入，為金融創新提供了原動力，同時也推動了虛擬經濟的快速發展。自金融自由化以來，雖然虛擬經濟與實體經濟相互促進和推動，但是虛擬經濟的規模迅速擴大甚至超過了其服務的實體經濟的規模。在這個過程中，金融創新如火如荼，各種衍生工具頻繁運用，越來越普遍的槓桿交易極度擴大了整個社會的信貸規模，週期性地形成經濟泡沫，又週期性地破滅，表現成為週期性的金融危機。

---

[1] 馬克思恩格斯全集：第25卷 [M]. 北京：人民出版社，1974.

4.1.1.2 金融危機週期性爆發

（1）危機—蕭條階段。

信貸規模過大導致泡沫破裂形成危機，各個金融資產價格大幅縮水，社會財富迅速大幅蒸發，引起恐慌。金融系統受到重創，金融機構併購重組；企業破產倒閉，社會失業率上升，消費驟減。整個經濟滑向蕭條。

（2）蕭條—復甦階段。

固定資本的大規模更新是新一輪經濟復甦的物質基礎。危機雖然摧毀了很多經濟關係，但生產技術和科學管理卻從未停止進步。因此，當經濟逐漸回轉，實體經濟便表現出更高程度的制度創新和技術進步。同時，虛擬經濟也出現了適應新週期發展的創新特徵，主要表現為金融產品的交易機制和交易方式的創新。虛擬經濟持續為實體經濟的發展提供資本支持，拉動消費，創造購買力。

（3）復甦—高漲階段。

實體經濟需要虛擬經濟的促進，而虛擬經濟可以從實體經濟中分離出來獨立發展，並伴有獨特的風險。由於金融產品交易和金融創新的複雜性，市場中經常會出現「羊群效應」「多米諾骨牌效應」等非理性行為。同時，金融過度創新和過度投機，槓桿率不斷加大，系統性風險開始顯現並不斷累積。

（4）高漲—危機階段。

獨立於實體經濟的虛擬經濟又一次無限制地大肆繁榮，系統性風險隨時爆發。在這樣岌岌可危的狀態下，一旦實體經濟中出現負面衝擊，就會又一次導致信用鏈條中斷，虛擬經濟崩潰，形成週期性的金融危機。

4.1.2 金融危機週期性的歷史回顧

4.1.2.1 1987年美國股災

在大蕭條之後，美國開始加強金融管制，抑制了金融的週期性。然而，隨著布列敦森林體系的解體，金融自由化浪潮開始興起，金融監管也逐漸放鬆，金融市場愈發繁榮。從20世紀80年代開始，投機需求不斷高漲，資產價格迅速攀升。股票市場的交易尤其繁榮，企業併購也異常活躍。這樣過度交易的結果便是企業的負債規模達到了前所未有的水準，同時銀行業的風險也越來越大。

終於，在1987年10月19日，美國股市率先崩盤，被稱為「黑色星期一」。道瓊工業指數從2,246點迅速下滑到1,738點，紐交所綜合指數大跌19.2%，標準普爾500指數下跌20.5%。可以說，這是美國自大蕭條以來最嚴

重的一次股市動盪。美國金融市場的動盪迅速傳遞給國際市場，全球大多數金融市場都受到波及。

同一天，英國的金融時報指數下跌 10.8%，創下英國股市單日最大跌幅；香港恒生指數下跌 11.2%；日本日經指數在 10 月 19 日和 20 日累計下跌 16.9%；法國、比利時、荷蘭、新加坡的股市也都相應下跌，巴西、墨西哥股市更是暴跌 20% 以上。然而，股市動盪還遠未結束。深受損失的投資者開始在外匯市場上拋售美元，由此美元大幅貶值，道瓊工業指數進一步下跌。其他國家的股市也依然持續下跌。中國香港股市被迫停盤。

1987 年 10 月的股災席捲了世界主要的金融市場，對世界主要國家的股市造成的損失高達 17,920 億美元，相當於第一次世界大戰所造成的經濟損失的 5.3 倍。

4.1.2.2　1992 年歐洲貨幣危機

德國統一之後，德國政府著力解決經濟與就業問題，增大貨幣供給，積極開發建設項目，通貨膨脹的壓力開始顯現。從 1991 年開始，德國政府為控制通貨膨脹不斷提高貼現率，違背了聯合浮動匯率制度要求的各成員國協調一致的匯率政策。而與此同時，美國在經歷了 1990 年的市場波動之後為刺激經濟快速恢復，美聯儲不斷降低利率。因此，德國的高貼現率與美國以及歐盟其他國家的貼現率拉開了很大差距，國際資本不斷流向德國。德國馬克幣值不斷攀升，而歐盟其他國家卻不得不維護聯合浮動的匯率。

從 1992 年 7 月開始，國際外匯市場開始大量拋售美元、英鎊、義大利里拉、法國法郎等主要貨幣，歐洲貨幣危機開始拉開帷幕。

義大利里拉最先受到衝擊，隨後，芬蘭馬克宣布推出歐洲貨幣體系，這意味著這場危機已經演化為整個歐洲貨幣體系的危機。危機最終導致義大利里拉、英國英鎊退出歐洲貨幣體系，而西班牙比塞塔、瑞典克朗、葡萄牙埃斯庫多、挪威克朗、愛爾蘭鎊被紛紛貶值或浮動。

4.1.2.3　1994 年墨西哥債務危機

墨西哥在 20 世紀 80 年代末開始實施經濟改革，不斷推行私有化、解除管制、消除財政赤字以及提高實際利率來降低通貨膨脹。1993 年墨西哥開始實施與美國簽署的北美自由貿易協定，進一步推進經濟改革。北美貿易協定的簽署和實施讓投資者增加了對墨西哥經濟發展的良好預期，從而對墨西哥市場自由化的進程深信不疑。同時國際資本也大量流入墨西哥。

然而，墨西哥 1993 年的經濟增長率僅為 0.4%，資金不斷流入證券市場。墨西哥政府陷入了兩難困境，既要防止披索貶值又要克服大量的資本流入對國

內披索購買力的影響。然而，政府並沒有處理好這個難題，資本開始大量外逃。為了穩定披索的匯率，外匯儲備大幅消耗，1994 年年底，墨西哥外儲耗盡，無法支撐固定匯率，墨西哥政府放棄了固定匯率制。披索匯率大幅下跌，國內股票市場也加劇動盪。

持續了兩年之久的墨西哥金融危機不僅對阿根廷、秘魯、巴西等國的貨幣造成了很大的衝擊，還波及西班牙、加拿大等國以及亞太地區的新興市場國家。危機之後，國際貨幣基金組織、國際結算銀行以及墨西哥的貿易夥伴國等對墨西哥進行援助，才使經濟得以穩定。

4.1.2.4　1997 年東南亞金融危機

從 20 世紀 80 年代後期開始，高儲蓄和高投資率的東南亞國家的經濟開始持續強勁發展。各國的經濟基本面都較為健康，財政收支平衡，物價穩定，除泰國之外的其他國家的經常帳戶逆差也較小。然而，這些國家的一個共同問題是存在巨額的短期外債，這與危機前的墨西哥非常類似。而且，國內的金融和房地產市場存在明顯泡沫，經濟中某些行業存在投資過剩。

同時，東南亞國家在 20 世紀 80 年代大多進行了金融自由化改革。放開了對商業銀行存貸款利率的限制，放鬆了對國內金融行業的監管。然而，利率自由化之後的商業銀行由於長時間的效率低下而缺乏競爭力，難以獲得豐厚利潤，因此商業銀行進行了盲目擴張，為危機埋下了隱患。

這樣的經濟形勢一直持續，直到泰國 1996 年的經常帳戶逆差超過了國內生產總值的 8% 而出口卻依然疲軟時，危機開始爆發。泰國央行難以繼續維持固定匯率，首先宣布放棄固定匯率，泰銖大幅貶值。此後，馬來西亞、印度尼西亞、菲律賓以及韓國等國家的貨幣相繼受到劇烈衝擊。

與之前歐洲的貨幣危機類似，在亞洲金融危機中，泰國、印度尼西亞、馬來西亞、菲律賓四國貨幣放棄了固定匯率制，相繼大幅貶值，新加坡、韓國等國家以及臺灣、中國香港等地區都受到強烈衝擊。甚至在危機後的一年，俄羅斯和拉美國家的金融市場也發生了動盪。

4.1.2.5　2008 年金融危機

2007 年爆發的美國次貸危機愈演愈烈，直到 2008 年 9 月雷曼兄弟的投資銀行破產，這場危機迅速席捲全球，成為全球金融危機。

從 2008 年年初到 9 月中旬，美國三大股指跌幅達 20%，歐洲三大股指跌幅達 25% 左右。亞洲主要股指跌幅甚至超過 33%。俄羅斯、墨西哥以及亞洲部分新興市場經濟體曾因股市跌幅過大一度停止交易。僅 2008 年 10 月 6 日到 10 日的「黑色一週」中，道瓊工業指數和標普 500 指數下跌幅度達 18%，

那斯達克指數大跌15.3%；歐洲三大股指跌幅均超過20%，恒生與日經指數分別下滑16%和24%。一週之內，全球股票市值蒸發了近6萬億美元。

全球經濟增長率大幅下滑，發達經濟體的經濟增速從2007年的2.7%驟降至-3.4%，新興市場和發展中國家的經濟增速從2007年的8.6%下降到2.9%。作為危機核心國，美國自2008年出現流動性危機之後，與前一年同期相比工業生產增長率一路下滑，到2009年4月下降到最低點-15.67。歐洲主要經濟體（英國、法國、德國、義大利）的工業生產同比增長率也經歷了類似的下滑，其中德國的工業生產同比增長率的波動最為劇烈，2008年4月最高點為11.96，之後一路震盪下跌至2009年4月的最低點-27.03；英國的工業生產同比增長率較為平穩，2009年2月觸及最低點-14.27。日本和韓國的工業生產同比增長率也出現了明顯下降，其中日本的跌幅更大，曾於2009年2月一度跌至-37.18。與工業生產相對應，各經濟體的失業率也明顯上升。美國的失業率在危機之前一直維持在4%~6%，在2009年一度達到9.7%。相較於不斷震盪的工業生產同比增長率，德國的失業率在危機前一直呈溫和下降趨勢，在危機之後的也維持在一個穩定的水準上。而英國的失業率卻從2005年開始一直呈上升趨勢。韓國的失業率變化較為溫和，日本的失業率在危機之後曾一度上升至5.4%。

4.2　金融危機的傳遞機制分析

4.2.1　國際貿易渠道傳遞

各個國家之間直接或間接的貿易關係是金融危機傳遞的最基本的渠道。這種傳遞通過國際貿易與收支的價格效應與收入效應來實現。價格效應是指一國貨幣貶值增加了其產品的競爭力，增加了本國的出口；收入效應是指一國貨幣貶值導致其國民收入相對減少，降低了對貨物的進口。這兩種效應都會對與該國存在直接或間接貿易關係的國家產生不同程度的影響，影響其國際收支、產量，使經濟基本面惡化，增加了金融危機發生的可能性。

國際貿易傳導渠道又可以分為直接傳導和間接傳導。

4.2.1.1　直接傳導模式

一國發生金融危機會影響到其貿易夥伴國的國際收支、外匯儲備、匯率穩定以及國內的失業率等基本面變量。以貿易夥伴國甲國和乙國為例。

甲國發生金融危機，貨幣貶值。甲國的產品出口競爭力增強，對乙國出口

增加；而甲國發生危機之後，消費和投資規模降低，從乙國的進口減少。因此，乙國的進口增加而出口減少，赤字上升，外匯儲備減少，貨幣貶值預期增加，很有可能誘發危機。同時，乙國的產品競爭力下降，銷量減少，貨物囤積，導致國內失業率上升。而且如果乙國的競爭力喪失到一定程度，則可能使國際投資者加大對其貨幣匯率的貶值預期，進而對其貨幣進行攻擊。

這種傳導方式出現在1992年的歐洲貨幣危機中，英國是愛爾蘭當時的最大出口國，而英鎊的貶值削弱了愛爾蘭貨物的相對價格優勢，使愛爾蘭出口大幅下滑，而國際資本的衝擊將其拖進了危機的漩渦。

4.2.1.2　間接傳導模式

間接傳導模式是指在存在貿易競爭關係的兩國之間的危機的傳導。當一國發生危機貨幣貶值，會傳導至其貿易競爭國，貿易競爭國失去了相對價格優勢和產品競爭力，極易引發投機衝擊。

這種傳導模式在很多金融危機中都有體現。在1992年的歐洲貨幣危機中，當時的芬蘭與瑞典在商品出口的結構上相似，在一定程度上屬於貿易競爭國。因此，芬蘭馬克貶值之後，瑞典的出口受挫，加之受國際熱錢的衝擊，瑞典克朗也沒能逃過貶值的命運。

這種方式在1997年的亞洲金融危機中體現得尤為顯著。東南亞各國在20世紀八九十年代的經濟騰飛大多依賴出口貿易，但因其生產技術的低下加之西方國家的產業轉移，東南亞各國的貿易輸出機構具有極大的相似性。因此在泰銖最先發生貶值之後，其他國家如馬來西亞、印度尼西亞等國均出現了經濟基本面惡化，而各國的競爭性貨幣貶值一方面引致了貨幣投機，另一方面也引起了股票市場等其他金融市場的動盪。

在十年之後的全球金融危機中，直接或間接貿易途徑也產生了影響。作為此次金融風暴源頭的美國，一方面是世界主要的進口市場；另一方面也是信息科技以及軍事產業的重要出口商。美國受到重創的經濟以及美元的貶值既導致了其貿易夥伴國的出口下降，經濟增長放緩，又削弱了其貿易競爭國的產品競爭力，降低了其貿易出口以及經濟發展的速度。單單從這兩個途徑，很多國家諸如石油輸出國、東亞新興市場國家、德國、日本以及歐盟等都會受到波及。而這些影響也會從受波及國向外擴散，形成進一步的傳染。

4.2.2　金融機構渠道傳遞

隨著經濟全球化和金融一體化的深入，各國金融機構間的聯繫也越來越緊密，從而形成了危機傳導的一個新的渠道：金融機構傳導渠道。這種傳導渠道

主要是指各金融機構之間的風險敞口，比如同業拆借、同業存款、衍生產品、相互持股等，還包括跨國金融機構的母公司與子公司等。這種傳導主要包括兩種。

4.2.2.1 共同貸款人效應

國際的共同貸款人是指一個區域中的資金主要供給者。資金供給的形式大體有兩種：債券購買和銀行放款。如果某一時刻這個共同貸款人國家出現了危機，其金融及銀行系為降低危機的損害程度，會調整其風險暴露，提高其資本充足率，減小對高風險項目和國家的放款及資金支持。那麼，這樣就有可能形成對其他資金需求國的危機傳導。許多研究的實證結果也表明，區域內危機傳染的概率與從共同貸款人那裡獲得資金支持的可能性之間呈現出顯著正相關。

4.2.2.2 間接貸款人效應

當兩個國家之間不存在共同貸款人時，也可能會發生危機的傳染。比如當甲國發生金融危機時，為其提供貸款的國際銀行 A 為避免發生危機會將其在 B 銀行的存款提出來以增強自身流動性，那麼此時 B 銀行為彌補流動性會收縮其對乙國的信貸規模，甚至提前收回貸款。那麼，乙國的流動性便受到了威脅。這樣，金融危機發生的可能性便從甲國通過金融機構之間的渠道傳遞到了乙國。這是在金融危機中一個很普遍的傳遞渠道。其他途徑如衍生品途徑以及跨國金融機構傳導途徑也比較普遍。

在 2008 年的全球金融危機中，美國與歐洲之間危機的蔓延與傳遞便是金融機構這一途徑的集中體現。美國房地產次級抵押貸款衍生品以及美國、歐盟兩大經濟體之間的銀行貸款都形成了這次危機傳遞的途徑。在 2007 年美國的新世紀公司申請破產之後，很多經營穩健的歐洲著名銀行如德國工業銀行、法國的巴黎銀行以及瑞聯銀行等都因持有美國的次貸相關證券而承受巨大損失，其中最為典型的就是英國北岩銀行的擠兌事件。而到了 2008 年，雷曼兄弟的破產更是掀起了歐洲的銀行危機，英國、瑞士、荷蘭等多個國家的大型金融機構紛紛出現資金困難的情況。

4.2.3 資本流動渠道傳遞

金融危機在國際傳導的一個非常重要的渠道是國際資本流動渠道，這一渠道隨著全球化的不斷推進而越來越複雜。這一渠道可以從金融市場以及實體投資市場分別進行傳遞。投資者在進行跨國資產配置時，往往會考慮該國的實體經濟和金融市場狀況，當一國經濟疲軟或出現危機時，投資者便會通過調整其

資產組合的行為，導致資本在國際的流動，從而實現危機的蔓延。

4.2.3.1 同一投資板塊傳導

同一投資板塊是指實體經濟發展相似或者金融資產的風險收益特徵相似的國家或區域。由於具有很大的相似性，因此當板塊中某一國家的投資收益率出現明顯變動時，國際投資者不僅改變對該國的資產配置比例，同時對板塊內其他國家的資產配置也會做出相同的改變。

比如，當甲國實體經濟疲軟或者爆發金融危機時，其投資收益大幅下滑，因此，國際投資者會拋出 A 國的資產，同時也會拋出與 A 國相鄰或經濟結構相似的其他國家的資產，從而影響到其他國家的流動性，增加了其發生危機的概率。

4.2.3.2 不同板塊之間傳導

如上文所述，當一國發生危機影響到國際投資者的資產利潤率時，投資者首先會拋售該國以及該板塊的資產以降低受損害的程度並維持流動性，但如果投資者所受的損失很大，其會進一步拋售其他國家或其他未受波及板塊的資產來保證其能夠繼續經營，或者保證流動性及監管要求。這樣，危機不單是在同一板塊內傳導，還有可能在不同板塊之間進行傳導。

這一傳導途徑在歷次危機中也能夠得到體現。在 1992 年的歐洲貨幣危機和 1997 年的亞洲金融危機中都伴隨著國際資本的短期大規模流動，國際投機資金在這兩次危機中起到了不可忽視的作用。在 2008 年的金融危機中，西歐國家與美國的金融機構聯繫比較緊密，因而受到了最先的波及，而東歐國家卻因西歐國家的去槓桿化行為外逃了大量資金，最終流動性緊縮，遭到了金融危機的第二輪衝擊。

4.2.4 預期渠道傳遞

上述的貿易、金融以及國際資本流動渠道都是傳統的危機傳遞渠道，在歷次金融危機中也都得到了明顯的驗證。但是，歷次金融危機造成的損失之大，波及範圍之廣，卻遠不是以上三類渠道能夠充分解釋的。除此之外的其他傳導方式可以歸為預期途徑或淨傳染途徑。這種危機的傳染主要是通過投資者的預期來實現的，主要包括兩種情況。

4.2.4.1 羊群效應

由於對資訊的搜集和處理都存在成本，因此，對於市場上的很多中小投資者來說，選擇從眾未必不是一個最優策略。而中小投資者所錨定的對象，就是那些大型的金融機構，比如基金公司或者投資銀行。當大型金融機構出現比較

一致的拋售行為時，中小投資者的跟風拋售便形成了羊群效應，極大地增加了市場的波動幅度。此外，對於大型機構投資者而言，他們的激勵機制使得其也會存在羊群效應。比如基金公司，其聲譽並不取決於絕對的投資績效，而是取決於與市場平均績效的比較。因此，為避免聲譽風險，大型機構投資者也會採取從眾策略，進而形成羊群效應。

4.2.4.2 示範效應

示範效應也是通過投資者在金融危機發生之後改變其投資組合和資產配置形成的，因為在危機發生之後，投資者會謹慎地對各國的金融風險進行重新評估，因此不只是與危機發生國經濟結構或市場發育程度類似的國家，還有與之相關的一系列國家都會被調整。比如，金融危機發生在甲國，通過各種貿易金融途徑惡化了乙國的實體經濟，導致乙國危機爆發，那麼投資者會預期同樣與甲國存在貿易金融聯繫且經濟結構或市場成熟程度與乙國類似的丙國也有可能爆發危機。因此，即使丙國並未受到貿易金融渠道的危機傳染，投資者仍會撤出資金，從而影響丙國的流動性，增加其發生危機的可能。

在2008年的全球金融危機中，繼美國之後的歐洲所受到的衝擊並不是簡簡單單來自貿易、金融與資本渠道，危機前後銀行間同業拆借市場的利率波動以及歐洲國民消費水準的下降，都體現了預期傳導機制。

4.3　全球化與金融危機

4.3.1　全球化加劇了金融危機的傳染

由經濟全球化引致的金融全球化更加促進了世界經濟的緊密聯結，使經濟全球化更加深入徹底和多樣化。同時，金融全球化也提高了資源配置的效率，推動了全球經濟的普遍發展以及提高了各國的福利水準。可以說，世界經濟的迅速發展，金融全球化功不可沒。然而，金融全球化在為世界經濟發展做出突出貢獻的同時，也存在難以忽略的問題，最典型的就是其與金融危機之間的聯繫。

金融全球化極大地改變了傳統的金融危機與經濟危機的演變方式與呈現狀態、傳導機制、波及範圍以及嚴重程度，使危機出現了新的特徵：

（1）危機演變過程從「經濟危機到金融危機」發展為「金融危機到經濟危機」。

傳統的危機演變過程大多是由經濟危機引發金融危機，而從20世紀90年

代以來，金融危機反過來引發經濟危機。發生這一轉變的根本原因是經濟與金融之間的關係發生了深刻的改變，也是經濟金融化、金融虛擬化、虛擬獨立化、資本泡沫化的結果。

（2）金融危機的源頭與傳導路線發生變化。

早期的金融危機大多是從發達國家開始爆發，然後再不斷傳導至其他國家，包括發達國家和發展中國家。但是，在20世紀90年代之後，方向發生了改變：金融危機首先在某一發展中國家爆發，然受迅速傳導到其他發展中國家和發達國家。這種逆轉意味著：首先，隨著經濟全球化和金融全球化的不斷加深，各個經濟體之間的聯結性越來越強；其次，發展中國家的金融產業發展迅速，金融實力越來越強，對全球金融和經濟的影響力逐漸增強；再次，金融全球化的負面影響逐漸顯現，發展中國家金融市場的脆弱性以及金融監管的不完善在全球化背景下日益凸顯。

（3）金融危機的傳導機制越來越複雜。

早期的金融危機在國家間的相互傳導都屬於「接觸性傳導」，即在存在貿易關係和資本流動關係的國家之間相互傳導。而從20世紀90年代之後，金融危機的傳導更加複雜化，並不僅僅是接觸性傳導，許多與危機發生國並不存在實質性貿易往來和資本往來的國家也會受到波及。一個典型的例子就是在1997年的亞洲金融危機發生一年之後，俄羅斯以及拉美國家也先後發生了金融危機。這種傳導即「非接觸性傳導」，大多是通過預期來傳遞的。當投資者（尤其是國際熱錢）發現某一國家的經濟形式與金融市場出現了與危機國相同或相似的特徵時，便會產生該國會爆發金融危機的心理預期，這種預期的不斷加強會促使資本不斷流出該國以規避風險，出現了大量拋售該國貨幣、拋售該國金融資產等交易，那麼預期的金融危機便會演變為現實的金融危機了。

（4）危機發生後的國際救援出現複雜博弈。

如上文所說，20世紀90年代之後的金融危機，大多是從發展中國家開始爆發的。對危機國的救援便出現了複雜的博弈。危機國與救援國（包括一些國際金融機構）之間，針對是否救援、如何救援、救援的成本與收益展開博弈。尤其是某些救援國為實現本國經濟或金融的戰略利益，使得國際救援越來越複雜。正是這種複雜而耗時的救援談判，導致救援成本的不斷增加和救援時間的延遲，最終造成了危機的波及範圍越來越廣。

（5）個別國家的金融危機長期化、複雜化。

關於個別國家的金融危機長期化、複雜化情況，一個最典型的例子就是日本。日本自1989年開始爆發金融危機之後便陷入了長時間的衰退。政府在此

期間採取的種種救援措施並未收到合意的效果。日本自第二次世界大戰結束之後為刺激經濟發展，實行趕超模式，政府與銀行、企業之間聯繫密切，創造了連續三個時代的景氣經濟，使日本迅速躋身到經濟強國之列，改變了世界經濟美國獨大的格局。然而，在飛速發展的背後，越來越多的問題不斷累積，比如政府、銀行企業之間的相互勾結，政治與文化的發展嚴重滯後以及資訊不透明等問題逐漸變成了日本經濟中深層次的頑疾。這種頑疾導致了金融危機，而且需要很長時間來解決，但日本政府似乎仍未找到良藥。

（6）世界總財富增加但各國貧富差距加大。經濟全球化與金融全球化引發了全球資源的重新配置，世界範圍內的產業結構調整升級以及財富再分配，各個經濟體在一體化的經濟中或者躋身主流或者被邊緣化，都導致貧富差距不斷擴大。

4.3.2　金融危機加深了全球化程度

在經濟金融全球化的過程中，各個經濟體發展不均衡導致了金融危機頻發。然而金融危機的爆發並沒有抑制全球化的進程，反而促使一體化程度不斷加深。

4.3.2.1　金融危機帶來的全球經濟問題需要全球化來解決

一方面，造成金融危機的根本性原因沒有徹底解決，世界經濟仍處於不平衡的發展狀態；另一方面，危機爆發之後各國採取的緊急救市措施的副作用仍然殘留。比如，不斷擴大的國際貿易保護主義、持續動盪的國際金融市場、一直難以振興的西方經濟以及國際債務問題等不斷發生。同時，發達國家和發展中國家的經濟發展狀況不平衡，存在不同的發展訴求。發達國家為轉嫁危機，大規模採用量化寬鬆政策；而新興經濟體經濟發展強勁，遭遇著國際熱錢湧入推升通貨膨脹和貨幣升值的壓力。這種差異化的發展對國際經濟合作與政策協調造成了阻礙。這些問題的解決不能靠單一國家或區域，也不能靠單一的國際經濟組織，從根本上需要經濟的全球化發展，需要合理配置全球的資源。

4.3.2.2　不斷發展的跨國公司是推動經濟全球化的主體力量

跨國公司自誕生伊始便是推動經濟全球化的主要力量。為追求超額的壟斷利潤，跨國公司在全球範圍內尋找廉價資源，開發海外市場。在這個過程中，實現了生產資料、勞動力等資源的全球再分配，深化了國際分工，繁榮了世界市場，推動了經濟全球化的進程。

金融危機的爆發雖然擊垮了一部分跨國公司，在一定程度上使全球化受挫，但同時，金融危機也給跨國公司帶來了新的發展機遇。首先，金融危機後

出現了跨國併購熱潮，因此，併購後的跨國公司在資本和技術上都得到了很大的提升，在提升了跨國公司實力的同時也進一步增強了全球化發展的動力。其次，危機後新興經濟體的發展中國家的跨國公司得到了更快的發展，有利於經濟全球化的均衡化發展，改變了經濟全球化的發展趨勢。

4.3.2.3 不斷增長的全球貿易推動經濟全球化出現新進展

在危機之後，國際出口貿易迅速增長成為推動世界發展的主要力量。在2008年危機之後，國際貿易呈現出兩大特點：一是國際貿易出現顯著增長。根據世貿組織的統計數據，2010年前三季度的國際貿易量同比增長23%。從世界經濟發展史來看，全球化發展的一個重要性標誌就是世界貿易增長超過世界經濟增長。危機之後的國際貿易量的增長已成為推動經濟全球化發展的新動力。二是作為世界經濟的主導力量，西方發達國家的貿易出口的增長更為顯著。西方發達國家的經濟增長會對世界經濟全球化起到重要的帶動作用。

4.3.2.4 新興國家經濟體國際經濟地位的上升使經濟全球化朝著均衡化方向發展

在危機發生之前，經濟全球化由西方發達國家主導，經濟全球化發展的過程，實質上也是資本主義內在矛盾擴張到世界領域的過程，經濟全球化機會的不平等和決策權的不平等，導致在經濟全球化的背景下全球經濟發展失衡，全球化發展帶來的貧富差距超過任何時期。

而在危機發生之後，受到嚴重衝擊的發達國家經濟復甦乏力，在很大程度上削弱了其在經濟全球化過程中的主體地位。這給受危機衝擊相對較小的發展中國家以及新興市場國家留出了很大的發展空間，其在全球化中的地位也不斷提高。

一方面，新興國家經濟體和發展中國家在區域經濟發展和全球經濟發展中的話語權不斷增強。全球化過程中新興經濟體的經濟實力不斷增強，而且危及之後各種國際經濟問題的解決需要借助發展中國家的強勁動力。因此，新興經濟體和發展中國家在國際多邊機制中的影響力不斷增強。

另一方面，強勁復甦的新興經濟體不斷推動世界經濟的發展。危機之後，新興經濟體在國際貿易領域和國際投資領域發展迅速，不斷增長的進口貿易可以推動美國、歐洲及其他國家的經濟增長，是推動世界經濟增長不可忽視的力量。

綜上所述，在金融危機之後，新興經濟體對世界經濟增長的拉動力量增強，同時也增強了在國際經濟事務中的話語權。新興經濟體在危機後的快速發展雖然不能從根本上動搖西方發達國家在經濟全球化中的主導地位，但是可以

改變世界經濟發展的格局，促使經濟全球化形成一個均衡的發展趨勢。

4.4 系統性金融風險前沿探究

4.4.1 系統性金融風險的提出

自 20 世紀 80 年代以來，金融深化理論在世界範圍內得到了廣泛的實踐，各國的金融自由化探索在促進全球經濟一體化的同時，也推動了全球金融網絡的逐漸形成。日趨複雜的全球金融網絡一方面極大地推動了世界金融與經濟的快速發展；另一方面也伴隨著世界範圍內頻發的金融危機，即 1987 年股災、1992 年歐洲貨幣危機、1994 墨西哥債務危機、1997 年東南亞金融危機以及 2008 年全球金融危機。從歷次金融危機的演變過程中可以看出，危機波及的範圍越來越廣，破壞程度越來越大。究其原因，是聯繫愈發緊密的全球貿易與金融活動所形成的金融網絡中蘊含的系統性金融風險越來越快地蔓延與溢出，越來越多地累積與爆發。

在 1997 年亞洲金融危機之後，金融互聯性（interconnectedness）與系統性金融風險（systemic financial risk）被正式提出；而 2008 年的全球金融危機催生了大量對有關係統性金融風險成因、測度與監管的研究及思考。在金融全球化的背景下，學者們利用國內與國際的複雜金融網絡關係來研究系統性金融風險的溢出傳遞，並試圖從跨國風險傳染的角度為金融危機的爆發提供理論解釋，進而提高危機預測的準確性。各國貨幣當局也開始深入宏觀審慎監管實踐，以增加自身金融體系應對危機的能力。

4.4.1.1 金融系統性風險的定義

Francois Chesnais（2001）在《金融全球化》一書中提出，蔓延與溢出是系統性金融風險的本質，而金融系統的「天然脆弱性」更容易導致風險的累積與危機的爆發，甚至引發經濟蕭條。很多學者對金融系統性風險給出了很多定義（Kaufman, 2008；Billio 等, 2012），比較明確的定義是由國際貨幣基金組織（IMF）、金融穩定委員會（FSB）以及國際結算銀行（BIS）在 2009 年提交給 G20 集團的報告中給出的：因金融系統全部或部分受損而導致金融服務流動中斷的風險；並且，這種風險有可能對實體經濟產生嚴重的負面影響。

國際結算銀行（BIS, 2011）進一步闡述為：金融系統的任一參與者因無法完成契約上的義務，而在其他參與者之間引發了一系列的負面反應，最終導致整個金融系統陷入危機的風險。系統性金融風險是內源性的，即是由全部或

某些部件的故障導致的（FSB，2009），具體引發機制包括諸多因素，包括金融不穩定的內生週期（Kindle Berger，1996）、信息失靈（Mishkin，2007）、過度信貸擴張（Caballoro，2009）、破壞了金融系統自動糾正負回饋機制的羊群效應（Schwarcz，2008）、風險敞口的相關性（Acharya等，2010）、資產價格泡沫（Rosegren，2010）等。

4.4.1.2 系統性金融風險的產生

金融風險普遍存在於每一個金融市場之中，隨著金融交易以及投資活動的愈發頻繁，以及金融監管逐漸放開的趨勢，系統性金融風險逐漸顯現。系統性風險產生的微觀基礎是市場中的參與者或為謀取高額收益，或為逃避監管而進行的不恰當的交易行為；而從根本上，或從宏觀層面而言，是整個金融體系自身的不穩定性決定了系統性金融風險的必然存在，金融體系本身的運行機制與風險轉移的連帶性為系統性金融風險提供了產生的先天基礎。

費雪和明斯基都對金融不穩定性（financial instability）做出了闡述。基於19世紀和20世紀初的歷次危機，費雪認為危機總是伴隨著兩個重要的經濟現象，即負債過度（over-indebtedness）和通貨緊縮（deflation）。經濟主體的負債過度，是由於對未來經濟的樂觀預期。當投資者認為未來經濟向好，投資的預期收益率會上揚時，其會在當期進行大規模投資，並且伴隨著大量舉債；而此時較為寬鬆的經濟政策在滿足了舉債者的資金需求的同時，也推動了通貨膨脹的高漲，反過來加重了全社會的債務，形成了「負債過度」。良好的經濟預期、不斷擴大的投資規模以及逐漸上漲的通貨膨脹率，在不斷相互加強的過程中，形成了加速擴張的金融規模。當實體經濟中的總收入及總財富難以支撐龐大的金融體量時，市場中一個即使很細微的風險的出現都會成為金融動盪的導火索。當投資者出於各種可能原因調低收益率預期時，市場大額投資和過度負債的狀況便會出現逆轉：投資者收回投資，出售資產，降低債務規模；市場上資產價格由於拋售而不斷下跌；金融機構持有的抵押品價值不斷縮水而增加了其壞帳的風險，於是開始收縮信貸規模；市場流動性出現不足，這又會引起又一波的資產拋售。金融市場的動盪傳遞到實體經濟，便會出現需求萎縮、物價下降、企業利潤不斷減少等，甚至還會破產倒閉。同時，如果物價下降的速度超過名義利率的下降速度，那麼市場的實際利率上升，將進一步加劇流動性的萎縮，直至危機爆發。

明斯基圍繞費雪的理論進一步延伸，在資本主義經濟繁榮與蕭條交替出現的內在機制中，指出高負債會導致資產價格波動，構成了金融體系不穩定的重要原因。高負債往往發生在經濟高漲時期，各交易主體對未來經濟的良好預期

會促使投資規模擴大，槓桿率上升；而槓桿的層層疊加便是系統性金融風險產生的源頭。資金需求的快速增加推升了信貸利率，增加了高槓桿投資的成本。當實體經濟的投資回報難以彌補高額投資成本的時候，動盪便產生了：投資者資不抵債，競相拋售資產，資產價格大幅下滑，甚至導致資本市場的崩盤。因此，系統性金融風險往往產生於經濟上漲階段。

4.4.1.3 系統性金融風險的集聚

風險的爆發需要長時間的集聚，風險的集聚是由經濟主體集體性的非理性行為形成的。在經濟上行的階段，往往也伴隨著經濟政策的寬鬆以及監管的逐漸放開。因此，初期的投資活動會獲得豐厚的利潤，從而吸引更多的投資者加入市場，資產價格被推升，投機獲利日益普遍。同時，對於金融機構而言，業務規模擴大，抵押品價值上升，獲利金額增加，其便會產生一種融資條件改善和盈利能力提高的幻覺，因而進一步加大信貸規模（Bernanke, Gertler 和 Gilchrist, 1999）。而經濟主體趨同的樂觀預期，市場的價格、需求與信貸相互強化的正反饋環的形成，使經濟主體的非理性行為也廣泛地產生了。

（1）羊群效應。

在經濟上升時期，投資獲利較為豐厚，各類經濟訊號的持續向好會讓多數個體形成未來經濟長時間持續這種走勢的預期，從而增加了投資意願。然而，受個體認知能力和信息獲得渠道的限制，人們的投資行為往往更多地是以他人或大眾的行為作為決策依據，而不是一些基本的經濟學常識或原理。這樣一來，微觀個體的盲從就導致了集體性的單邊的投資趨利行為，從而進一步擴大了社會投資和投機規模，價格與市場供需完成自我強化，價格機制出現了扭曲。當整個市場陷入瘋狂的時候，即使每一個參與者都是理性的，也不能保證整個市場趨於理性，因為參與者的被迫理性選擇就是加入這個上行的市場。系統性金融風險由此不斷積聚。

（2）迴避災難。

行為心理學的研究發現，投資者會在後天形成的基礎認知之上結合實際經濟情況計算自己的主觀概率，這種主觀概率在多次投資行為的不斷強化過程中便成為投資者行為的「真理」。但是這種「真理」會不同程度地與真實情況產生系統性偏差。比如，在經濟高漲階段，投資者往往會低估風險爆發的概率，對歷史上相似的危機情形選擇遺忘，迴避災難發生的可能。於是，資金需求者不斷加大投資力度以期待獲利，資金供給者不斷放貸以增加盈利，系統性風險便不斷擴大。

4.4.1.4 系統性金融風險的傳染

2007 年的美國銀行業的次貸危機之所以能夠迅速演變成全球範圍的金融

危機以及經濟危機，關鍵在於系統性金融風險的傳染與放大。而系統性金融風險的傳染主要是由於金融關聯性。以這次全球危機為例，初始時期，房地產價格下滑，由於貸款同質性，絕大多數銀行面臨著次級貸款違約的衝擊，因此，在資本充足率的監管要求以及金融機構挽回損失的內在動力下，金融機構的「理性選擇」便是賣出資產，彌補虧損並降低風險。然而，所有金融機構的「理性選擇」導致了市場拋售熱潮，資產價格下跌，市場流動性趨緊，將初始的銀行業的房地產衝擊擴大到了整個金融市場，這就是所謂的「合成謬誤」，個體的理性行為並不一定導致整體理性。

系統性金融風險的傳導機制包括多個渠道，如資產負債表渠道、支付系統渠道和資產收益率渠道等。關於金融機構之間通過資產負債表渠道傳遞風險的研究，主要是以銀行資產負債表上的各項關聯資產、負債以及權益等數據作為銀行間的風險敞口，但由於數據的獲得性較差，一般利用最大熵模型來估計這種風險傳遞的程度（馬君潞等，2007）。關於金融機構之間通過支付系統渠道傳遞風險的研究，主要是根據局部市場中金融機構的收支信息，如中國人民銀行支付系統的銀行間支付數據（賈彥東，2011），構建支付網絡模型，對系統性金融風險進行度量，並得出金融機構的系統重要性排序。關於金融機構之間通過資產收益率渠道傳遞風險的研究，主要是以上市金融機構的股票價格收益率作為研究對象，分析金融機構之間的關聯性，進而得出系統性風險的傳染特徵（溫博慧，2014）。

綜上所述，系統性金融風險是內源性的，其產生的根本原因是經濟結構以及金融體系的內在缺陷；而金融危機頻發的根本原因在於金融本身的脆弱性與不斷推進的金融自由化。

從監管角度來看，西方國家大滯漲之後，貨幣政策的通膨目標制確立。然而，物價的穩定並不意味著資產價格和金融體系的穩定，金融體系的內在擴張性以及「事後處理」的監管策略增加了金融危機爆發的可能性。從混業經營的角度來看，金融控股公司的內部交易，如交叉持股、內部轉移定價、成員之間的貸款擔保和承諾等，導致各個金融機構之間的聯結性不斷增強，增加了金融風險在機構之間傳染的可能性，放大了金融風險。從金融創新的角度來看，金融創新的複雜性和槓桿性加劇了金融脆弱性，增加了危機的傳染性。同時，衍生品交易加強了各市場之間的聯繫，同時增加了全球金融體系的脆弱性。

此外，金融自由化的實踐越來越廣泛，從最開始的放開利率管制逐漸發展到金融業務自由化、金融機構准入自由化、資本流動自由化以及匯率自由化等領域，一方面改革了僵化的金融制度，促進了金融發展和經濟增長；另一方

面，管制的放鬆增加了金融的脆弱性和風險的累積。在經濟全球化和金融一體化不斷推進的過程中，各國金融體系之間關聯性不斷加強，金融脆弱性的範圍和金融自由化的深度都日益擴大和深化，金融系統性風險的傳染不斷升級，都使得金融危機的破壞性愈發嚴重。

4.4.2 系統性金融風險的測度研究

系統性金融風險時時存在並蘊藏巨大的危害，因此對其進行識別與度量就顯得尤為重要。目前有關係統性金融風險度量的研究，主要分為三個方面：基於宏觀經濟數據的指標測度、基於金融機構資產負債表數據的網絡分析法以及基於金融市場數據的計量模型法。

4.4.2.1 基於宏觀經濟數據的指標測度

Borio 等（2009）選取了信貸與 GDP 比率、信貸增長率、權益資產價格以及房地產價格等作為指標進行研究，構建了不同的指標組合，利用門檻模型為信貸增長率的趨勢偏離提供了經驗法則，並將其作為危機爆發的標誌。Alessi 和 Detken（2009）以 18 個 OECD 國家為樣本，以 1970—2007 年為時間窗口，選取 18 個經濟變量並利用不同的轉換方法購進了 89 個風險預警指標。張萌（2015）基於金融系統性風險內生於金融體系並會對經濟產生極大破壞，從宏觀經濟和金融兩個層面提出了不同指標對系統性風險進行識別，包括金融層面的貨幣風險、銀行風險、債務風險等，以及宏觀經濟層面的就業風險、通膨風險、國際收支風險以及經濟增長風險等。此外，更多的文獻是針對金融機構的系統性風險進行判定：IMF（2006）提出了金融穩健性指標（FSIs）來分析整體資產負債表的穩健性；賴娟、呂江林（2010）以 2002—2009 年為研究區間，選擇了即期限利差、銀行業風險利差、股票市場波動性和 EMPI 等四個變量，構建了 2 個中國金融壓力指數，對中國的系統性金融風險進行描述；Ong 等（2013）研究了銀行體系內的系統性風險，並提出利用銀行穩健性評估工具對系統性風險進行監管。

4.4.2.2 基於金融機構資產負債表數據的網絡分析法

Brunnermeier（2009）認為，2008 年的全球金融危機之所以能夠由銀行部門的次貸危機逐漸衍化而成，主要原因是金融機構的資金借貸形成了金融網絡，而這種網路具有風險放大機制。

金融系統性風險存在不同的傳遞渠道，相應地可構建不同的網絡模型。根據網絡構建的方法，目前的研究具體可以歸納為以下幾個方向：

第一，基於貸款違約構建的金融網絡。

金融機構間通過資產負債表進行風險傳遞主要是指違約機制，這類研究大多通過銀行間的同業拆借、同業存放以及回購業務等數據來描述銀行間的直接相關性，並研究風險傳遞的過程。由於無法獲得具體的資產負債數據，因此，此類研究大多是利用最大熵方法並根據拆借和存放總額來估計銀行間的資產負債關係。鮑勤、孫豔霞（2014）利用中國銀行業數據，使用最大熵方法估計了銀行間資產負債關係，建立了銀行間市場網絡以研究金融風險的傳遞概率和影響程度，並通過仿真模型研究發現中心—外圍網絡比完全連接網絡的傳染範圍更廣、程度更大。隋聰（2014）提出了優化的無標度網路構造方法，並用以度量銀行間的違約傳染程度，文章通過仿真模擬構造不同標度的網絡進行比較發現，集中度越高的網絡，傳染倒閉的銀行數量越多。方意（2016）在破產機制的基礎上加入了去槓桿機制，分析了銀行間基於資產負債表的四種風險傳遞渠道，並通過參數敏感性分析發現金融系統性風險存在區制轉換效應。

第二，基於銀行間持有共同資產構建的金融網絡。

持有共同資產網絡模型最早是由 Cifuentes（2005）提出的，作者討論了非流動性資產價格的內生決定機制，並發現增加流動性比增加資本緩衝能在更大程度上降低由於資產價格衝擊造成的系統性風險。在此基礎上，Chen（2014）構建了銀行資產組合選擇模型，分析了持有共同資產在損失傳染過程中的作用，並介紹了如何通過調整資產組合來影響價格。Greenwood（2015）考慮了金融機構持有多種非流動性金融資產的降價拋售線性傳染機制。Duarte 和 Eisenbach（2015）應用 Greenwood（2015）的模型，對銀行年報數據和交易商的三方回購市場數據進行分析，認為降價拋售是產生負外部性進而引發系統性風險的關鍵因素。中國商業銀行間共同持有的資產主要是各行業的貸款，方意、鄭子文（2015）將多輪傳染和資產價格相關等假設加入到持有共同資產的網絡模型中，度量了房地產資產價格下跌對中國銀行體系造成的系統性風險，並分析了其傳遞路徑。

第三，基於上市金融機構的股票相關性構建的金融網絡。

Caraianie（2012）利用複雜網絡分析了歐洲主要證券市場的收益性質，發現歐洲證券網絡呈現出明顯的無標度性和自相似性。鄧向榮、曹紅（2016）基於中國 41 家上市金融機構的股票收益率的相關性構建了風險傳染的視覺化網絡，並通過網絡的不同參數（如節點出度、傳染輪次、K 核分解值以及 LeaderRank 值）量化了系統性風險傳遞的特徵（如傳遞速度、範圍、深度以及風險累積程度）。胡宗義（2018）利用中國上市金融機構在 2014—2016 年的總市值數據的互信息係數對金融網絡進行建模，利用相互資訊係數和偏心距量化

了網絡相關性和網絡結構,並分析了這兩者與系統性風險之間的變動關係。

4.4.2.3 基於金融市場數據的計量模型法

由於金融機構之間的風險敞口數據難以獲得,因此很多學者利用金融市場的交易數據來研究對系統性金融風險的測度。主要包括以下幾種方法:

第一,概率分佈度量。

概率分布度量即利用系統性重要機構損失的概率分布函數構建指標來度量系統性金融風險。Adrian 和 Brunnermeier(2008)提出了條件在險價值的方法,即 CoVaR 方法,計算在一個機構發生損失的條件下,其他機構的在險價值,從而形成對機構之間以及對整個金融體系的風險評估。Acharya 等(2011)基於預期損失理論構建了系統性預期損失(SES)指標,計算了在整個金融系統陷入危機的情況下,單個金融機構的權益資本損失。Brownless 和 Engel(2010)利用 DCC-GARCH 模型提高了對邊際期望損失(MES)的預測精確度,從而實現了對系統性金融風險的動態度量。

第二,違約概率度量。

衍生品的價格與標的交易的違約概率密切相關,因此違約概率度量以衍生工具的價格作為研究對象,通過計算不同金融機構的違約概率來測度系統性金融風險。衍生品價格可獲得性較好,具有高頻特徵,更主要的是能夠及時反應金融機構違約可能性的變動情況。同時,衍生工具價格體現了金融市場對未來的預期,採用這一數據構建度量指標能夠對系統性風險有較好的前瞻性。Huang 等(2009,2012)構建了困境保費(DIP)指標,即承保未來 9 個月內 12 家銀行違約損失的保費金額,並將其作為衡量系統性金融風險的指標。進一步地,本書考慮到了系統性風險的動態性,建立了時變的違約損失來進行描述。

第三,關聯性度量。

系統性金融風險的傳染關鍵在於金融參與者、金融資產等之間的關聯性。IMF 在 2009 年的全球金融穩定性報告中提出,可以通過監測條件相關性來識別系統性金融風險。Billio 等(2010)以不同類型的金融機構(上市銀行、保險公司、對沖基金以及證券公司)作為研究對象,利用主成分分析法和格蘭杰因果檢驗分析了機構之間的相關性以及動態特徵。研究發現,市場崩潰往往伴隨著金融關聯性的上升。Kritzman(2010)引入吸收率作為測度系統性金融風險的指標,其主要作用是捕獲市場緊密聯結的程度,如果吸收率上升,市場緊密程度上升,則意味著市場脆弱性加劇,系統性金融風險也會上升。

4.4.3　金融系統性風險跨境傳遞

4.4.3.1　跨境資本流動與系統性金融風險

金融系統性風險的跨境傳遞與短期資本的跨境流動有直接關係。Krugman（1979）提出的第一代貨幣危機理論認為，當投資者對特定國家的經濟發展形勢、匯率變動趨勢等宏觀變量的一致預期發生顯著變化時，基於收益最大化而進行的全球資產配置的調整會導致某些經濟體的匯率大幅波動。Obstfeld（1986）提出的第二代貨幣危機理論認為當投資者對某一國家的貨幣持有貶值預期時，大規模的投機行為引起的短期資本跨境流動將會導致貨幣危機。Kaminsky 和 Reinhart（1998）提出的第三代貨幣危機理論指出道德風險下的資本跨境流動會引發貨幣危機。

資本流動與系統性風險的累積與爆發的過程可以表述如下：當一個經濟體的經濟發展向好時，資產價格上漲，就會吸引大量的跨境資本流入，進而引起本幣升值、流動性充裕以及信用膨脹，這種情況持續下去，市場中就會出現過度投資和頻繁的投機活動，從而進一步推升資產價格，形成泡沫，為系統性金融風險的形成與累積奠定了基礎；當風險不斷累積而終於爆發時，經濟衰退將伴隨著資產價格的崩盤，跨境資本為避險而紛紛撤離，從而導致本幣貶值、信用收縮和流動性萎縮，市場上投資減少，資產被競相拋售，這又會引起新一輪的資產價格下跌，最終危機開始逐漸蔓延。剛健華等（2018）利用 SRISK 指標測度了中國的系統性金融風險，並利用 VAR-MGARCH-DCC 模型檢驗了中國「8·11」匯改前後的系統性金融風險、短期跨境資本流動、股票價格收益率、人民幣在離岸利差以及離岸人民幣與美元利差等五個變量及其波動性之間的聯動關係，研究發現，中國的跨境短期資本流動與系統性風險以及兩者的波動性之間均存在明顯的關聯關係。

4.4.3.2　系統性金融風險的跨境傳遞度量研究

早期對於金融系統性風險的跨境傳遞的研究主要是圍繞傳遞渠道展開的，如貿易渠道、金融渠道、金融機構渠道、投機渠道以及預期渠道等。近期對於風險的跨境研究主要是圍繞溢出與傳遞來展開的。

（1）利用計量方法尋找金融系統性風險跨國傳遞的特徵。

熊熊等（2015）從股票市場入手，研究了系統性風險的跨市場傳遞。本書利用 CoVaR 方法對多國股票市場的實證研究發現，金融系統性風險在各股票市場間存在間接傳遞。董凱（2015）利用 GVAR 方法研究了金融系統性風險在國際傳遞的速度、影響程度以及持續時間，發現金融系統性風險在國際傳

遞過程中具有明顯的區域性和順週期性。張萌（2015）通過國際經驗分析與面板數據模型，研究了貨幣國際化過程中金融系統性風險的國際傳導，研究發現：隨著貨幣國際化由低級階段向高級階段發展，系統性風險的傳導途徑更加豐富，作用機理更加複雜，危害性更加強烈。

（2）利用網絡分析方法研究系統性風險的蔓延與金融危機的傳染。

Hattori 和 Suda（2007）利用股票要求權數據構建了金融網絡來研究國際銀行的風險敞口，研究發現該網絡的指標數據在一些重大金融危機（如亞洲金融危機）中並沒有發生明顯的變動。徐曉萍等（2012）利用最大生成樹構建了中國證券網絡，並針對金融危機對證券網絡的影響進行了實證研究。Kali 和 Reyes（2010）基於國際貿易網絡分析了金融傳染路徑，文章認為，當網絡中心國家一體化程度加深時，風險傳遞發生的可能性會不斷加大；而當網絡邊緣國家的連接性加深時，會加強風險的分散。Minoiu C 和 Reyes（2013）利用全球 184 個國家的銀行跨國借貸數據，構建並描述了全球銀行網絡的拓撲結構，並分析了歷次金融危機時網絡結構的變化。研究發現，全球銀行網絡結構具有很大的波動性，歷次金融危機爆發時及爆發後網絡互聯性趨於下降。正是由於驗證了網絡結構與危機之間存在一定的關係，Minoiu 等（2015）進一步將其量化，在資產價格泡沫、匯率高估等宏觀變量的基礎上，將網絡結構變量加入危機預測模型中，結果顯示，網絡結構指標對金融危機具有很強的預測能力。王雯等（2018）基於國際股票市場在危機前後的數據，結合複雜網絡方法和 DCC-GARCH 模型，探討了在國內外極端風險事件背景下系統性金融風險的跨境、跨市場的傳導效應，研究發現：金融市場間的聯動性不斷增強，且系統性風險的跨市場傳導存在極強的時變性。

4.4.4 宏觀審慎政策與實踐

4.4.4.1 宏觀審慎政策

宏觀審慎政策是指以促進金融系統穩定為目的的所有政策，包含各種潛在的政策工具（國際結算銀行，2010）；是運用審慎工具來控制系統性金融風險，避免金融動盪對實體經濟造成影響（G20，2011）。一般來說，各國的宏觀審慎管理的主要作用對象是商業銀行體系和金融市場。因此，典型的宏觀審慎管理工具都是以《巴塞爾協議 III》為基礎的逆週期資本緩衝、系統性重要銀行的額外資本監管要求以及動態貸款損失撥備等。為抑制金融體系的順週期性同時降低金融機構的風險暴露，各國在監管實踐中可能運用的宏觀審慎工具主要如表 4-1 所示：

表 4-1 宏觀審慎政策工具

①風險計量方法	
按銀行	根據經濟週期或低谷調整的風險測量。
按監管者	週期性監管評級；開發系統脆弱性（如敞口和風險的一致性、企業關聯程度）測度方法作為調整審慎工具的基礎；與相關方就系統脆弱性的官方評估和宏觀壓力測試結果進行溝通。
②財務報告	
會計準則	使用順週期性較低的會計準則；動態撥備。
審慎過濾器	根據會計數據調整審慎工具；計提審慎準備金；通過移動平均對相關測量進行平滑；設立隨時間變化的撥備目標或最大撥備率。
披露	披露各類風險（如信貸風險、流動性風險）以及財務報告或相關資訊披露中關於風險估計和估值的不確定性。
③監管資本	
第一支柱	系統資本附加；降低監管資本要求對當前時點的敏感度，並考慮風險的運動過程；在基於時點的資本數據中引入週期性乘數；就特殊種類敞口增加監管資本要求。
第二支柱	將監管審查與週期相關聯。
④資本流動性標準	基於週期的資金流動性需求；集中度限制；外匯貸款限制；外匯儲備要求；貨幣錯配限制；外匯頭寸限額。
⑤抵押品安排	隨時間變化的貸款與價值（LTV）比率；採用相對保守的最大LTV和抵押品估值方法；限制基於資產價值增加的信貸幅度；跨週期保證金。
⑥風險集中度限制	對各種敞口增長的數量限制；（隨時間變化的）對特定種類貸款的利率附加。
⑦薪酬制度	將績效工資與長期風險掛鉤的指導原則；滯後支付；使用監管檢查程序保證執行。
⑧利潤分配限制	限制高利潤時期的紅利支付，為經營狀況不佳時建立資本緩衝。
⑨保險機制	資本注入；預先設立系統性風險保險計劃，資金來自銀行資產增速超過特定額度後徵收的稅費；預先設立存款保險計劃，風險溢價不僅要考慮微觀個體，還應考慮宏觀（系統性風險）參數。
⑩對經營失敗的管理和處置	基於系統性能力的退出管理政策；在繁榮時期執行較系統性危機時期更加嚴格的監管干預觸發點。

資料來源：張建華，賈彥東. 宏觀審慎政策的理論與實踐進展 [J]. 金融研究，2012（1）：20-35.

宏觀審慎政策的直接目標就是防範金融系統性風險，而金融系統性風險具有兩個維度：時間維度上的金融體系順週期性以及橫截面維度上的金融機構關聯性、金融體系風險分佈以及溢出效應。因此，宏觀審慎政策也應對應兩個維度：在時間維度上，繁榮時期應對金融系統性風險的累積進行事前防禦，危機時期應減少風險溢出效應和危機傳染的負外部性，即加強事後管理，涉及的工具包括《巴塞爾協議Ⅲ》中提到的逆週期資本要求、動態準備金制度等；在橫截面維度上，應該更加關注關鍵時點的金融網絡的結構變動，涉及的管理工具包括系統重要性資本附加、風險集中度限制等。此外，考慮到金融系統性風險的跨國傳遞，宏觀審慎政策應將其橫截面維度從國內的金融機構關聯度擴展到國際主要金融市場的關聯度，將國內金融機構間的風險敞口擴展到一國金融體系的對外風險敞口，加強對外幣借貸、國際投資以及國際資本流入等造成風險敞口的金融業務的管理。

4.4.4.2 跨境資本流動的宏觀審慎管理實踐

在特定條件下，資本尤其是短期資本的跨境流動會形成正反饋循環和跨部門系統性金融風險的傳染。在經歷過多次金融危機之後，國際社會對資本流動管理的主流態度由完全放任逐漸過渡到在必要情況下進行政策干預，尤其是在全球金融危機之後，對資本流動的審慎管理的政策研究與實踐探索被提上日程。在早期的「托賓稅」之後，其他的跨境資本流動管理工具也紛紛出抬，具體見表4-2所示。

表 4-2　　　　　　　　　資本流動宏觀審慎管理工具

政策工具	國家	主要內容	政策效果評價
①金融交易稅	巴西	為應對危機後資本流入的壓力，2009—2012年對證券投資、固定收益投資、短期外債等的外匯兌換徵收2%~6%的外匯交易稅，稅率和適用範圍隨宏觀風險的變化而調整。	增加稅收對控制本幣升值效果顯著，但後續減少稅收對緩解本幣貶值的作用很小。
②無息準備金	智利、西班牙	為抑制通貨膨脹和資本流入的壓力，智利在1991—1998年要求短期外債、具有投機性質的貿易信貸、FDI等繳納20%~30%的準備金，繳存比例和適用範圍隨短期資本流動的形式變化而調整；西班牙為緩解資本流出的壓力，對本幣淨賣出頭寸徵收100%、期限一年的準備金。	智利：對降低短期資本流入比例、幫助抑制通貨膨脹起到了較好的作用，但並未消除資本流入帶來的本幣升值壓力。西班牙：未能完全阻止本幣貶值。

表4-2(續)

政策工具	國家	主要內容	政策效果評價
③宏觀審慎穩定特別費	韓國	為應對資本流入的壓力，韓國於2011年開始對國內和國外銀行持有非核心類外幣負債徵收0.2%以下的宏觀審慎穩定特別費，當宏觀風險加大時可提高費率。	在一定時期內可控制短期外債和投機性證券投資，但市場會設法找到規避管理的途徑，削弱了政策管理的效果。
④外匯衍生品頭寸限制	韓國	為應對危機後資本流入的壓力，韓國於2010年要求國內銀行持有的外匯衍生品頭寸不得高於上月末權益資本金的50%，外資銀行不得高於250%，風險增大後持續下調。	
⑤累進特別費	馬來西亞	為應對亞洲金融危機後的資本流出壓力，1999年對證券投資流出的外匯兌換環節徵收特別費，費率與投資期限成反比。	該措施替代了之前的資本管制，增強了投資者的信心，但對資本流出的限制效果難以識別。

資料來源：伍戈，嚴仕鋒. 跨境資本流動的宏觀審慎管理探索——基於對系統性風險的基本認識［J］. 新金融，2015（10）：14-18.

在全球金融危機爆發之後，各國紛紛開始了宏觀審慎政策實踐。宏觀審慎政策主要在於對經濟的逆週期調控，並在危機之後有序恢復和刺激經濟的平穩發展，其與貨幣政策的有效配合可以在促進經濟發展的同時防止風險激增。Seung Mo Choi（2018）探討了金融網絡中緊密聯繫的國家通過採取協調的宏觀審慎政策是否可以降低金融危機的發生率，研究表明：協調的宏觀審慎政策可以有效阻止危機的蔓延，然而這種效應需要相當長的時間來實現。

5 大國霸權下的國際經濟失衡

5.1 金融源於經濟

隨著人類經濟社會的不斷發展，金融也逐漸出現，並取得了重要地位。金融的誕生是社會生產力發展到一定階段的產物，是社會經濟生活需求不斷發展的必然產物。金融，既簡單，又深奧；既熟悉，又陌生；既古老，又現代。馬克思、恩格斯曾經在著作中強調：「貨幣是第一推動力和最終推動力。」列寧也曾經提出：「銀行是現代經濟生活的中心。」改革開放的總設計師鄧小平先生在 1991 年視察上海時也曾精闢地指出了金融在當今經濟社會中的重要地位和作用：「金融很重要，是現代經濟的核心，金融搞好了，一著棋活，全盤皆活。」可以說，金融是社會經濟發展的重要組成部分。

當今的經濟社會到處都有金融活動和金融現象，可以說，金融無處不在。金融活動涉及的範疇、領域、分支和內容非常廣泛，有比較微觀的貨幣、利息、外匯等；有如證券、銀行、保險、期貨等業務；有資本市場、衍生證券、投資理財、各種基金（私募、公募）等投資市場；有諸如國際收支、財政管理、貿易金融、地產金融、外匯管理、風險管理等相關領域；涉及人類生活的方方面面。可以說，當代社會就是一個金融社會，或者說，目前人類社會已經進入金融時代。金融源於經濟，經濟是人類物質文明的基礎，而金融是實現這種物質文明基礎的重要保障。

5.1.1 金融是經濟發展到一定階段的產物

5.1.1.1 金融活動的出現與發展

在原始社會末期，隨著社會生產力的發展，原始畜牧業從狩獵活動中產生，原始種植業從採摘活動中產生，人類社會開始出現剩餘產品，在私有制產

生後，剩餘產品的歸屬問題帶來了一系列矛盾。剩餘產品的出現，給交換提供了條件。當商品交換成為一種常見的行為時，伴隨著商品交換形式的不斷升級，開始出現一般等價物。當一種特殊商品從商品世界中分離出來，固定地充當一般等價物時，貨幣便產生了。貨幣是金融的本源性要素。從貨幣產生和發展的角度來看，它是隨著商品交換的不斷發展而出現的，但在這之前，經濟活動已經存在了。因此，從這個角度來看，金融是經濟發展到一定階段的產物。

(1) 金融業的產生與發展。

據史料記載，早在公元前2000年，古巴比倫寺廟就出現了貨幣保管業務和收取利息的放款業務，在公元前6世紀的古希臘寺廟中，也有相同的業務出現，這可以看作是金融業在世界範圍內的起源。到了公元前6世紀至公元前5世紀時，雅典和羅馬先後出現了銀錢商和類似銀行的商業機構。因此可以說，在歐洲大陸上，從貨幣兌換業和金匠業中發展出了金融業中的銀行業。

早在1272年，義大利的佛羅倫斯就出現了一家巴爾迪銀行，隨後，在1310年出現了佩魯奇銀行，1397年又設立了麥地奇銀行，1407年又出現了熱那亞聖喬治銀行。這些銀行都為當時的商業活動提供了方便。有近代意義的銀行的出現是在1171年，當時還是在義大利成立了威尼斯銀行，這一銀行在業務和經營上更加符合近代銀行的特點。而最早的有現代意義的銀行的出現要到1694年，是在英國建立的英格蘭銀行，這是第一家股份制銀行，之後的銀行也大多採取股份制的經營模式，為銀行業確立了基本的組織形式。銀行業的發展為資本主義經濟的發展提供了重要的資金支持，推動了資本集聚和生產集中，使得資本主義自由經濟在早期的發展得到了有力的助推。到了主要資本主義國家向壟斷資本主義階段過渡時期，發展壯大的銀行業又與產業資本（主要是工業壟斷資本）相互融合與滲透，形成了金融資本，在資本主義經濟的發展過程中發揮了重要的作用。

(2) 中國金融業的產生與發展。

公元前256年，在中國的周朝出現了辦理賒貸業務的機構，這一機構被稱為「泉府」，《周禮》中有「掌斂塵布而入於泉府」的說法，被稱為中國金融業的起點。自此之後，金融活動在各個時期都有不同的表現。在南齊時出現了以收取實物作抵押進行放款的機構「質庫」，即後來的當鋪，當時由寺院經營，而到了唐代，又改由貴族壟斷。唐朝時期，中國還出現了兼營銀錢的機構，即邸店等。宋朝的時候，在官營的基礎上，出現了民營性質的質庫，此外，還出現了專營銀錢交易的錢館和錢鋪。明朝時期，主要的金融機構為錢莊、銀號、錢肆等，雖然名稱不同，但主要的業務仍然是賒貸和銀錢保管等。

在封建社會末期，還出現了票號、官銀錢號等金融機構，山西的「日昇昌」是中國第一家私人金融機構，主要經營存款、放款、匯兌業務等，之後又出現了官銀錢號等官方的金融機構。

中國的現代銀行形式出現的時間比較晚，直到鴉片戰爭之後才有外國的現代銀行進入中國開展業務，這主要是由長期的封建統治所導致。在1845年，英國的麗如銀行在香港設立分行，可以看成是中國境內出現得最早的現代銀行。1848年，麗如銀行又在上海設立分行，此後，其他外國銀行紛紛進駐中國。比如英國的渣打銀行（當時稱作麥加利銀行）和匯豐銀行，德國的德華銀行、法國的東方匯理銀行等，此外還有俄國的華俄道勝銀行和日本的橫濱正金銀行等。到了1935年，中國境內的外國在華銀行已經多達53家。中國人自己創辦的第一家銀行是1897年5月27日成立的中國通商銀行。

在國民政府時期，中國傳統的錢莊、票號等形式的銀行機構逐漸減少，退居次要地位，而現代銀行逐步成為主要的金融業態。一方面，民族資本主義工商業的發展為金融發展提供了空間；另一方面，金融業的發展又進一步推動了民族資本主義工商業的發展。可以說，中國銀行業的發展基本上是與民族資本主義工商業的發展互為推進的。這也表明金融業與工商業之間具有緊密的聯繫。

從前面的分析中我們可以看出，金融業最早的形式比較單一，表現為古代的銀號、錢莊等，經過長時間的歷史演變，已經逐步發展為多種門類的金融機構並形成了較完備的體系，在國民經濟中發揮著重要的作用。

（3）現代銀行業的主要形式。

商業銀行是現代銀行最早和最典型的形式，在現代金融機構體系中居於主導地位。在商業銀行體系中，其主要形式既包括國家控股的國有商業銀行，還包括一般性的城市商業銀行。商業銀行在不同國家的稱謂有所不同：在英國，商業銀行被稱為存款銀行或者結算銀行；在美國，商業銀行被稱為國民銀行或州銀行；在日本，商業銀行則被稱為城市銀行或地方銀行。從總體上來看，存款銀行、實業銀行、抵押銀行、信託銀行、儲蓄銀行等都屬於商業銀行。但它們經營的金融業務在性質上差異較大，各國的金融當局對它們的業務範圍有不同的要求和限制，這些共同構成了現代商業銀行體系。

從業務形態上來看，現代商業銀行有的綜合經營各種金融業務，包括信貸、保險、證券等，採用混業經營的模式；也有的國家明確要求只能分業經營。現代商業銀行在本國設有大量分支機構和營業場所，同時還積極向海外拓展業務，在國外也設有許多分支機構，從而實現跨國經營，比如花旗銀行就是

其中的代表。現代大商業銀行通常是大壟斷財團的金融中心，往往採取股份制經營的模式。

除了商業銀行以外，還有專門為某一個行業或領域提供信貸服務的銀行，並以重點支持某些行業的發展為經營宗旨，稱為專業銀行。比如投資銀行、開發銀行等，都在各國的銀行體系中占有重要的位置，發揮著重要的作用。

中央銀行的建立是金融業發展史上的一個里程碑。中央銀行是從商業銀行中發展而來的。英格蘭銀行是現代中央銀行的鼻祖，成立於1694年，最早也是商業銀行，後來才成為專門的中央銀行。在現代金融業中，中央銀行處於主導地位。它是貨幣發行銀行、政府的銀行和銀行的銀行，負責制定和執行國家的金融政策，調節貨幣流通和信用活動，一般也是金融活動的管理與監督機關。

現代金融業的內涵變得愈加豐富具體，在這一體系中，銀行業始終處於中心地位，其他的金融機構包括一些互助合作性的組織，如合作銀行、互助銀行、信用合作社或信用組合等，有很多公司，如財務公司、貼現公司、保險公司、證券公司、金融諮詢公司等，這些都是金融公司，也屬於金融業的範疇。此外，專門的儲蓄匯兌機構、典當業、金銀業、股票和證券交易所、黃金交易所、外匯調劑市場、資信評估公司等都豐富了現代金融行業。現代金融業的經營手段已十分現代化，電子計算機和自動化服務已相當普及。

5.1.1.2　金融與經濟的關係

當今社會，經濟與金融密不可分。離開經濟談金融，可以說是「無源之水，無本之木」；離開金融談經濟，頂多算是無稽之談。縱觀經濟本質與金融發展史，我們不難看出金融業的資金來源於社會經濟生活。金融的產生是為了滿足在社會經濟生活中實現資金和產品之間、產品和資金之間的快速轉化，從而使貨幣市場更加有效。因此，經濟和金融兩者有著極其深刻的聯繫。經濟最早的釋義來源於希臘語，意為家庭管理，色諾芬把它概括為「善良的主人如何管理好他的財產」。這裡的主人，指的是奴隸主，即當時的統治階級，拓展到國家層面，就是國家管理的意思，而且在廣義經濟學學者提出的概念中「經濟」就是如何以最小的代價，取得最大的效果，即如何在各種可能的選擇中，在各種主觀與客觀、自然與人際條件的制約下，選取代價最小而收效最大的那種選擇。經濟活動產生的時間很早，可以說，在人類從狩獵時代轉換為農耕時代的時候，人們之間出現的以物易物的情況，就已經開始被認為是廣泛意義上的經濟活動。這種經濟活動是以生產為基礎的，不管是打製石器還是磨製石器，都是作為勞動工具來創造產品，即獵物，這就是經濟活動的出現。而金

融從字面意思上來看，指的是資金的融通。當經濟活動需要資金融通時，金融活動才開始出現，很明顯它的出現，是以經濟活動的產生和發展為基礎和前提的。現代意義上的金融，是指一個地區或者國家的繁重程度的表現，包括GDP 和國家債券也是大的經濟的主要內容，我們定義的大的經濟，指的是一些人類物質資料的生產活動。經濟與金融是包含與被包含的關係：經濟包含金融，是金融流通的方式和達成目標；金融被包含於經濟之中，是經濟流通的重要保障。

5.1.2 金融業在國民經濟中的重要性

金融作為經濟的重要組成部分，在國民經濟中主要涉及經營金融商品的各種特殊行業，包括銀行業、保險業、信託業、證券業和租賃業，這些行業是國民經濟的潤滑劑，處於國民經濟中的核心位置，是國家調節經濟的重要槓桿，能夠反應多方面的經濟金融信息，提供多種多樣的金融服務，能夠調劑資金餘缺，重新分配經濟資源和財富，成為溝通經濟的命脈和媒介。金融業在國民經濟中的作用體現在以下幾個方面：

第一，金融自身的特殊性質和在國民經濟中所發揮的作用決定了金融在現代經濟中的核心地位。現代經濟是市場經濟，而市場經濟從本質上講，就是一種發達的貨幣信用經濟或金融經濟，它的運行表現為價值流導向實物流，貨幣資金運動導向物質資源運動。金融運行的正常有效，決定了貨幣資金的籌集、融通和使用是充分而有效的，社會資源的配置也是合理的，對國民經濟走向的良性循環所起的作用十分明顯。從現代經濟社會的發展來看，金融的核心地位越來越明顯。中國金融業增加值隨著國內生產總值的增加，其比重也在逐年上升（見表 5-1）。自 2005 年以來，中國的金融業增加值（這裡包括貨幣、資本、銀行、保險、證券、期貨等行業）占 GDP 的比重為 5%左右，這一比例持續了近十年的時間。從 2005 年開始這一比重從 4%的最低值一直攀升到 8.4%，2016 年也保持了這一水準。與國際上其他國家相比，中國金融業從 2013 年起超過美國，從 2015 年起超過英國。這主要是由世界經濟發展演變的趨勢和世界金融危機、歐債危機等多重因素的共同作用所導致的。而作為全球第一大經濟體的美國，其金融業增加值近年一直穩定在 7%左右。

表 5-1 中國金融業增加值及其占國內生產總值的比重（2010—2016 年）

	2010	2011	2012	2013	2014	2015	2016
金融業增加值（億元）	25,680.4	30,678.9	35,188.4	41,191.0	46,665.2	57,872.6	6,213.2
金融業增加值占比（%）	6.2	6.3	6.5	6.9	7.2	8.4	8.3

第二，金融作為重要的經濟槓桿，能夠調節宏觀經濟的平穩運行。現代經濟是混合經濟，既有市場調節又有政府調控，但兩者在配置資源的過程中的地位和作用是不同的。市場機制在配置資源的過程中發揮基礎性的作用，而政府調控則發揮輔助性的作用。金融活動在微觀層面以一些工具和手段來影響和參與經濟活動，這些工具包括利息和利率、匯率和結算、信貸和價格等。國家通過這些工具和手段來獲得國民經濟各方面的信息，如企事業單位的生產經營活動如何、個人的消費收入情況如何等，這些信息成為國家制定貨幣政策和財政政策的主要依據，同時也能夠根據這些信息來適時調整這些政策，調控流通中的貨幣數量、結構、利率，進而來促使宏觀經濟的發展健康有序。

第三，金融作為重要的經濟媒介，可以調節經濟發展的規模、速度和結構。在現代經濟生活中，任何經濟活動都與金融或者說都與貨幣資金的運動產生了千絲萬縷的聯繫。貨幣資金作為重要的經濟資源，任何企事業單位的正常生產和運轉都離不開它，因此，任何企事業單位的正常生產和運轉都離不開金融。金融作為重要的經濟媒介，一方連接著各個部門、各個產業、各個行業、各個生產經營單位和各個家庭及社會人，另一方連接著國家的監督管理部門，成為調控的重要手段；同時，金融也是連接國內和國外經濟活動的重要媒介，在國際貿易、吸引外資等方面發揮重要的作用，為國際政治、經濟、文化方面的交往和加強國際的經濟和科技合作搭建了重要的平臺（見表 5-2）。

表 5-2　　銀行業信貸占國內生產總值的比重（2010—2015 年）　　單位：%

國家	2010	2011	2012	2013	2014	2015
美國	51.7	49.8	49.5	49.2	50.2	51.8
俄羅斯	42.8	42.0	44.7	49.4	53.5	54.7
日本	101.1	101.7	103.6	105.9	105.0	103.6
英國	188.6	173.9	164.3	153.1	138.5	133.9
德國	88.0	84.6	83.4	81.7	79.4	77.9
法國	95.7	96.8	96.6	96.1	94.5	95.8

5.1.3 離開經濟的金融行為必將導致經濟失衡

經濟決定金融，經濟的發展水準決定金融的發展水準。經濟和金融的產生歷史可以印證這一觀點。同時經濟與金融的發展又出現了相互促進的情況。經濟金融化的趨勢日益明顯。在市場經濟體制中，現代經濟與市場經濟可以等同，而在市場經濟中金融的作用舉足輕重。金融常常被稱為市場經濟的「血液」或「潤滑劑」。資金融通是市場經濟繁榮發展的重要標誌和核心問題，在中國改革開放的過程中，金融發展對經濟的促進作用驗證了這一論斷。

同時，金融對經濟發展具有反作用。金融發展滯後，將會阻礙經濟的順暢、健康、有序發展；而脫離實質經濟基礎盲目地推行金融自由化，將會適得其反。脫離經濟的金融，必將導致經濟失衡。從不同國家金融發展程度與經濟的促進作用的對比中可以看出，金融發展的滯後，會使經濟增長的速度和規模受到限制；從國外經濟發展的實際情況中，我們可以看到，任何脫離了經濟發展的金融繁榮都是虛假繁榮，必將出現泡沫破滅和經濟失衡，同時又會反過來對實體經濟本身造成傷害，導致宏觀經濟的停滯甚至倒退。

5.2 金融危機根源於對經濟運行的背離

馬克思主義經濟學認為，經濟危機是生產資料私人佔有同社會化大生產之間的矛盾發展的結果，是資本主義經濟發展的必然。西方主流經濟學者始終都不願承認「經濟危機」的存在，只願意將經濟危機描述成經濟衰退。同樣，他們認為金融危機只是由外部衝擊引起的經濟波動，金融危機的爆發屬於偶然事件。從他們處理金融危機的對策上，也能看出這一點。比如在網絡經濟泡沫破裂和美國遭受「9/11」事件之後，美國經濟出現了嚴重的衰退，美聯儲主席葛林斯潘為了挽救美國經濟而推行低利率的貨幣政策，這一政策雖然推遲了經濟危機的到來，但是也加劇了日後危機爆發的破壞力，給日後的金融領域平添了更多的泡沫。美國的金融發展史就是一部為了獲得金融繁榮而不斷放鬆監管的歷史，這使得金融的發展越來越背離經濟運行，加劇了金融危機爆發的風險。

5.2.1 金融危機與經濟運行失衡

在發達的市場經濟中，資本的逐利性特徵導致資本積聚和資本集中是發

的必然。資本的累積必然會促使金融創新的極度活躍和金融市場的繁榮，從而導致金融內容的泛化和金融鏈條的延伸。金融、地產等資本產品的價格決定了資本在空間和內容上的流動，由於其價格決定機制的特殊性，這些資產價格與實際價值的背離也是常見現象。作為主要的發達國家，美國的經濟運行失衡，主要是從虛擬經濟與實體經濟的背離、投資與儲蓄的失衡、美元霸權地位與美國經濟實力的背離這三個方面表現出來。

金融活動主要是為了實現經濟的平穩運行，但金融活動不當可能會阻礙經濟運行甚至對經濟本身造成嚴重破壞。金融活動背離了實體經濟的運行，會導致經濟危機。

5.2.1.1 金融與經濟的背離為金融危機的爆發創造了可能性

以信用為基礎的金融活動創造了延期支付，割裂了供求雙方的生產矛盾，同時也掩蓋了企業間、部門間的各種矛盾，一方面推動了生產向縱深發展，另一方面也累積了大量的矛盾。因此，不管是從總量上看還是從個體上看，金融與經濟都不可能是完全相等的。或者說，虛擬經濟總量與實體經濟總量往往是存在差異的。如果實體經濟尤其是生產領域的發展是健康的，是不存在什麼問題的，那麼金融領域的資產價格或有價證券價格的波動是不會傷害經濟運行的，反而會使經濟運行更加依靠這一矛盾運動而得到發展。因此，金融與經濟的背離是金融危機爆發的必要條件，而不是充分條件。我們要強調的是，這個背離的程度到底有多大。有人總想從流通領域來尋找金融危機的根源，這應該是行不通的。金融危機的根本性原因，應該是金融行業過度發展的泡沫化與行業監管的無效，其發展嚴重違背了虛擬經濟的運行規律，與經濟運行的規律、結構、效率相背離，因此矛盾的爆發是一種必然。

金融的過度發展會直接引起資源錯配，即對實體經濟造成「擠出效應」。實體經濟與金融領域相比，較低的收益率導致其融資成本增加，而成本的增加會進一步拉低行業的收益率，這種惡性循環使得資源從實體經濟中大量流出，進入金融相關產業，從而形成風險的累積。

5.2.1.2 金融活動的風險性與生俱來

金融行業是高風險行業的代名詞。從歷次國際金融危機的現實中可以看出，金融業占比越高，發生危機的可能性越大，大量投資會受到高收益的刺激而被引入高風險的資產中，成為投資者追逐的熱點。

當前的經濟社會存在經濟金融化的趨勢和特點，這是經濟貨幣化的延伸和擴展，也是現代市場經濟發展的必然趨勢。隨著經濟金融化進程的深入，金融風險也將逐漸社會化，金融系統的脆弱性也會加劇經濟發展的波動性。金融活

動本身就是存在風險的，可以說，金融活動的風險是與生俱來的。因此，金融活動的風險性導致金融系統的不穩定性，這並不僅僅存在於當今的金融系統中，這種不穩定性和脆弱性伴隨著金融系統的產生而產生，並隨著金融活動的發展而發展。

金融資產價格常常會出現不正常波動，大量的金融機構是通過資產和負債業務來運行的（負債容易導致資產負債結構惡化），金融機構在經濟衝擊下極為脆弱並可能嚴重影響到宏觀經濟的正常運行，這些都是金融風險。同時，金融活動的週期性和時空分離等特徵、金融資產風險的傳染性特徵也十分明顯，這都充分體現了金融活動的風險性。

5.2.1.3 金融監管與金融風險

由於金融產業發展迅速，產業鏈條會進一步延伸，結構會越來越複雜，經濟運行的平穩性會降低，監管難度會逐漸加大，從而監管成本也會持續增加。金融風險的存在要求一國當局必須加強對金融的監管，來防範金融風險。從整個金融監管制度的發展歷史來看，防範金融風險都是要通過加強對金融業的監管來弱化金融的內在不穩定性，以此達到降低風險發生的概率、實現經濟平穩發展的目的。然而，金融監管過嚴會妨礙金融活動的繁榮，這也是不爭的事實。在近三十年的金融發展過程中，美國的金融監管不斷放鬆，金融創新飛速發展，使得資本過度投機加劇，金融部門同實體經濟部門發展嚴重失衡，這些都是過度金融化的直接表現，也是金融發展超越現實生產力水準的最直接表現。

有些學者認為，經濟的金融化趨勢造成了危機發生的必然性。這是有一定的道理的。經濟金融化的趨勢導致了之前所說的經濟運行的背離問題，美國貨幣政策的失誤、金融的過度創新、金融監管的缺位、過剩的流動性、美元霸權地位與美國經濟實力的背離等問題導致了這場金融危機，這是新自由主義思想下經濟金融化中的矛盾激化的必然結果。

5.2.2 流動性的大量投放

金融危機產生的因素之一，是流通中的貨幣量大大增加，遠遠超過了商品流通中所需要的貨幣量，這種增加有些是人為因素導致的。流動性的大量投放可以導致一國流通中的貨幣量大大增加，從而產生通貨膨脹和金融風險。如果一個國家的貨幣供給量增長迅速，包括基礎貨幣的投入及商業銀行的信用創造，那麼將導致經濟社會中的貨幣流通量增量巨大，那些超過經濟增長和交易正常需要的過剩流動性必然要以某種方式在不同領域和部門中反應出來。流通

中的貨幣量來自一國中央銀行的基礎貨幣和商業銀行的信用派生能力，貨幣供給量的過快增長所帶來的流動性首先就會直接流入金融市場，從而推動各種金融資產數量的膨脹和價格的上升。目前，中國的金融市場還不發達，間接融資仍然是企業的主要融資方式，這就導致流動性過剩首先在商業銀行體系中表現出來。也就是說，首先表現在商業銀行體系中信貸領域存貸差的累計擴大。過剩的流動性大大超過實體經濟增長的需求，會形成充斥在金融市場上的投機資金，而這些資金就是金融風險的隱患所在。在歐美等國家，可供買賣的金融產品種類繁多，而中國能夠吸收投機性資金的資產匱乏，於是大量的投機資金湧入了股票和房地產市場，因此這兩個領域積蓄了大量的金融風險。在國際和國內流動性過剩的背景下，中國的股票市場和商品房市場必然會受到影響。

美國的金融危機的爆發跟流動性的關係也是很大的。美國的貨幣供給增速、外匯儲備增速、通貨膨脹率和上證指數的走勢基本一致，當超過經濟增長和交易的正常需要，就會增加房地產泡沫，導致美國的住房價格發生戲劇性的變化，進而導致通貨膨脹。

5.2.3　金融槓桿的濫用

金融危機產生的因素之一，是金融槓桿的濫用。金融槓桿可以放大投資的結果，這種結果可能有兩個：一個是放大了收益；另一個是放大了損失。無論是收益還是損失，都會以一個固定的比例增加。因此，在使用金融槓桿之前，投資者必須仔細分析投資項目中的收益預期，以及可能遭遇的風險概率和損失的大小。很多企業在使用金融槓桿時，往往忽視了其現金流增加的量的程度，沒有把資金問題分析清楚，從而導致難以挽回的後果。

提到金融槓桿，就不得不談美國的次級貸款。次級貸款是一種金融槓桿，首付很低，但槓桿比率很高。在美國的投資銀行裡，有一群人發現可以把次級貸款打包成債券，再把次級貸款結構化，分成高、中、初不同層級賣給投資人，根據風險程度的不同，針對不同的風險偏好人員來進行售賣。在這個結構化的債券中，初級債券先「兜著」，初級賠光了，中級債券再頂上去，初、中級都賠完了，高級債券才開始承受損失。從表面上看，高級債券的風險最小，完全有資格獲得評級機構的 AAA 評級，可以把它們賣給保守的退休基金和保險公司等投資者，只要利息比同類評級的普通債券高些就行了。因此，評級機構就真的評了 AAA 級給這類產品。而風險大但可能有超高回報的初級債券的售賣對象則是對沖基金、投行自營交易部門等風險偏好者，他們會想盡辦法，利用各種衍生產品對沖風險進行套利。而對於不上不下的中級債券倒是有點難

辦，但也不必太過擔心，華爾街有的是關係，投行有的是會忽悠的銷售，市場上有的是懶得多想的投資管理人（尤其是那些管的不是自己的錢又不拿提成的）。由於投資者們對這種次級貸款十分青睞，因此這種金融槓桿也有很大的市場。可以看出，金融槓桿的濫用可以直接引發大規模的金融危機。

5.2.4 信貸的過度寬鬆

金融危機產生的因素之一，是信貸政策的過度寬鬆。金融的發展以信用為基礎，主要是能夠調動社會的閒散資金成為生產建設資金並發揮重要的作用，因此也可以把它看成是基本職能。隨著當前社會生產的規模越來越大，大企業對產業性投資進行充分融資的機會也逐漸減少，由此導致了消費信貸和住宅融資的重新啟動，以勞動大眾為融資對象的貸款得到了擴大。在當前具有廣泛分工的社會化大生產中，由於各種因素的相互作用，市場的不確定性日趨增加，交易成本也在不斷上升。金融機構紛紛利用資產證券化來分散經營風險，降低營運成本，同時提高了非流動性資產的流動性。這種流動性的增加是信貸政策擴大的必然結果，同時也增加了金融風險。在資產證券化的過程中，金融機構創造了種類繁多的信用衍生品。以次級抵押貸款為例，從事次級抵押貸款的機構在接受借款人的貸款申請後，出於提高資金週轉率的考慮，將與投資銀行一起把次級抵押貸款打包變成抵押貸款支持證券，然後出售給投資銀行而投資銀行則與抵押貸款公司簽訂協議，要求抵押貸款公司在貸款者未及時償還貸款的情況下，對抵押貸款進行回購。同時，投資銀行會先將抵押貸款進一步打包變成擔保債務憑證，然後出售給養老基金、保險基金或者對沖基金等投資者。為了進一步分散風險，投資銀行還會購買一定量的信用違約互換合約，對抵押貸款違約率上升進行「保險」。

金融衍生品的本質是將投資風險分化、轉移，並沒有減少風險，只是可能將風險隱蔽起來。而金融機構開發的金融衍生品比原來的金融產品價值高了數倍甚至數十倍，這就是在增加風險、創造風險。同時，金融衍生品的開發過程就是金融交易鏈條的拉長過程，由於信用槓桿的作用，金融產品價格翻倍，風險也翻倍了。在大規模的貸款利益鏈條上，一旦借款人違約，則風險將沿著利益鏈條逐步蔓延，其後果將不堪設想。

通過上面的分析可以看到，美國此次經濟危機的根源仍然是資本主義的基本矛盾，並未超越馬克思的關於經濟危機的邏輯。收入分配導致財富分配不均，借貸鏈條的增長導致信貸違約率上升，進而引發了此次金融危機，並最終發展成了經濟危機。由此可見，由信用貸款創造的虛假需求並不能真正地解決

生產與消費間的尖銳衝突，只要信用突然停止，危機就會發生。

5.2.5 金融監管的無力

金融危機產生的因素之一，是各國政府金融監管的無力。金融監管分為金融監督和金融管理。一般來講，金融監管主要是指一國的貨幣當局或中央銀行依據本國的法律法規對整個金融行業進行監督和管理，這裡的整個金融行業既包括金融機構又包括金融組織及其業務的實施情況。現在我們談的金融監管範圍更加寬泛，還包括金融機構的內部控制和稽核，同時也包括金融環境的建設，如對同業自律性組織的監管、對社會仲介組織的監管等內容。金融發展需要自由，當前金融發展的一大特點就是金融自由化，比如貨幣的流動自由化、使用者自由化等，可以說，金融發展需要一個自由的環境。同時，金融自由化又是金融危機產生的根源所在，自由化的程度直接決定了金融危機爆發的概率。因此，世界上大多數國家對本國的金融活動都採取了監管措施，只是這種監管的程度不同而已。

自20世紀以來，金融監管問題已成為世界主要經濟體研究的世界性難題之一。一方面，各國希望在金融業自由化的同時促進本國的經濟增長；另一方面，金融自由化又增添了經濟安全隱患。在國際經濟合作中，國際資本的自由流動是金融全球化的重要形式之一。以不同年份（主要是金融危機爆發前後）國際資本流動的情況來加以說明。在1994—2007年期間，全球跨境資本流量的平均增長速度為23%，可以說金融全球化發展態勢比較迅猛，2007年達到10.9萬億美元。在金融危機爆發時，這一流量大幅縮減，2008年，全球跨境資本流量僅為1.9萬億美元，2009年，這一流量進一步下降，僅為1.6萬億美元。在危機之後，全球跨境資本流量有增加的態勢，從2010年開始上升，資本全球流量不斷增長，這也是全球經濟相互依存度增加的一種表現。

全球性金融危機以及經濟危機的爆發，體現出經濟全球化下各國之間的相互依賴性，同時也提出了一個新的課題，即全球金融監管的合作。目前由美國主導的國際金融體系在國際層面上缺乏金融監管。金融體系的不穩定，會通過國際的相互依賴進行傳導，那麼同樣地，金融監管也需要國際加強合作，降低風險發生的可能性，從而把各國的監管缺失問題克服掉，同時也把金融風險的國際傳導機制破壞掉。

5.3 國際經濟秩序的結構性失衡

在經濟全球化不斷加深的背景下,世界經濟的空間格局逐漸分化,這主要是由區域經濟的異質性導致的。這種分化將全球經濟按照不同的發展層次和階段來劃分,使原有的國際經濟秩序出現了不平衡的發展。越來越多的學者發現了這種情況,2005年,時任國際貨幣基金組織總裁的羅德里戈·拉多(Rodrigo de Ratoy Figaredo)在《糾正全球經濟失衡—避免相互指責》的研究報告中提出了「全球經濟失衡」這一概念。2005年,G20財長和央行行長間會議在中國河北香河召開,本次會議發表了一份聯合公報,公報指出全球經濟正處在失衡的狀態中,這種失衡主要表現為:一方面主要是以美國為首的巨額的長期貿易赤字;另一方面則主要是東亞各國特別是中國長期的對外貿易盈餘。中國學者張燕生(2006)則認為全球經濟失衡的特徵是結構性的,而不是週期性的,它是全球經濟內在的總量失衡、系統失衡和制度失衡,而不是暫時性的市場失衡。趙儒煜、肖模文等(2017)指出全球經濟失衡在本質上是世界市場的失衡,其首要表現為國際貿易失衡。而國際貿易失衡進一步加劇了國際金融市場的失衡,強化了實體經濟與虛擬經濟之間失衡的嚴重危害。綜合以上說法,我們可以得出目前全球經濟失衡主要體現為全球經濟的「結構性失衡」。

5.3.1 全球經濟失衡的現狀

由於全球經濟失衡潛藏著巨大危機,目前世界各國都在積極探求治理路徑。發達經濟體試圖擺脫進口依賴,促進本土產業與經濟的發展;發展中國家則試圖打破當前國際市場中的經濟不平等格局,提高自身綜合競爭實力。本書將結合全球經濟失衡的三種表現形式來闡述全球經濟失衡的現狀。

5.3.1.1 國際貿易失衡

自布列敦森林體系實施以來,世界各經濟體在國際貿易活動中的地位就不平等,這使得各國在國際市場上的利益分配也出現了不平等,使國際貿易失衡的情況愈演愈烈。受2008年國際金融危機的衝擊,長期以來由貿易主導的世界經濟增長勢頭減緩,以美國、歐盟為代表的各經濟主體紛紛開始採取措施限制貿易並轉向保護本土產業,使國際貿易總量銳減。據WTO估算的結果顯示,2017年全球貿易增長率將低至1.8%~3.1%,持續低於全球GDP增長率。在

這種情況下，世界主要經濟體之間的國際貿易失衡情況也十分明顯，主要體現在國際貿易格局的分化上。一方面，在以美國為首的發達國家中，美國成為世界上最大的貿易逆差國，2015年的貿易赤字為8,030.32億美元，遠高於其他國家和地區，而其他的發達國家，如英國、法國、西班牙、日本等也都處於貿易逆差之列；另一方面，以新興市場經濟體為代表的發展中國家則處於貿易順差的行列。這裡有幾個失衡：一個是發達國家之間的失衡，德國是發達國家中最大的貿易順差國，與其他發達國家之間是失衡的關係；一個是發達國家與發展中國家之間的失衡，這是持續逆差與持續順差的失衡關係，同時也是多國順差之和等量於一國逆差的失衡關係；一個是發展中國家之間的失衡，主要的發展中國家如新興市場國家可以實現順差，但還有一部分發展中國家不能實現順差，這也是發展中國家內部的失衡關係。

5.3.1.2 國際金融市場失衡

全球經濟失衡重點表現在全球金融市場的失衡，其中包括全球儲蓄投資失衡、全球外匯儲備失衡和國家主權債務失衡三個方面。

第一，在全球儲蓄投資失衡方面。

2015年，世界總儲蓄與世界GDP總量之比為25%，達到金融危機以來的最高值。儲蓄投資正缺口過大。其中，分不同的經濟體來看，主要發達國家儲蓄過低（以美國為代表，見表5-3），而發展中國家則儲蓄過剩，這主要是由不同國家金融發展水準和金融市場的發達程度不同導致的。儲蓄投資結構與國際貿易情況密切相關，一般來講，凡是高儲蓄的國家也往往是貿易順差國，這說明發展中國家並沒有很好地把因國際貿易而取得的順差用於本國的投資和經濟建設，同時也恰恰說明發展中國家的金融市場並不發達，而只能依靠發達國家的金融市場，這進一步加劇了儲蓄投資結構的失衡。

表5-3　　　　　　美國1998—2015年儲蓄—投資差額　　　　單位：億美元

年度	1988	1989	1990	1991	1992	1993	1994	1995	1996
差額	-1,153	-1,565	-1,662	-805	-1,564	-2,309	-2,516	-1,957	-1,707
年度	1997	1998	1999	2000	2001	2002	2003	2004	2005
差額	-1,415	-1,443	2,595	-3,146	-2,782	-3,799	-5,015	-6,152	-7,034
年度	2006	2007	2008	2009	2010	2011	2012	2013	2014
差額	-5,804	-7,293	-7,775	-4,534	-4,951	-4,432	-2,649	-2,481	-1,438
年度	2015								
差額	-2,237								

第二，在全球外匯儲備失衡方面。

自 2002 年以來，全球外匯儲備增長幅度加大，年均增長率達 20%，遠遠高於同期全球 GDP 增長率和貿易增長率。在猛增的外匯儲備中，傳統的發達國家排名下滑，據 IMF 統計數據顯示，在 2016 年的全球外匯儲備中，德國排在第十一位，義大利和法國分別位列第十四位和第十五位，而美國和英國則滑落到第十八位和第二十位。而以新興市場國家為代表的發展中國家則表現得十分搶眼。據 IMF 統計資料顯示，中國位居全球外匯儲備排行榜的榜首，達 39,500 億美元，占全球外匯儲備總量的 1/3。值得注意的是，在這一排行榜中，除中國排名第一之外，俄羅斯的外匯儲備量排名第四，而印度和巴西也在前十之列（見表 5-4）。由此可見，發展中國家尤其是新興市場國家已成為世界主要的外匯儲備國，說明其出口導向型的經濟增長模式在發揮作用，這可以有效預防這些經濟體在進入國際市場時可能會面臨的融資困難等問題。同時我們也應看到，高外匯儲備也造成了本國貨幣升值的壓力和通貨膨脹的風險。此外，外匯儲備成本也相應地增加了。

表 5-4　　　　　　　　2017 年世界外匯儲備排名

排名	國家或地區	外匯儲備（億美元）	檢視日期
1	中國	30,051.24	2017 年 2 月
2	日本	12,323	2017 年 2 月
3	瑞士	6,645	2017 年 2 月
4	沙烏地阿拉伯	5,238	2017 年 1 月
5	臺灣	4,342	2016 年 12 月
6	俄羅斯	3,973	2017 年 2 月
7	中國香港	3,915	2017 年 1 月
8	韓國	3,739	2017 年 2 月
9	巴西	3,690	2017 年 2 月
10	印度	3,628	2017 年 2 月
11	新加坡	2,533	2017 年 2 月
12	德國	1,846.7	2017 年 2 月
13	泰國	1,830	2017 年 2 月
14	法國	1,786.3	2017 年 2 月

表5-4(續)

排名	國家或地區	外匯儲備（億美元）	檢視日期
15	墨西哥	1,750	2017年2月
16	義大利	1,466.3	2017年2月
17	阿爾及利亞	1,441.3	2015年12月
18	英國	1,422.6	2017年2月
19	土耳其	1,296	2017年2月
20	印度尼西亞	1,199	2017年2月
21	美國	1,191.8	2017年1月

第三，在國家主權債務失衡方面。

由全球金融危機引發的歐洲國家主權債務危機自2010年起席捲大半個歐洲，使得歐洲許多主權國家深陷債務危機，經濟發展受到嚴重破壞，出現了停滯。而發展中國家的債務負擔率則普遍較低。發達國家的政府債務負擔率警戒線為60%，以2015年的統計數據來看，除德國之外，其他主要發達經濟體的政府債務負擔率均遠遠超過該警戒線。其中，日本的政府債務負擔率高達193.9%，希臘位居其次，達到180.6%，義大利和葡萄牙的這一比率也超過了100%，而美國則達到97.8%，英國、法國和西班牙也超過了80%。相較於這些發達國家，中國在2015年的政府債務負擔率僅為14.8%（發展中國家的政府債務負擔率警戒線為45%）。

5.3.1.3 實體經濟虛擬經濟失衡

實體經濟與虛擬經濟應是相輔相成的關係，只有兩者的共同繁榮方能達成世界經濟的均衡發展。若失去實體經濟的支撐，一味追求虛擬經濟的繁榮，則容易由於兩者的比例失調而最終導致資產泡沫的破滅，這也是經濟危機爆發的根源。從危機爆發前期的兩者對比來看，金融危機產生的根源一定與虛擬經濟對實體經濟的背離有關；從後危機時代經濟復甦的緩慢發展來看，目前的經濟虛擬度已經較高，不利於世界經濟的平穩發展。

首先，當前的經濟虛擬化程度過高，是由發達國家後工業化的相關措施導致的。許多發達國家已經歷了工業化的過程，把製造業等工業轉移到其他發展中國家，本土主要依靠資本運作等形式的虛擬經濟來支撐，這種「產業空洞化」是經濟虛擬化的集中表現。一方面是虛擬經濟擠推的泡沫堆積；另一方面是本土產業蕭條，失業嚴重。這都表明這些主要的發達國家的實體經濟與虛

擬經濟處於嚴重失衡的狀態。

其次，與發達國家相比，發展中國家面臨的主要是產能過剩的問題。由於生產方式的陳舊，發展中國家的資源利用率較低，靠人口紅利和大量投入資源的方式推動經濟增長已經顯露窘態，附加值不高導致投資回報率不高，實體經濟處於價值鏈的低端，許多企業面臨倒閉的危險。這使得資本從實體經濟轉入虛擬經濟，主要進入股市和樓市，一度形成虛擬經濟的繁榮，但這一繁榮也只是大量泡沫堆積的結果，也只是風險的疊加和堆積。

5.3.2　全球經濟失衡的原因

關於全球經濟失衡產生的原因，國內外學者和研究機構都已經展開了深入的研究，並提出了不同的看法。據國際貨幣基金組織的調查結果顯示，美國經常項目逆差的原因有很多，其中最主要的原因在於低儲蓄率，有人分析，低儲蓄率的原因在於美國國內過度消費的習慣，致使儲蓄嚴重不足，由此導致美國不得不大量吸收國外儲蓄來維持美國經濟的增長，最終導致美國與其他國家間的貿易失衡。

Ocampo（2006）則認為美國儲蓄—投資平衡的急遽惡化，以及許多新興國家，尤其是亞洲國家新興市場越來越倚重於外部市場帶來的出口額的迅速增加，是目前全球經濟失衡的主要原因。Mingqi Li（2005）則直接提出，美國消費主導型的經濟增長以及國內家庭債務（Household Debt）的迅速上升，是美國對外貿易逆差加速增加的直接原因，也是當前世界經濟不平衡的主要原因。

國內學者趙夫增（2006）認為，全球經濟失衡的根本原因在於世界經濟的結構性變化，經濟全球化的逐漸形成造成了全球宏觀經濟的結構性變化，一方面美國形成了持續性超額需求；另一方面新興市場經濟體出口導向增長明顯而其他發達國家增長緩慢，這些因素必然導致美國的經常帳戶赤字和其他經濟體的貿易盈餘。

劉威（2007）認為，全球經濟失衡在實質上是一種結構性失衡，是伴隨著各國間相互投資的迅速發展，尤其是美國等發達國家對中國等亞洲國家直接投資的增加，勞動密集型加工產業開始在發展中國家集聚，資本與技術密集型產業在發達國家集聚，最終導致的美國與中國等亞洲國家間雙邊互補貿易的不平衡。

趙儒煜、肖模文等（2017）認為，造成全球經濟失衡的根本原因在於市場活動本身所處的現實的不完全競爭條件。而其直接原因在於長期形成的全球生產體系與國際產業分工格局。各國在世界產品價值鏈和產業分工系統中的位

置決定了本國在經濟發展中的產業選擇與產品種類，進而體現為國際貿易、金融、資產等多個市場的結構性失衡。

綜合以上看法，我們可以看出全球經濟失衡的主要原因有如下一些：

5.3.2.1 市場經濟決定了市場失衡是常態

市場經濟強調市場在資源配置過程中發揮決定性作用。自由經濟的假設前提之一是市場出清，而現實中是不可能存在市場出清的。當供求條件發生變化時，要麼是需求影響了供給，要麼是供給影響了需求，但兩者總是不能達到完全相等。因此，當社會需求相對穩定時，供給總是會圍繞著需求發生變化，供給量過多，價格降低，利潤減少，會有企業退出供給市場；供給量過少，價格上升，利潤增加，會有企業進入供給市場；同時需要注意的是，需求也會隨著商品價格的變化而發生變化。因此，這種結構性的變化一直存在，這就是經濟失衡的微觀基礎。失衡是市場經濟的本來特徵，結構性的生產過剩和產品緊缺不可避免。

5.3.2.2 全球生產體系與國際產業分工格局導致全球經濟失衡

目前全球的生產體系已經比較穩定，各國在國際產業分工格局中的地位也已經初步確立。從各國在國際貿易中的順差逆差項中就可以看出分工情況。當前的發達國家在進出口產品中，高技術高附加值產品為貿易順差項，而以新興市場國家為代表的發展中國家，勞動密集型產品為貿易順差項，巴西、俄羅斯等資源大國以初級產品為貿易順差項，充分說明了比較優勢理論在國際貿易實踐中的正確性，同時，也將這種分工格局更加固化。這種全球生產體系的固化勢必會導致全球經濟失衡。首先，這是由歷史原因所導致的。從布列敦森林體系確立的國際貨幣體系開始，各國在國際社會中的地位和作用就已經初步確立，而在之後的經濟全球化進程中，發達國家又憑藉先天優勢占據了價值鏈的高端。其次，這是由產業更迭和國際產業轉移導致的。美國等主要發達國家陸續進入了後工業化時代，將耗費資源和人力的產業逐漸轉移到發展中國家，國內出現了「產業空洞化」，而製造業產品多數依靠進口來滿足，由此導致的貿易逆差和失衡是資產泡沫和經濟危機的強大誘因。

5.3.2.3 金融市場發展的非均衡性導致全球經濟失衡

全球經濟失衡集中表現為發達國家之間的失衡、發展中國家之間的失衡以及發達國家與發展中國家之間的失衡，而發達國家與發展中國家之間的失衡是其中最重要的一種失衡。全球經濟失衡主要體現在金融市場效率、金融體系完善程度和金融開放程度等方面發展不均衡，差異程度較大。各國金融市場發展的非均衡性也是全球經濟失衡體現於微觀金融失衡的重要原因。

5.3.2.4　美國經濟霸權政策的影響導致全球經濟失衡

美國是世界上經濟體量最大的發達國家，處於國際貨幣體系的核心，在貨幣、金融市場、國際貿易等方面均與其他國家關係密切。美國採取任何本土的財政政策或貨幣政策均可能對全球經濟產生重要影響。受布列敦森林體系的影響，牙買加體系的建立並沒有削弱美國的霸權地位，美元在國際市場上仍然占據中心地位，美元匯率變動對國際貿易商品的相對價格的影響依然很大。如果美元貶值，那麼其他國家只有通過降低價格，才能在產品出口中保證世界市場的佔有率。非外匯儲備國在考慮流動性和安全性的因素時，不得不選擇美元作為主要的外匯儲備。這兩點都將導致與美國發生貿易的國家出現貿易順差和美元外匯儲備過高的結果。而擁有美元的外匯儲備，使得這些國家與美國的關係變得更加密切，美國的國內政策會通過美元和貿易活動傳導到這些國家，使其受美國經濟的影響更大。因此，美國的經濟霸權政策正是引致全球經濟失衡的主要原因之一，美國作為經濟大國和經濟強國，應肩負起改變經濟失衡的責任。

5.3.3　全球經濟失衡的調整

關於全球經濟失衡的調整，學術界提出了許多有價值的建議：一是通過美元的貶值來實現，顯然這取決於美國政府的主觀意願；二是由美國承擔主要的調節責任，發揮其大國強國的優勢，通過提高本國利率和減少財政支出的辦法，鼓勵本國居民改變消費習慣，減少消費，增加儲蓄，這也是由美國自己來決定的；三是美國的貿易夥伴增加內需。全球經濟失衡的產生原因是多方面的，具有複雜性和綜合性，是由在經濟全球化背景下的多方因素造成的，在這些因素中，既有短期因素，又有長期因素，既有全球經濟結構調整的實體因素，又有貨幣性因素，既涉及發達國家美國，更涉及發展中國家。而且從內部視角來看，政府、企業、居民的行為都可能是導致全球經濟失衡的原因。

因此，全球經濟失衡的局面在短期內難以改變，其調整是一個長期的過程，其所帶來的風險將持續累積。世界各國應未雨綢繆，及早採取對應措施。在短期內，各國可以通過調整外匯儲備資產的結構和去向來改變外匯儲備失衡的情況，進而影響對外貿易和金融市場等；在長時間內，則需要通過轉變本國過度外向的發展戰略來進行調整。同時，各國研究者或政策制定者在關注全球失衡時，不但要從外部均衡的角度分析，還要多審視其內部的結構性因素，採用綜合性、多樣化的方案。總之，各國要明確不同經濟體之間存在的差異，充分結合本國國情，從本國的實際出發，努力開展對全球經濟失衡進行調整的國際協作，以促進國際經濟新秩序的建立。

5.4 美元霸權對國際經濟秩序的影響

國際經濟秩序是由國際貨幣主導的。所謂國際貨幣，是指世界各國普遍接受的一種世界貨幣，可以用作外匯儲備和國際結算。同時，國際貨幣在金融市場上地位顯赫，它簡化了全球外匯市場的交易，促進了金融市場的繁榮。擁有國際貨幣的國家可以憑藉該貨幣在國際經濟交往中的廣泛使用，對其他國家的經濟產生重要的影響，同時也可以在與其他國家的國際貿易活動中通過改變貿易條件來獲利，這表現為一種貨幣強權。

目前全世界現有的秩序是以美元為主導的、以美國為核心的國際經濟秩序。美元霸權下的國際經濟秩序是一種不均衡、不穩定的制度安排，其實質是以美元為中心的金融霸權。美元霸權是由歷史發展過程中經濟實力交替變化所導致的。在美元霸權下的國際經濟秩序存在著明顯的缺陷，最主要的缺陷在於它的唯美利益性，即它主要維護的是美國的意志和利益，而忽視了其他國家的利益。這種天然的不均衡導致了這一秩序必然不會穩定，會隨著雙方實力的變化而發生變化。當前的國際經濟關係所形成的國際經濟秩序，是由歷史原因造成的，從第二次世界大戰結束後建立的布列敦森林體系開始，到牙買加體系的確立，再到進入新世紀，這些國際經濟秩序始終被資本主義發達國家主導，主要是由各大國在經濟博弈達成暫時的協調後，再去制定相關政策和制度來維持該秩序，這樣的國際經濟秩序只合乎各發達資本主義國家的利益要求。隨著世界各主要經濟體經濟實力的此消彼長，國際經濟秩序也提出了變化的要求。從大國在國際經濟關係中的雙邊博弈到多邊博弈，再到國際經濟和金融體系的多邊博弈，國際經濟和金融格局正在逐步走向對新興國家有利的一面，這就是不均衡導致的不穩定的重要體現，也是經濟決定政治的體現。在金融危機之後，G20各國首腦於2009年4月在倫敦召開了金融峰會。倫敦峰會為世界尋找新的金融和經濟秩序搭建了平臺，為修正現有的國際經濟秩序提供了良機。2010年2月4日，國際貨幣基金組織前首席經濟學家拉古拉姆・拉詹在莫斯科說：「『金磚四國』的經濟發展將推動世界經濟新秩序的建立，『金磚四國』的國際地位與經濟實力不容小覷」。以「金磚四國」為代表的新興大國開始崛起，並逐步成為世界經濟中最重要的支撐力量，對全球經濟增長發揮了重要作用，為全球經濟發展增添了活力。隨著新興市場經濟體實力的壯大，大國的力量結構正在發生著從量變到質變的調整，且大國霸權的累積也在一定程度上加劇了全

球性金融風險。

5.4.1 美元霸權為美國帶來了巨大的經濟利益

美元霸權下的國際經濟秩序是在特定歷史條件下，美國憑藉其強大的經濟實力獲得的。同時，這一美元霸權也為美國帶來了巨大的經濟利益。美國憑藉美元霸權在世界範圍內掠奪財富，富甲一方，形成一家獨大的經濟格局。這主要是由美國享有美元鑄幣權所導致的。在當今世界，由於美元是全球外匯儲備貨幣的首選幣種，同時美元也是國際貿易結算中的首選貨幣，這就使得美國在一定程度上能夠通過印發美元來控制世界貨幣的供應量。美元霸權向海外持有美元的國家徵收「國際鑄幣稅」，通過美元貶值獲得「通貨膨脹稅」，通過濫發貨幣可以開展不平等的國際貿易活動，通過美元在國際的流動來輸出本國的通貨膨脹，這些美元霸權保證了美國在與他國交往過程中位於特權地位，而其他非全球儲備貨幣國家則處於不平等的地位，使得美國獲得了大量額外的收益。因此，有人說美元霸權是一種經濟上的隱蔽殖民，是有一定道理的。

5.4.2 美元霸權加劇了全球經濟失衡

全球經濟失衡的表現之一即為國際貿易失衡。當前的國際貿易失衡主要是美國在國際貿易中出現巨額貿易赤字，而以中國為代表的亞洲國家則出現巨額貿易盈餘。這種經濟失衡主要是由美元的霸權地位所決定的，是全球經濟失衡的重要原因之一。同時，美元霸權將以美國為代表的發達國家和以中國為代表的發展中國家的國際收支的不均衡狀態進一步固化，加劇了這一失衡。

具體來看，大多數對美國持有貿易順差的國家，為了避免本幣升值，不得不將資本大規模地提供給美國，美國正好憑此來彌補財政赤字和貿易逆差，這樣就為美國經濟發展提供了重要的資金來源。而在資本輸出方面以及在國際信貸方面，美國都可以借助其霸權地位對發展中國家進行剝削，此外，美國還可以通過國際貿易、技術轉讓等各種途徑對發展中國家施加壓力，這就容易限制和阻礙發展中國家經濟的發展，加劇了全球經濟失衡。全球經濟失衡是美國長期推行美元霸權戰略的結果。以英國為核心的資本主義秩序被稱為國際經濟舊秩序，它是帝國主義和殖民主義的產物，建立於特定的歷史時期，當時的國際分工不合理，交換不平等，國際壟斷資本主義盛行。隨著歷史的發展，由美國主導的國際經濟秩序登上了歷史舞臺，然而，它代表了主要發達國家的根本利益，體現了由發達國家所倡導的經濟觀念，是國際經濟舊秩序的延續，不能體現發展中國家的要求。因此，從歷史發展的角度來看，發展中國家對於美元霸

權束手無策，主要是由於各國在國際分工體系中的地位不平等決定了其綜合國力不均衡，從而不得不接受美元霸權的統治。

5.4.3 美元霸權增加了國際金融風險

美元的霸權地位決定了美國在全球金融體系中處於主導地位，它可以憑藉在金融領域的特權和經濟實力制定國際金融規則，引領國際金融環境的發展方向，控制國際貨幣體系的運行，把握國際金融市場的開放程度。這種霸權主導的國際金融體系無疑增加了國際金融風險。首先，美國可以憑藉美元霸權操控利率和匯率等槓桿，可以通過改變和影響股票和債券的價格等方式進行各種金融投機活動，攫取巨額收益，這種違背市場交易原則的操作方式勢必會增加市場的不確定性。其次，美國可以憑藉美元霸權通過匯率的變化改變資產的流向，充分利用世界資本發展本國經濟，而對外則通過美元貶值輸出通貨膨脹，轉嫁危機，使其他國家風險爆發的可能性增加。最後，美國可以憑藉美元霸權鞏固本國金融霸主的地位，加深全球經濟失衡，增加國際金融風險。因此，美國經濟實力下滑或者美元信用危機等問題都會直接導致國際金融風險的加劇，從而引發經濟危機。

5.4.4 美元霸權阻礙了國際經濟秩序變革

資本主義經濟以「市場經濟代言人」的角色迅速崛起，並成為世界經濟增長的主導力量。國際經濟秩序以經濟實力為基礎，不管是以英國為核心的舊秩序，還是當前以美國為核心的秩序都可以看成是向世界其他國家強行灌輸資本主義自由市場經濟理念的國際經濟秩序，其話語權一直掌控在歐美發達國家的手裡。自冷戰以來，美國更是趁其他國家經濟轉軌之際，在全球範圍內推行其價值觀和行為準則。很多國家迫於各方面的壓力，不得不選擇追隨所謂的「華盛頓共識」。這些國家往往在生產、貿易、金融等領域並不發達，在國際經濟秩序中地位較低，沒有發言權，最終導致在這些領域持續性地受到不平等的待遇。隨著發展中國家的崛起，經濟實力的增強和國際地位的提高，它們要求變革不公正、不合理的國際經濟秩序的呼聲日益強烈。目前的美元霸權決定了以美國為主導的國際經濟秩序，如果改變，一定會觸及美國的根本利益，同時削弱美國在國際經濟活動中的主導權和競爭力，這一要求必然會遭到美國的強烈反對。因此，美元霸權阻礙了國際經濟秩序的變革。

基於上述分析，國際經濟秩序的變革和重構必須建立在各成員國充分協調的基礎上，國際經濟協調機制是保證國際經濟秩序有效運行的重要保障。可以

猜想，國際經濟秩序應該由當前的強權型秩序向多國互動協商的民主型秩序轉變，形成由多國主導的「世界市場社會」秩序，這也是未來的必經之路和必然趨勢。

6 國際貨幣體系的結構性失衡

　　自20世紀90年代以來，全球經濟運行主要呈現出兩個趨勢：一是世界各國之間貿易更加頻繁、規模不斷擴大，國際投資活躍，全球經濟增長速度加快；二是世界經濟遭受金融危機的影響，全球經濟失衡問題加劇。2007年美國金融危機引發了全球經濟危機，使世界各國認識到全球經濟失衡的問題十分嚴重。全球經濟失衡與現行的國際貨幣體系之間有著密切的聯繫，可以說，全球經濟的結構性失衡，是由國際貨幣體系的結構性失衡導致的。國際貨幣體系是影響當今世界金融穩定和世界經濟發展的重要因素。若要找到全球經濟失衡問題的原因以及金融危機與全球經濟失衡的關係，就需要對現行的國際貨幣體系進行重新審視。

6.1 國際貨幣體系的演變

　　國際貨幣體系主要是由國際貨幣制度決定的。國際貨幣制度主要確定了國際儲備資產選擇何種貨幣或等價物、各國貨幣之間的兌換比率以及當國際收支出現不平衡時的調節機制問題。從1880年開始，國際貨幣制度開始逐步確立，國際貨幣體系也逐漸形成。國際貨幣體系的發展依次經歷了國際金本位制時期、國際金匯兌本位制時期、布列敦森林體系時期和牙買加貨幣體系時期共四個階段。

6.1.1 國際金本位制時期

　　歷史上第一個國際貨幣體系是從國際金本位制這一國際貨幣制度的確立開始的。由於這一時期各主要的資本主義國家內部大都實行金鑄幣本位制，因此這一貨幣體系才得以確立。

　　由於劣幣驅逐良幣規律的存在，英國政府放棄了金銀複本位制，並於

1816 年頒布了《金本位制度法案》，率先實行金本位制，促使黃金轉化為世界貨幣。隨後，主要資本主義國家紛紛效仿，德國於 1871 年宣布實行金本位制，丹麥、瑞典、挪威等國於 1873 年也相繼實行金本位制。到 19 世紀末，資本主義各國已經普遍實行這一貨幣制度。

金本位制是一種穩定的和較健全的貨幣制度。以國際金本位制為核心的國際貨幣體系也在當時表現出相對穩定的特點：第一，用黃金來規定貨幣所代表的價值，每一貨幣都有法定的含金量，各國貨幣按其所含黃金的重量而有一定的比價；第二，金幣可以自由鑄造，任何人都可按法定的含金量，自由地將金塊交給國家造幣廠鑄造成金幣，或以金幣向造幣廠換回相當的金塊；第三，金幣是無限法償的貨幣，具有無限制支付手段的權利；第四，各國的貨幣儲備是黃金，國際結算也使用黃金，黃金可以自由地輸出或輸入。這些內容充分體現了國際金本位制具有自由鑄造、自由兌換和自由輸出入三大特點，這些特點又使得貨幣供求自發調節，避免了通貨膨脹和通貨貶值的風險，保證了外匯市場的相對穩定和國際金融市場的統一。

到了 1914 年第一次世界大戰爆發前夕，各帝國主義國家為了準備進行世界大戰，加緊了對黃金的掠奪，使金幣自由鑄造、價值符號與金幣自由兌換受到嚴重削弱，黃金輸出入受到嚴格限制。第一次世界大戰爆發以後，各帝國主義國家的軍費開支猛烈增加，紛紛停止了金幣鑄造和價值符號的兌換，禁止黃金輸出入，從根本上破壞了金幣本位制賴以存在的基礎，導致了金幣本位制的徹底崩潰。

6.1.2 國際金匯兌本位制時期

第一次世界大戰給一些資本主義國家的經濟帶來了深遠的影響，各國開始出現物價飛漲、通貨膨脹的現象，加之戰後黃金在世界範圍內被極不均衡地分配，使得主要資本主義國家很難再恢復到以前的典型的金本位制，於是金塊本位制和金匯兌本位制開始登上歷史舞臺。

1922 年，義大利熱那亞城召開了世界貨幣會議。會上決定採用「節約黃金」的原則，實行金塊本位制和金匯兌本位制。實行金塊本位制的國家主要有英國、法國、美國等。在金塊本位制度下，貨幣單位仍然規定含金量，但黃金只作為貨幣發行的準備金集中於中央銀行，而不再鑄造金幣和實行金幣流通，流通中的貨幣完全由銀行券等價值符號所代替，銀行券在一定數額以上可以按含金量與黃金兌換。英國以銀行券兌換黃金的最低限額為相等於 400 盎司黃金的銀行券（約合 1,700 英鎊），低於限額不予兌換。法國規定銀行券兌換

黃金的最低限額為 21,500 法郎，等於 12 公斤的黃金。中央銀行掌管黃金的輸出和輸入，禁止私人輸出黃金。中央銀行保持一定數量的黃金儲備，以維持黃金與貨幣之間的聯繫。

金匯兌本位制又稱為「虛金本位制」，其特點是：國內不能流通金幣，而只能流通有法定含金量的紙幣；紙幣不能直接兌換黃金，只能兌換外匯。實行這種制度的國家的貨幣同另一個實行金塊本位制國家的貨幣保持固定比價，並在該國存放外匯和黃金作為準備金，體現了小國對大國（中心國）的依附關係。通過無限制買賣外匯維持金塊本位國家貨幣的聯繫，即「釘住」後者的貨幣。國家禁止黃金自由輸出，黃金的輸出輸入由中央銀行負責辦理。在第一次世界大戰爆發前的印度、菲律賓、馬來西亞一些拉美國家和地區，以及 20 世紀 20 年代的德國、義大利、丹麥、挪威等國，均實行過這種制度。

金塊本位制和金匯兌本位制都是被削弱了的國際金本位制。1929—1933 年世界性經濟危機的爆發，迫使各國放棄了金塊本位制和金匯兌本位制，從此資本主義世界分裂成為相互對立的貨幣集團和貨幣區，國際金本位制退出了歷史舞臺。

6.1.3 布列敦森林體系時期

在第二次世界大戰尚未結束時，處於不同貨幣集團和貨幣區的英國和美國便設計出了基於各自利益的新的國際貨幣制度。1943 年 4 月 7 日，英國提出了「凱恩斯計劃」，美國提出了「懷特計劃」。由於戰後經濟實力發生了重大變化，在 1944 年 7 月召開的布列敦森林會議上，44 個與會國通過了以美國懷特方案為基礎的《國際貨幣基金組織協定》和《國際復興開發銀行協定》，總稱為《布列敦森林協定》。這一協定的簽訂，標誌著以美元為中心的國際貨幣體系在全球範圍內正式確立。從此，美元開啓了主宰國際金融體系的時代。

布列敦森林體系中規定美元直接與黃金掛勾，美元以黃金為基礎，作為最主要的國際儲備貨幣，各國政府或中央銀行可用美元官價向美國兌換黃金。即美元與黃金掛勾，其他各國貨幣與美元掛勾。

《國際貨幣基金組織協定》規定，各國貨幣對美元的匯率，只能在法定匯率上下各 1% 的幅度內波動。若市場匯率超過法定匯率 1% 的波動幅度，則各國政府有義務在外匯市場上進行干預，以維持匯率的穩定。若會員國法定匯率的變動超過 10%，就必須得到國際貨幣基金組織的批准。1971 年 12 月，這種即期匯率變動的幅度擴大為上下 2.25% 的範圍，決定「平價」的標準由黃金改為特別提款權。布列敦森林體系的這種匯率制度被稱為「可調整的固定匯率

制度」。

《布列敦森林協定》規定了各國貨幣自由兌換的原則：任何會員國對其他會員國在經常項目往來中積存的本國貨幣，若對方為支付經常項貨幣換回本國貨幣。考慮到各國的實際情況，《布列敦森林協定》作了「過渡期」的規定。

國際貨幣基金組織會員國份額的25%以黃金或可兌換成黃金的貨幣繳納，其餘則以本國貨幣繳納。會員國在發生國際收支逆差時，可用本國貨幣向基金組織按規定程序購買（即借貸）一定數額的外匯，並在規定時間內以購回本國貨幣的方式償還借款。會員國所認繳的份額越大，得到的貸款也就越多。貸款只限於會員國用於彌補國際收支赤字，即用於經常項目的支付。

從1960年開始，美國對外短期債務已超過其黃金儲備額，美元的信用基礎開始發生動搖。1971年，美國首次出現了經常帳戶與商品貿易的巨額赤字，從而使國際收支進一步惡化，黃金儲備繼續下降。1971年8月15日，尼克森總統迫於巨額的國際收支赤字和各國中央銀行兌換黃金的壓力，不得不宣布實施「新經濟政策」，其中包括停止美元兌換黃金和徵收10%的進口附加稅。這一政策的出抬，宣告了歷時20多年的布列敦森林體系的崩潰。

6.1.4　牙買加貨幣體系時期

在布列敦森林體系崩潰之後，國際金融形勢陷入了動盪之中，國際金融市場出現一片混亂。1976年，國際貨幣基金組織中的「國際貨幣制度臨時委員會」在牙買加首都金斯敦召開會議，在會上達成了《牙買加協議》，之後又通過了《國際貨幣基金協定》第二次修正案，形成了國際貨幣關係的新格局，開啟了牙買加貨幣體系新時期。

牙買加貨幣體系實現了黃金非貨幣化。協議規定黃金與貨幣徹底脫鉤，取消了國家之間必須用黃金清償債權債務的義務，降低了黃金的貨幣作用，使黃金在國際儲備中的地位下降，促成了多元化國際儲備體系的建立。

在牙買加體系中，可供一國選擇的國際儲備不單只有美元，還有黃金儲備、歐元、日圓和英鎊等國際性貨幣、國際貨幣基金組織「IMF」的儲備頭寸、特別提款權（SDRs）。儘管如此，美元仍是各國外匯儲備的主要組成部分，可見，美元的核心地位並沒有發生太大改變，原有貨幣體系的根本矛盾仍然沒有得到根本解決。

牙買加體系允許匯率制度安排多樣化，並試圖在世界範圍內逐步用更具彈性的浮動匯率制度取代固定匯率制度。IMF把多樣化的匯率制度安排分為以下三種:「硬性固定匯率（hard pegs）」，如貨幣局制度、貨幣聯盟制等；「軟性固定

匯率（soft pegs）」，包括傳統的固定釘住制、爬行釘住制、帶內浮動制和爬行帶內浮動制；「浮動匯率群（The Floating Group）」，包括完全浮動匯率制以及各種實施不同程度管制的浮動匯率制。此外，IMF允許國際收支不平衡的國家可以通過匯率機制、利率機制、資金融通機制等多種國際收支調節手段來對國際收支不平衡進行相機抉擇。

6.2 國際貨幣體系結構性失衡的內在機理

1971年，尼克森政府宣告布列敦森林體系結束，隨著布列敦森林體系的崩潰和牙買加體系的確立，國際貨幣體系進入了以美元為中心的多元儲備和浮動匯率制度的「無制度的體系」，擴張了美元的強權範圍，使得國際貨幣體系從原來的缺陷轉變為新的缺陷，如國際儲備貨幣發行規則的缺失、國際收支協調機制的失靈、統一且穩定的貨幣標準的缺乏等，這些因素都加劇了全球經濟失衡局面的出現，全球金融危機頻發、全球經濟失衡程度高、失衡規模大並且時間持久，都是由此產生的種種惡果。

6.2.1 國際儲備貨幣發行約束機制的缺失

國際儲備貨幣是指一國政府持有的可直接用於國際支付的國際通用的貨幣資金，是政府為維持本國貨幣匯率能隨時動用的對外作為國際儲備貨幣的黃金支付或干預外匯市場的一部分國際清償能力。

世界主要的國際儲備貨幣為美元。此外，還有歐元、日圓、英鎊等不同主權貨幣。2016年3月4日，國際貨幣基金組織（International Monetary Fund，簡稱IMF）發布聲明，正式認定人民幣為國際儲備貨幣。聲明指出，鑒於人民幣被認定為國際儲備貨幣，國際貨幣基金組織董事會決定，與美元、歐元、日元、英鎊、瑞士法郎、澳元和加元一樣，人民幣儲備應在IMF成員國「外匯儲備貨幣構成」季度報告中單獨列出。此決定於2016年10月1日起生效。這一聲明表明人民幣的國際化進程正在穩步向前推進。在現行國際貨幣體系中，歐元、日圓、人民幣、英鎊、瑞士法郎、澳元、加元已成為重要的國際儲備貨幣，儘管如此，美元仍然是最主要的國際儲備貨幣，成為最主要的國際儲備資產。

根據國際貨幣基金組織（International Monetary Fund，簡稱IMF）的統計可知，從20世紀80年代開始，全球儲備資產規模增加迅速，截至2012年年

底，全球儲備資產總規模已達11.46萬億美元，與1980年相比增長了大約24倍，其中，外匯儲備資產成為全球儲備資產的主要部分。並且值得注意的是，外匯儲備資產主要以美元為主。雖然隨著經濟的發展和各國實力的不斷增強，美元在世界上的地位一直受到一定程度的挑戰，並且美元在全球外匯儲備資產中的比重也開始下降，但是美元仍然高於歐元、日圓等其他的主要國際儲備貨幣，目前的國際儲備體系「美元本位制」的特點並沒有改變。

美元的發行是由美國政府和貨幣當局根據本國的宏觀經濟運行狀況自行決定的，不受該國黃金擁有數量和固定匯率的約束，也不會因為其在當今國際金融體系中的主導地位而受到其他主體的影響，這導致美元的世界供給完全不受限制，即毫無約束。這充分說明美國雖處於國際貨幣體系的核心但卻並沒有在美元發行上承擔國際責任。當美國政府全盤考慮本國國內經濟發展的需要而發行貨幣時，往往會忽視世界對美元的需求總量，從而出現政策失誤，而這種失誤的買單者，往往是除美國之外的其他國家。美元的發行缺乏必要的約束機制，會直接導致全球經濟失衡的加劇。

美元的發行可以解決很多美國經濟自身的問題。比如美國國民有重消費輕儲蓄的習慣，還有超前消費的習慣，這使得美國的儲蓄率一直較低，這個問題只要通過發行美元就可以解決了。再比如，美國在國際貿易中往往表現為貿易逆差，而通過發行美元則可以為經常項目赤字以及國內的財政赤字融資。美國通過擴張性的貨幣政策可以增加美元的流動性和貨幣供給，以達到美國自身的利益滿足。

我們再來看看全球經濟失衡中的損失者——大多數發展中國家的情況。這些國家主要依靠出口導向型增長模式，通過對外輸出資源和生產要素等在國際貿易中保持順差，累積了大量的經常項目順差，導致國際外匯儲備激增，同時國內金融市場發展不足，缺乏高效便利的投資渠道，這些貿易順差很難在本國發揮作用，只能出於保值的考慮，用於購買美國國債等，服務於美國的經濟建設，降低美國的融資成本。中國是這些發展中國家的典型代表，正是本國經濟發展模式和金融發展滯後的雙重作用推動了外匯儲備的攀升和美國國債持有率的攀升。據相關統計資料顯示，自2000年以來，中國持有美國國債的規模呈現不斷擴大的態勢，並於2008年9月超過日本成為美國國債的第一大持有國。此後與日本交替成為美國最大的債主。截至2013年10月，中國持有的美國國債規模已達13,045億美元，在美國國債總額中的比重達23.07%。由於國際貿易中的順差國對美元儲備出現了大量的需求，這就刺激了美國對美元的超額發行和供給，這種發行和供給是缺乏約束性的。這種約束性的缺乏是很好解釋

的。由於美元的回流可以使美國政府和居民通過對外高負債來支撐國內的低儲蓄和高消費，這就可以維持美國國內的經濟持續繁榮。此外，美國消費型經濟發展模式也為順差國提供了較為充足的外部市場需求，不僅推升了順差規模和對美元的需求，也為美元的持續回流奠定了基礎。全球經濟失衡則在這種相互循環的增長模式中得以固化和不斷加劇。

6.2.2 國際收支及匯率調節機制的失靈

從目前的國際經濟形勢來看，匯率之所以會成為調節國際收支的主要手段，是因為當今世界貨幣體系中對浮動匯率的認可，而問題在於，牙買加體系確立的浮動匯率機制目前在調節國際收支方面的作用發揮得不盡如人意，反而成為全球經濟失衡愈演愈烈的催化劑。

首先，目前美國的美元匯率政策並不能扭轉美國的經常項目逆差。美國是儲備貨幣發行國，決定著國際貨幣美元的發行量和發行速度，不受其他國家的約束。從出口方面來看，美元貶值可以促進美國出口，從而有利於美國貿易收支平衡；但從進口方面來看，美元貶值對進口的抑製作用則十分有限。基於美元的國際貨幣地位，國際交易採用美元標價，因此，美元貶值並不會影響美國的進口價格。因此，匯率變動對美國經常項目逆差的調節完全落在了對出口的調節上。但由於目前美國處於後工業化時代，國內製造業等傳統產業正在世界範圍內轉移，產業結構表現出「空心化」的特徵，而且採取對外禁售高科技產品等一系列的貿易保護主義政策，導致匯率對經常項目逆差的調節作用受到了限制。

其次，目前美國的貨幣政策並不能調整美國的貿易逆差。從匯率的角度來看，大多數非儲備貨幣國家選擇了釘住美元或以美元為主要參考貨幣的有管理的浮動匯率制度，這一制度可以有效削弱匯率長期大幅波動對本國對外貿易的影響，切斷了美國通過美元貶值來調整貿易逆差的傳導機制。

最後，目前美國很難通過匯率對貿易收支進行有效調節。作為儲備貨幣國家的美國金融市場比較發達，容易吸引國際資本的大量流入，美元的霸主地位也使得各國競相把美元作為最重要的儲備資產的首選，從而進一步推動了美元的有效匯率的上升，同時沖銷了美元貶值的效果。

6.2.3 浮動匯率制度下的國際資本流動

在浮動匯率制度下，新興市場國家和發展中國家由於本國金融市場不發達和本幣不可兌換等原因，在國際金融市場上只能被動地以價格接受者的角色出

現，在歷史上受到過多次因匯率大幅變化而帶來的衝擊。在浮動匯率制度下，各種匯率制度並存，國際貨幣體系表現出匯率波動頻繁的狀況，導致浮動匯率制度成為加劇全球經濟失衡的助推力量，對於緩解全球經濟失衡沒有任何效果。主要表現在以下幾個方面：

第一，資本的流出、流入影響了匯率的變化，主要是以浮動匯率制度為前提條件的。國際資本套利也在這樣的條件下得以實現；反之，微小的匯率波動也會引致國際資本的大幅流動，而資本的流入和流出可以使匯率的浮動脫離本國經濟發展的基本面從而發生震盪，導致本幣匯率波幅較大，呈現出不穩定的特點，這種匯率特點會影響國內經濟的健康運行，引發資本和金融項目的失衡，也會加劇經常項目的失衡程度，甚至引發經濟危機（見表6-1和表6-2）。

表 6-1　發達國家 2007—2011 年各國經常帳戶差額占 GDP 的百分比（%）

年份	美國	日本	歐盟	俄羅斯	其他發達國家
2007	-5.06	4.82	-0.56	5.93	3.15
2008	-4.74	3.22	-1.02	6.25	2.18
2009	-2.07	2.82	-0.09	4.05	3.00
2010	-3.24	3.59	-0.14	4.81	3.04
2011	-3.10	2.51	-0.18	5.52	2.73

表 6-2　發展中國家 2007—2011 年各國經常帳戶差額占 GDP 的百分比（%）

年份	中國	印度	高發展國家	中發展國家	低發展國家
2007	10.13	-0.70	4.03	0.74	2.25
2008	9.12	-1.99	3.97	-1.01	0.14
2009	5.23	-2.83	0.96	-0.32	-2.25
2010	5.19	-2.62	1.67	-0.68	-0.44
2011	5.16	-2.18	2.33	-1.00	1.10

第二，在浮動匯率制度下，國際資本的衝擊容易導致新興市場經濟體對儲備資產的過度需求。由於新興市場國家的崛起，其在國際貿易中往往表現為順差，這種對儲備資產的引致需求在國際資本尤其是投機資本的推動下顯得更加旺盛。面對國際投機資本的巨大衝擊，新興市場經濟體出於穩定國內經濟的目的，不可能任由本幣匯率大幅振盪，於是在融資手段有限的情況下，只能憑藉

累積外匯儲備作為應對沖擊和抵禦風險的手段，而在可選的儲備資產中，往往又是美元備受青睞。

在東南亞金融危機結束之後，這一情況在東亞地區表現得尤為明顯。我們可以從東亞主要經濟體的外匯儲備總量的迅猛增長中看出這樣的變化過程。IMF統計了亞洲三大主要國家中、日、韓和東盟十國（馬來西亞、印度尼西亞、泰國、菲律賓、新加坡、汶萊、越南、寮國、緬甸和柬埔寨）的外匯儲備總量，從2000年的6,900億美元上升到了2011年的54,300億美元，增長了6.87倍。發展中國家對外匯儲備的過度需求說明了世界經濟危機帶給人們的重新思考，也造成了美元需求量的大幅增加。

6.3 國際貨幣體系結構性失衡的表現

在國際貨幣體系成立之初，大英帝國憑藉其經濟和軍事實力雄霸世界。1860年英國的出口量在世界出口總額中占比30%以上，是世界上最大的出口國；國際貿易中的成交和結算主要使用英鎊，占比約為60%；在國際外匯儲備中，英鎊更是占據主導地位，達50%左右（見圖6-1和圖6-2）。

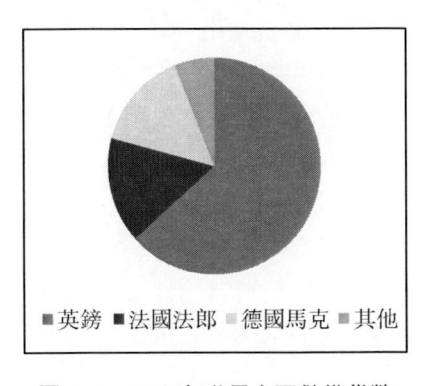

圖6-1　1899年世界主要儲備貨幣 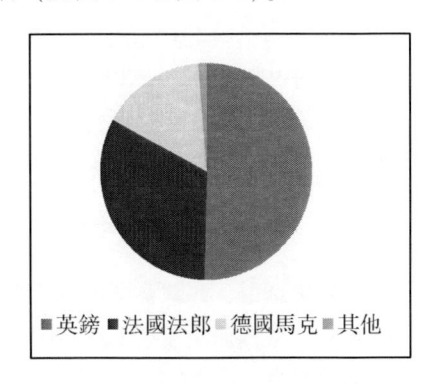　　　圖6-2　1913年世界主要儲備貨幣

1872年，美國超過英國成為世界上最大的經濟實體。在布列敦森林體系之後，美元逐漸取代了英鎊的地位，開始主宰世界金融。在很長一段時間內，在世界各國的國際外匯儲備、國際結算和標價中，美元均扮演著主要角色。隨著世界主要國家對美國貿易順差的不斷疊加，匯率的自由浮動尤其是金融危機給世界經濟帶來的重創和對美國經濟的看衰，以美元作為核心貨幣的全球儲備貨幣制度出現了結構性失衡。

6.3.1 國際外匯儲備中美元的結構性失衡

美元在全球外匯儲備中的高占比與美國在世界經濟中的相對規模不斷下降之間出現了結構性失衡。Frankel（1995）認為一國的實體經濟、國際貿易、金融領域決定了一個國家在全球經濟中的地位，其貨幣自然帶有天然的國際競爭力，並且通過實證檢驗可知，儲備貨幣所在國的 GDP 全球份額每提高 1%，其在全球儲備貨幣中的份額將會提高 1.33%。Barry Eichengreen（1998）同樣認為經濟增長規模對貨幣的儲備地位具有正向作用，且其 GDP 全球份額每提高 1%，本國貨幣的全球外匯儲備份額將會提高 5%，這些結論都是通過研究美元、日圓、歐元等主要儲備貨幣的實際變化而得出的。

一方面，美國經濟在世界經濟中的相對規模不斷下降，而美元作為儲備貨幣所占份額卻下降較少。美元在各國外匯儲備總額中的占比在 1991 年為 51.3%，2000 年為 67.6%，2016 年為 65.3%；美國 GDP 占世界產出的份額在 1991 年為 25.4%，2000 年為 30.4%，2016 年為 24.7%。用儲備份額與占世界 GDP 份額之比來衡量，1991 年比值為 2.02，2000 年為 2.22，2016 年為 2.6。另一方面，以中國為代表的新興市場國家經濟的飛速發展導致其在世界產出中的貢獻越來越大，但人民幣等貨幣形式在外匯儲備中的份額卻增長得並不明顯。以中國為例，以 2016 年中國的經濟產出 GDP 與世界產出 GDP 份額之比來衡量，2016 年中國的這一比值僅為 0.1。但全球外匯儲備幣種構成的變化並沒有隨著全球經濟的相對變化而變化，美元在全球外匯儲備貨幣中的占比情況表現出嚴重的結構性失衡。

6.3.2 國際結算和標價中美元的結構性失衡

在國際結算中，各國會選擇幣值穩定的貨幣作為結算工具。自從布列敦森林體系確立以來，美元在國際結算中便占據了核心地位，這與美國雄厚的經濟實力和軍事實力是分不開的。

在金融危機之後，國際社會經濟實力發生了重大變化，新興市場國家為世界經濟的發展做出了重要貢獻，在經濟領域尤其是在國際金融和國際貿易領域表現得十分搶眼。這就要求國際結算貨幣的結構也要發生相應的變化。

我們先來看新興市場國家在國際金融體系中的表現。

首先，在全球外匯市場中，人民幣占比實現了從無到有的變化。2016 年 4 月，在全球外匯市場中的交投量中美元占 88%、歐元占 31%、日圓占 22%、英鎊占 13%、人民幣占 4%（見表 6-3）。

其次，在跟單信用證業務中，人民幣成為第二大結算貨幣。目前中國是僅次於美國的第二大經濟實體，並且是世界上最大的出口國，2013年，人民幣取代歐元，成為跟單信用證業務中的第二大結算貨幣。

再次，在國際債券計值方面，用人民幣計值的國際債券發行量逐漸增加。據2015年上半年的統計數據顯示，用人民幣計值的國際債務證券的未清償佔總額的4%，發行額從2010年微不足道的數額上升至總額的1%。

表6-3　　　　外匯市場各主要貨幣的交易份額佔比（%）

年份	美元占比	歐元占比	日圓占比	英鎊占比	澳洲元占比	人民幣占比
2001	90	38	24	13	4	0
2004	88	37	21	16	6	0
2007	86	37	17	15	7	1.3
2010	85	39	19	13	8	1
2013	87	33	23	12	9	2
2016	88	31	22	13	7	4

註：由於每筆外匯交易涉及兩種貨幣，因此表中份額總和為200%。

最後，近幾年人民幣穩居全球第七大支付貨幣的位置。到2014年，人民幣的支付貨幣市場份額達到2.17%，躍居世界第五，而排名第四的日圓占比為2.69%，差距逐漸縮小。

與此同時，我們也要看到美元作為主要結算貨幣的地位並沒有發生根本性變化。2014年，支付貨幣穩居全球第一的仍然是美元，占比為44.6%，歐元和英鎊緊隨其後，這三種主要貨幣的占比總和達到80.82%，牢牢占據了支付貨幣的主體地位。

6.4　國際貨幣體系結構性失衡的矯正

當前的國際貨幣體系自身存在著國際儲備資產供給無約束、國際收支調節機制失靈以及浮動匯率制度下的國際資本流動失衡等內在缺陷，不僅導致了全球經濟失衡，還加深了這種失衡的程度，甚至引發區域性乃至全球性的金融危機和經濟危機。推動國際貨幣體系改革，是復甦經濟、促進增長、矯正全球經濟失衡、有效避免危機發生的重要途徑和手段。

6.4.1 矯正全球經濟失衡的切入點：國際貨幣體系多元化

自 20 世紀 90 年代以來，隨著經濟全球化的深化，以中國為代表的新興市場和廣大發展中國家的經濟發展取得了舉世矚目的成就，尤其是在 2008 年全球金融危機爆發後，主要發達國家陷入危機泥沼、經濟復甦乏力，而新興市場經濟體仍保持強勁增長，並躍升為世界經濟格局中的重要一極。據 IMF 的數據顯示，按照購買力平價計算，在 1990—2012 年期間，發達經濟體的經濟總量占全球經濟總量的比重由 69.31% 降至 50.40%，而新興市場和發展中經濟體的經濟總量占全球經濟總量的比重則從 30.69% 增至 49.60%，充分說明了兩大經濟隊列之間的實力此消彼長的變動情況。從具體的經濟體數據比較來看，美國經濟總量占全球經濟總量的比重由 1990 年的 25.13% 下降至 2011 年的 19.58%；而中國作為新興市場經濟體的代表，其經濟總量占全球經濟總量的比重由 1990 年的 3.84% 上升至 2011 年的 14.10%。

再來看看國際貿易方面的情況。聯合國貿發會議的數據表明，2012 年發展中和轉型經濟體對外貿易總額在全球貿易總額中的比重達 49.17%，發展中和轉型經濟體的 FDI 流出入總額占世界 FDI 流出入總額的比重達 46.38%，其中，中國已成為世界第一大貨物出口國、第二大貨物進口國、第五大服務出口國、第三大服務進口國、第三大對外直接投資國和第二大外商直接投資流入國。發達經濟體在世界經濟中的地位將不斷下降，世界經濟多元化趨勢顯著。

6.4.2 國際貨幣體系改革的切入點：機制與制度的變革

在金融危機之後，各國越來越認識到單一儲備貨幣的風險和最優儲備規模的重要性，因而紛紛增加外匯儲備量，而美元作為主要的外匯儲備的國際貨幣體系明顯受到了挑戰，這也可以看成是由全球金融危機引發的高額外匯儲備對國際貨幣體系改革的一種倒逼。這種改革的切入點應從機制與制度的變革開始，首先要建立多元國際儲備貨幣發行的約束機制，以改變現有的美元發行無約束的現狀；其次，要建立基於購買力平價的有管理的可調整固定匯率制度，以改變浮動匯率制度受美元影響過大的現狀；最後，要建立多層次的國際收支調節機制，以改變當前國際收支與匯率調節失靈的現狀。

6.4.2.1 多元國際儲備貨幣發行的約束機制

要矯正全球經濟失衡，首先應強化美元發行的約束機制。目前的國際貨幣體系是以美元為核心，以美國為主導，形成了美元一家獨大的局面。由於當前主要的國際儲備仍以美元為主，歐元和日圓儲備貨幣職能的發揮空間仍然有限

（見表6-4），人民幣國際化進程剛剛起步，因此在短期內多元化國際儲備體系尚不具備約束美元發行機制的能力。在多元化的國際儲備體系中，由於美元、歐元、人民幣（或亞元）之間存在競爭與替代關係，因此除非上述主要儲備貨幣發行當局存在共謀，否則每個儲備貨幣當局都不得不約束本幣發行，因為任何一種儲備貨幣的超發都將引起本幣貶值、本國（地區）通膨率上升，進而導致本幣的國際儲備貨幣地位下降。

當前，對美元發行的約束可主要依靠 IMF 和 G20 兩大組織機構來實現。兩個機構應肩負應有的責任，對美國的宏觀經濟政策進行監督，對美元發行進行建議，敦促美國實施更加穩健和負責任的美元政策。在中長期內，多元化的國際儲備體系則可發揮實質性作用。此時，三大儲備貨幣的發行量可依據三大貨幣區各自的貿易總量來確定，並可以以所覆蓋地區貿易額在全球貿易總額中的比重為權重，確定三大儲備貨幣的發行比例。

表6-4　1973—2006年主要外匯儲備的貨幣構成　（單位:%）

年份	1973	1987	1995	1998	2000	2001	2002	2003	2004	2005	2006
美元	84.5	66	59	69.3	71.1	71.4	67	66.2	65.8	66.6	65.6
歐元	-	-	-	-	18.3	19.2	23.8	25	25	24.3	25.2
德國馬克	6.7	13.4	15.8	13.8	-	-	-	-	-	-	-
英鎊	5.9	2.2	2.1	2.7	2.8	2.7	2.8	2.6	2.9	3.6	4.2
日圓	-	7	6.8	6.2	6.1	6.1	4.6	4	3.6	3.7	3.2

數據來源：IMF Statistics Department COFERdatabase.

6.4.2.2　建立基於購買力平價的有管理的可調整固定匯率制度

目前世界可以劃分成幾個主要的貨幣區。建立基於購買力平價的有管理的可調整固定匯率制度，需要一個有步驟地實現的過程。首先，在主要貨幣區內應加強各經濟體的貨幣合作，包括建立區域內所有國家釘住共同貨幣籃子的匯率制度，這可以保持各貨幣區內匯率政策一致和匯率穩定。這是實現世界範圍內這一制度建立的基礎。其次，逐步降低區外貨幣在本區域貨幣籃子中的比重，增加區域主導貨幣的權重。比如在亞洲，目前美元的比重過高，應該由更加合適的亞洲國家的貨幣承擔主要的權重。再次，建立各區域內其他貨幣釘住區域主導貨幣的聯合浮動匯率制度，這是為區域間建立聯繫做準備。最後，確定三大主要國際貨幣之間的官方匯率，並依據購買力平價進行適時調整，同時允許外匯市場的匯率圍繞官方匯率在一定幅度內上下波動，但當匯率波動出現異常時，各儲備貨幣發行當局必須在外匯市場進行干預，以維持匯率的基本穩定。通過這樣的具體安排，就可以建立起一個全新的匯率制度，以此來改變當

前飽受詬病的國際貨幣體系。

6.4.2.3 建立多層次的國際收支調節機制

首先，通過保持匯率的基本穩定來增強匯率對國際收支失衡的調控效果。在短期內，可以在各貨幣區實行比較靈活的匯率制度，這可以通過區域內各國的聯合干預來穩定區域內的匯率，以此來調節區域內各國的國際收支狀況。當各貨幣區建立了可調整的固定匯率制度之後，就可以通過各國際貨幣當局的貨幣政策來進行協調處理以實現區域內各國匯率的穩定。

其次，通過改善各國國內的經濟結構來縮小儲蓄—投資缺口。雖然儲蓄和投資會受到經濟發展和國民習慣的影響，但是調整和改變這一缺口始終是影響全球經濟失衡的重要因素。為此，各方應著力引導直接投資資本和其他生產要素在各國和各地區間自由流動，以增強市場在資源配置中的基礎作用性。

最後，通過共同協商來加強國際政策協調。在多元化的國際貨幣體系中，國際政策協調對匯率穩定和國際收支的調節具有舉足輕重的作用。三大國際貨幣發行當局應共同協商，建立匯率政策、貨幣政策和財政政策的協調機制。這一協調可由三方重新建立統一的新國際機構來實施，也可通過傳統的國際金融機構進行（如 IMF），但需要其在治理結構、監測職能等方面進行徹底改革，以適應時代發展的需要。

7 反週期的國際經濟秩序及其重構

自20世紀90年代以來，一些新興經濟體崛起的速度明顯加快，成為主要的經濟增長點，為世界經濟的發展做出了重要的貢獻，金磚國家是這些新興經濟體中的傑出代表。在金融危機前後，這些國家的反週期發展相較於西方主要國家的經濟態勢顯得更加堅挺。國際經濟新格局在擁有後發優勢的金磚國家迅速崛起之下亟待重構，隨著金磚國家開發銀行和亞投行的建立，來自新興經濟體的「東方共識」與「華盛頓共識」共同構成了實現均衡的兩種力量，並要求構建新型的金融體系。

7.1 金磚國家擁有的後發優勢

進入21世紀，以金磚國家為代表的新興市場經濟體的崛起速度震驚世人。在這些新興大國中，除南非外的金磚國家都有著較大的國土面積、人口、市場規模以及較齊全的資源種類，都有著經濟改革開放和國家振興的強烈願望，都呈現出強勁而持續的經濟增長態勢，都是世界經濟中新的上升力量，都是地區政治穩定與安全的主角和世界事務的重要參與者。雖然自2008年全球金融危機以來，金磚國家的經濟增長放緩，但仍日益成為國際經濟和金融秩序中的一支重要力量。截至2015年年底，金磚國家在世界GDP中的排名情況是：中國第二、印度第七、巴西第九、俄羅斯第十二、南非第三十三，五國加總占到了世界的1/5（22.53%）。金磚國家GDP占全球的1/4左右，已經成為國際經濟與金融體系中的一支建設性力量，其在經濟增長和應對危機方面表現出的後發優勢十分搶眼，在國際經濟合作中的地位與日俱增，在全球金融體系中的力量日益凸顯。

7.1.1 金磚國家——經濟增長的巨人

金磚國家是由金磚四國發展而來的。2001年，當時美國高盛公司的首席

經濟師吉姆・奧尼爾（Jim O'Neill）在提到新興市場投資代表時，第一次提出了「金磚四國」的概念。這一概念引用了俄羅斯（Russia）、中國（China）、巴西（Brazil）和印度（India）的英文首字母，組成了「BRIC」這一單詞，恰好是英文「磚」（Brick）的類似寫法，又因為這些新興市場代表了國家經濟增長的迅猛勢頭，故特別在前面加了一個「金」字，即「金磚四國」。在2008—2009年期間，相關國家舉行了一系列會談並建立了峰會機制，使得其逐步拓展為國際政治實體。2010年南非（South Africa）也加入了該組織，其英文單詞變為「BRICS」，並改稱為「金磚五國」「金磚國家」。在金磚國家機制中每一年都有輪值主席國，旨在提高金磚國家在世界範圍內的影響力。

金磚國家的新興市場特點主要體現在經濟增長速度上，在近十年的時間裡金磚國家發展成為全球經濟增長的新引擎，可謂是經濟崛起的一枝獨秀。在金磚國家中，中國的經濟增長速度表現得最為搶眼，年GDP增長率保持在平均10%的水準，印度和俄羅斯接近7%，巴西稍低一些，在4%左右。南非的年GDP增長率最低，大概在3%。如果把金磚國家看成一個整體，則其平均GDP增長在8%以上，為同期世界平均水準的兩倍以上（表7-1）。

表7-1　　金磚國家的年GDP增長率（2008—2012年）　　　單位:%

國家/年度	2008	2009	2010	2011	2012
中國	9.6	9.2	10.4	9.3	7.7
印度	3.9	8.5	10.5	6.3	3.2
俄羅斯	5.2	-7.8	4.5	4.3	3.4
巴西	5.2	-0.3	7.5	2.7	0.9
南非	3.6	-1.5	3.1	3.5	2.5

金磚國家在2009年的表現明顯受到了國際金融危機的影響，這是全球化經濟貿易發展的必然現象。金磚國家的經濟波動是受世界經濟週期性變化的影響而產生的，是通過「金磚國家」內部的結構性問題而引發的。同時，我們也能看到金磚國家的增速放緩情況明顯好於大多數發達國家（表7-2）。

表7-2　　其他國家的年GDP增長率（2009—2012年）　　　單位:%

國家(地區) \ 年度	2009	2010	2011	2012
美國	-2.8	2.5	1.8	2.8

表7-2(續)

年度 國家(地區)	2009	2010	2011	2012
歐元區	-4.4	2.0	1.4	-0.6
日本	-5.5	4.7	-0.6	2.0
其他發達國家	-2.1	4.5	2.6	1.4

對於金磚國家的經濟增長，學界的評價褒貶不一。總體來看，大多數人認為其經濟增長的動力來自資源的投入，而非技術進步或經營管理水準的提高。一方面幾個國家使用大量的資源投入基礎設施建設和初級製造業發展，淪為了「世界工廠」，如中國和印度；另一方面幾個國家依靠出賣自己的資源來保持較高的增長率。可見，正是金磚國家彼此的依賴維繫著危險的市場繁榮，這一危險主要包含了即將枯竭的有限資源與效率低下的資源使用以及由此產生的環境問題和社會發展轉型問題等。加快對轉型發展路徑的研究是當前金磚國家的當務之急。但無論如何，在世界經濟發展的洪流中，金磚國家成為「一股清流」，支撐著世界經濟總量的不斷攀升。

7.1.2　金磚國家的金融發展——成長中的青年

全球金融環境形成於20世紀80年代初期。最早的時期是以美元為單一中心，其次歐元的誕生形成了一個新的力量中心，隨後在全球金融危機爆發後新興市場國家在亞洲又形成了一個力量中心。全球金融體系不斷進行發展變化，其特性包括：外匯體制更加有彈性和自由化特徵更加明顯；國內市場與國際市場融合化趨勢加強；發展中國家越來越多地參與到國際性事務中去並受到關注；世界經濟的美元化趨勢、資本自由流動效果、國家之間外國直接投資的競爭加劇；國內市場和國際市場障礙逐漸消除；國內與國際金融之間的矛盾日益嚴重；高水準的全球金融基礎設施建設鱗次櫛比等等。

在危機發生後，金磚國家比發達國家更快地從危機中走出來，在金融體系中表現強勁。以貨幣市場為例，它們在國際貨幣市場銀行貸款總額中的占比為41%，約為1,102億美元，其中，印度和俄羅斯的借款總額為330億美元，提振了危機後的貨幣市場。

金磚國家有160多家銀行擁有1萬億美元的一級資本，並且這些銀行的績效使其躋身於全球前1,000家銀行。雖然這些金磚國家的銀行資本先天不足，但是在為本國的基礎產業如農業、製造業等提供信貸支持方面，仍然發揮著舉

足輕重的決定性作用。在印度，其全國信貸總額占 GDP 的比重為 70%，而在巴西，這一比重達到了 260%。

金磚國家銀行在全球金融中的地位逐漸增強，可以通過銀行資本、資產和利潤增長等主要金融指標來反應。中國在 2011 年全球銀行一級資本總額的排名中，僅次於美國和歐盟，位列第三，而在資產總額中排名位列第四；巴西銀行在資本和資產方面也位居前六。從個體來看，中國的銀行表現得尤為搶眼，在全球銀行資產排名中，許多中國銀行躋身前 25 名（見表 7-3、表 7-4 和表 7-5）。

表 7-3　　　　　　　　　　全球銀行一級資本排名

排名	中文常用名（English Name）	國家	一級資本（百萬美元）
1	美國銀行（Bank of America Corp）	美	91,065
2	花旗集團（Citigroup）	美	90,899
3	匯豐集團（HSBC Holdings）	英	878,472
4	法國農業信貸集團（Crédit Agricole Group）	法	84,937
5	摩根大通公司（JP Morgan Chase Et CO）	美	81,055
6	三菱日聯金融集團（Mitsubishi UFJ Financial Group）	日	68,464
7	中國工商銀行（ICBC）	中	59,166
8	蘇格蘭皇家銀行（Royal Bank of Scotland）	英	58,973
9	中國銀行（Bank of China）	中	52,518
10	西班牙國際銀行（Santander Central Hispano）	西	46,805
11	法國巴黎銀行（BNP Paribas）	法	45,305
12	英國巴克萊銀行（Barclays Bank）	英	45,161
13	蘇格蘭哈利法克斯銀行（HBOS）	英	44,030
14	中國建設銀行（China Construction Bank Corporation）	中	42,286
15	日本瑞穗金融集團（Mizuho Financial Group）	日	41,934
16	美國瓦喬維亞銀行（Wachovia Corporation）	美	39,428
17	義大利聯合信貸銀行（UniCredit）	義	38,700

表7-3(續)

排名	中文常用名（English Name）	國家	一級資本（百萬美元）
18	美國富國銀行（Wells Fargo & Co）	美	36,808
19	荷蘭合作銀行集團（Rabobank Group）	荷	34,757
20	荷蘭商業銀行（ING Bank）	荷	33,958
21	瑞銀集團（UBS）	瑞	33,212
22	日本三井住友金融集團（Sumitomo Mitsui Financial Group）	日	33,177
23	德意志銀行（Deutsche Bank）	德	32,264
24	荷蘭銀行（ABN AMRO Bank）	荷	31,239
25	法國國民互助信貸銀行（Credit Mutuel）	法	29,792

表7-4　　　　　　　　　　全球銀行總資產排名

排名	中文常用名（English Name）	國家	總資產（百萬美元）
1	瑞銀集團（UBS）	瑞	1,963,870
2	英國巴克萊銀行（Barclays Bank）	英	1,956,786
3	法國巴黎銀行（BNP Paribas）	法	1,896,935
4	花旗集團（Citigroup）	美	1,882,556
5	匯豐控股（HSBC Holdings）	英	1,860,758
6	法國農業信貸銀行（Crédit Agricole Group）	法	1,818,341
7	蘇格蘭皇家銀行（Royal Bank of Scotland）	英	1,710,703
8	三菱日聯金融集團（Mitsubishi UFJ Financial Group）	日	1,579,390
9	德意志銀行（Deutsche Bank）	德	1,483,248
10	美國銀行（Bank of America Corp）	美	1,459,737
11	摩根大通銀行（JP Morgan Chase & Co）	美	1,351,520
12	荷蘭銀行（ABN AMRO Bank）	荷	1,299,966
13	法國興業銀行（Société Générate）	法	1,260,162
14	瑞穗金融集團（Mizuho Financial Group）	日	1,235,443
15	荷蘭商業銀行（ING Bank）	荷	1,178,697

表7-4(續)

排名	中文常用名（English Name）	國家	總資產（百萬美元）
16	哈利法克斯銀行（HBOS）	英	1,160,245
17	桑坦德銀行（Santander Gentral Hispano）	西	1,097,213
18	聯合信貸銀行（UniCredit）	義	1,084,267
19	瑞士信貸集團（Credit Suisse Group）	瑞	1,029,219
20	中國工商銀行（ICBC）	中	961,576
21	富通銀行（Fortis Bank）	比	888,570
22	三井住友金融集團（Sumitomo Mitsui Financial Group）	日	826,599
23	德國商業銀行（Commerz bank）	德	801,184
24	德克夏銀行（Dexia）	比	888,570
25	荷蘭合作銀行（Rabobank Group）	荷	732,708

表7-5　　　　　　　　全球銀行市值排名

排名	中文常用名（English Name）	國家	市值（百萬美元）
1	花旗集團（Citigroup）	美	261,270
2	美國銀行（Bank of America）	美	220,379
3	匯豐控股（HSBC Holdings）	英	214,934
4	中國工商銀行（ICBC）	中	209,060
5	摩根大通銀行（JP Morgan Chase Et CO）	美	168,585
6	中國銀行（Bank of China）	中	157,343
7	中國建設銀行（China Construction Bank）	中	132,224
8	瑞銀集團（UBS）	瑞	128,331
9	三菱日聯金融集團（Mitsubishi UFJ Financial Group）	日	126,676
10	蘇格蘭皇家銀行（Royal Bank of Scotland）	英	119,808
11	美國富國銀行（Wells Fargo & Co）	美	117,492
12	西班牙國際銀行（Santander Central Hispano）	西	114,095
13	法國巴黎銀行（BNP Paribas）	法	109,338

表7-5(續)

排名	中文常用名（English Name）	國家	市值（百萬美元）
14	美國瓦喬維亞銀行（Wachovia）	美	101,312
15	英國巴克萊銀行（Barclays Bank）	英	94,732
16	義大利聯合聖保羅銀行（IntesaSanpaolo）	義	92,563
17	義大利聯合信貸銀行（UniCredit）	義	91,876
18	荷蘭銀行（ABN AMRO Holdings Netherlands）	荷	90,526
19	交通銀行（Bank of Communications）	中	88,122
20	瑞士信貸（Credit Suisse）	瑞	87,168
21	法國興業銀行（Societe Generale）	法	85,755
22	日本瑞穗金融集團（Mizuho Financial Group）	日	84,970
23	西班牙畢爾包比斯開銀行（BBVA）	西	84,142
24	俄羅斯聯邦儲蓄銀行（Sberbank of Russia）	俄	81,700
25	蘇格蘭哈利法克斯銀行（HBOS）	英	76,249

7.1.3 金磚國家在國際經濟與金融體系中的力量凸顯

　　金磚國家在國際經濟與金融體系中的地位主要在金融危機爆發後表現得比較搶眼。現有的國際金融體系越來越難以滿足新興市場的發展需求，主要是流動性不足與融資不足這兩個問題同時存在。在應對全球金融危機的過程中，金磚國家由日益增強的經濟實力催生出的逐漸擴大的貿易規模及投融資需求刺激了全球經濟的復甦，與此同時，金磚國家間的金融合作從意向變為現實，而且合作越來越廣泛。2012年，金磚國家在中國三亞首腦峰會上簽署了《金磚國家銀行合作機制金融合作框架協議》，明確提出了穩步擴大本幣結算和貸款業務規模，加強重要項目投融資合作以及開展資本市場合作和資訊交流等。這可以極大地促進新的國際金融體系的形成，有利於提升發展中國家在國際事務中尤其是在國際金融機構中的話語權和地位並發揮重要的作用。

　　金磚國家在國際經濟與金融體系中的力量凸顯，主要表現在反對貿易保護主義、維護金融安全、維護和發展開放型世界經濟、平衡地區發展和多邊外交等方面。

　　第一，金融專家積極加入全球金融治理體系中承擔國際責任。

金磚國家越來越認識到在國際社會中話語權的重要性，積極以經濟實力謀求政治地位，積極參與了多項國際對話及會議，如巴塞爾協議談判、議程對話、G20峰會、跨太平洋夥伴關係協議等。此外，金磚國家在引進和利用外資方面，表現得也十分搶眼（表7-6）。積極融入全球價值鏈中，形成了與發達國家的良好互動、互惠共贏，為經濟全球化和金融一體化做出了重要貢獻。

表7-6　「金磚國家」利用外商直接投資存量（1980—2010年）

（單位：億美元）

時間	中國	俄羅斯	印度	南非	巴西
1980	10.74	……	4.52	164.59	174.80
1985	60.60	……	7.47	88.83	256.64
1990	206.91	……	16.57	92.07	371.43
1995	1,010.98	56.01	56.41	150.05	478.87
2000	1,933.48	322.04	163.39	434.51	1,222.50
2005	2,720.94	1,802.28	432.02	789.86	1,813.44
2006	2,925.59	2,658.73	708.70	877.65	2,206.21
2007	3,270.87	4,910.52	1,057.91	1,104.15	3,096.68
2008	2,925.59	2,658.73	708.70	877.65	2,206.21
2009	4,730.83	3,819.62	1,670.23	1,174.34	4,008.08
2010	5,788.18	4,231.50	1,979.39	1,323.96	4,725.79

第二，繼續加大相互之間在國家、社會、市場等多個層面的合作交流。

金磚國家之間的合作交流越來越廣泛，越來越深入。涉及的層次既包括峰會、論壇、協議等官方層面的交流，又包括貿易、投資、金融等微觀層面的合作，非政府間的協會等組織也有不同程度的來往，尤其是金融實體間的合作更是值得期待，這些都推動了成員國之間在國家、社會、市場等方面的相互融合，而且效果已初步顯現出來。如金磚國家成員國間本幣結算和貸款業務規模正逐步擴大，其中中國與巴西、俄羅斯等國先後簽署了本幣互換協議；金磚國家在資源、高新技術和低碳、環保等重要領域也加大了投融資力度等。

第三，穩步推動發展中國家的整體發展。

金磚國家正在探索如何利用自己的力量輻射周邊國家，通過金磚國家開發銀行、外匯儲備庫、亞投行等金融機構的建設，帶動了廣大發展中國家，尤其是非洲經濟、南亞經濟、拉美經濟中的發展中國家在經濟與貿易、金融與財

政、基礎設施、人員與技術等領域的通力合作，實現了一體化大市場、多層次大流通、陸海空大聯通、文化大交流的發展中國家的整體演進和平衡發展。金磚國家的同舟共濟和對發展中國家的反哺輻射改變了亞非拉國家的傳統國際形象，提升了國際地位，同時也展示了其在國際金融體系中不可忽視的力量。

7.2　金磚國家發起的金融機構

在國際經濟體系中，以往的全球金融體系都是由西方主要發達國家主導的。隨著後危機時代的來臨和後發優勢的發力，金磚國家憑藉多次合作共贏共同提升了國際影響力，通過經濟實力謀求話語權，達成了多項合作共識，簽署了《福塔萊薩宣言》等重要協議，建立了金磚國家開發銀行，特別是建立了由中國牽頭發起的亞投行，有助於改善現有的國際經濟平衡性，改變現有的國際金融體系，重構國際經濟秩序。

7.2.1　《福塔萊薩宣言》昭示金融合作進入新階段

2014年7月15日，中國、巴西、俄羅斯、印度和南非等金磚國家領導人在巴西福塔萊薩舉行第六次會晤，五國達成了合作共識並簽署協議，發表了《福塔萊薩宣言》，成立了金磚國家開發銀行，建立了金磚國家應急儲備安排。《福塔萊薩宣言》的發表昭示著金磚國家的金融合作進入了新階段。金磚國家開發銀行的初始資本為1,000億美元，由5個創始成員平均出資，總部設在中國上海，該銀行的成立是金磚國家提升在全球金融體系中的地位的里程碑。

本次宣言中有兩項重要成果，一是積極探討如何擺脫全球金融危機、實現經濟強勁復甦，並成立了法定資本為1,000億美元的金磚國家開發銀行，初始認繳資本500億美元，由創始成員國平等出資；銀行首任理事會主席將來自俄羅斯，首任董事會主席將來自巴西，首任行長將來自印度；銀行總部設於上海，同時在南非設立非洲區域中心；由金磚國家財長研究確定銀行營運模式。二是簽署了建立初始資金規模為1,000億美元的應急儲備安排協議，該機制在幫助成員國應對短期流動性壓力方面具有積極的預防作用，將有助於促進金磚國家進一步合作，加強全球金融安全網，並對現有的國際機制形成補充；該機制旨在通過貨幣互換提供流動性以應對實際及潛在的短期收支失衡壓力。

7.2.2　金磚國家開發銀行——對世界銀行的挑戰？

　　由於當前的國際貨幣體系的存在，美國本土的金融政策變動將會導致國際金融市場資金的變化，在全球化和浮動匯率制度的影響下，這一變化勢必會影響新興市場國家的幣值穩定。除中國以外的印度、俄羅斯、巴西等國都經歷了貨幣嚴重貶值的通貨膨脹問題。在金融危機之後，人們越來越認識到靠 IMF 等傳統的國際金融組織的救助是不現實的，存在著不及時和力度不夠等問題。為了避免在下一輪經濟危機中受到幣值不穩定的影響，新興市場國家急需建立屬於自己的國際金融組織，以構築一個為發展中國家和新興市場國家服務的金融安全網絡。

　　金磚國家開發銀行的概念在 2012 年已經提出。次年 3 月，第五次金磚國家領導人峰會決定建立金磚國家開發銀行。英國《金融時報》評價其將成為自 1991 年歐洲復興開發銀行成立以來設立的第一個重要多邊貸款機構。成立開發銀行將簡化金磚國家間的相互結算與貸款業務，從而減少對美元和歐元的依賴，在一定程度上加強了金磚國家之間的金融聯繫，滿足了彼此的金融需求，同時有利於改變現有的國際金融體系。2014 年 7 月 15 日至 16 日，金磚國家領導人第六次會晤在巴西舉行，金磚國家開發銀行如約而至。2015 年 7 月 21 日，金磚國家開發銀行在上海正式開業。金磚銀行的創始成員為「金磚五國」，即中國、巴西、俄羅斯、印度和南非。法定資本為 1,000 億美元，初始認繳資本為 500 億美元，由 5 個國家平均分配，每國認繳 100 億美元，實繳比例為 20%，分 7 年繳清。金磚各國的承諾出資額是在統籌考慮各自發展階段、GDP 水準、外儲規模等基本國情後協商確定的。各國投票權與承諾出資額掛勾，但為兼顧各方訴求，設 5% 的基本票由五國均分。綜合計算，中國投票權為 39.95%，巴西、俄羅斯、印度各為 18.10%，南非為 5.75%。

　　金磚國家開發銀行的宗旨在於資助金磚國家以及其他發展中國家的基礎設施建設，這對於發展中國家來講，具有非常重要的戰略意義。在目前的新興市場經濟體中，俄羅斯、印度、巴西、南非等國的基礎設施建設需求很大，當國家財政資金不足時，需要向世界其他國家尤其是金磚國家等發展中國家謀求合作。金磚國家開發銀行的貸款發放不只面向五個金磚國家，而是面向全世界的發展中國家，作為金磚成員國，可能會獲得優先貸款權。

　　有人說金磚國家開發銀行是對世界銀行的挑戰。世界銀行的前世今生注定了它的職能與定位，是以西方主要發達國家為主導的國際金融機構（見表 7-7 和表 7-8）。對於發展中國家來講，尤其是對於新興經濟國家來講，並沒有專

門的國際金融機構為其提供專門的服務。隨著經濟實力的日益強大，這種金融訴求急需得到滿足。實際上，更準確地來講，金磚國家開發銀行是對世界銀行的有利補充，是對現有國際金融體系的利好改善，是實現國際經濟平衡的有效助推力量。

表 7-7　　　　主要區域或多邊開發銀行的情況分析

		美洲開發銀行	亞洲開發銀行	歐洲復興開發銀行	非洲開發銀行	世界銀行
成立時間		1959 年	1966 年	1991 年	1964 年	1944 年
法定資本（億美元）		1,709	1,638	300	1,030	——
發起國		美國	日本、美國	法國、德國	——	美國
總部所在地		華盛頓	馬尼拉	倫敦	突尼西亞	華盛頓
成員數（域外）		48（20）	67（19）	66（9）	77（24）	188
歷任行長		美國	日本	法國、德國	非洲	美國
投票權（%）	第一投票權	美國（30.04）	日本（12.84）	美國（10.13）	奈及利亞（9.36）	美國（16.12）
	美國	30.04	12.75	10.12	6.56	16.12
	中國	——	5.47		1.11	4.82
	區內成員	15.94	34.87	36.87	40.14	——
	借款國	50.01	35.88	16.62	59.86	36.92
	非借款國	49.99	64.12	83.38	40.14	63.08
行政管理體系		——	績效評分	——	績效評分	績效評分

資料來源：根據世界銀行和各大區域性國際金融機構官方數據制成。

表 7-8　　　　2014 年主要區域性開發銀行的業務分布　　（單位：億美元）

	贈款	優惠性貸款	非優惠性貸款	投資	債務相關	合計
美洲開發銀行	9.32	5.85	88.87	0.27	0.02	104.3
亞洲開發銀行	7.30	20.37	70.52	1.05	——	99.2
歐洲復興開發銀行	——	46.88	6.24			53.1
非洲開發銀行	9.07	15.90	27.49	1.12	2.82	56.4

資料來源：根據 AidData 多邊援助數據庫制成。

7.2.3 亞洲基礎設施投資銀行——對亞洲開發銀行的挑戰？

在後危機時代，美國、歐盟、日本等西方發達經濟體的經濟表現分化嚴重，而新興經濟體異軍突起，在全球經濟治理中的地位不斷提升，因此全球經濟很難在短期內實現平衡。與此同時，新興經濟體也面臨著環境、資源、生產方式等各個方面的壓力與挑戰。以中國為例，隨著人口紅利的日益減弱，「三期疊加」的矛盾凸顯，以及經濟結構調整的巨大壓力，中國亟須深化改革和擴大對外開放的力度，在原有的制度優勢的基礎上有所創新。中國領導人高瞻遠矚地提出「一帶一路」的國家戰略，可以有效地扭轉當前的困境，實現自身的發展，同時繼續對亞洲經濟和世界經濟的發展貢獻自己的力量。

亞洲基礎設施投資銀行正是為「一帶一路」國家戰略提供金融支持而專門設立的。亞洲基礎設施投資銀行，簡稱亞投行，是一個政府間性質的亞洲區域多邊開發機構，重點支持基礎設施建設，成立宗旨是為了促進亞洲區域的建設互聯互通化和經濟一體化的進程，並且加強中國及其他亞洲國家和地區的相互合作。2013年10月2日，習近平主席提出籌建倡議，2014年10月24日，包括中國、印度、新加坡等在內的21個首批意向創始成員國的財長和授權代表在北京簽約。值得一提的是，印度是唯一一個在人民大會堂參與簽字的大型經濟體，這說明了印度作為金磚國家的代表對亞投行成立的重視程度。2015年4月15日，亞投行意向創始成員國確定為57個，其中域內國家37個、域外國家20個。6月29日，《亞洲基礎設施投資銀行協定》簽署儀式在北京舉行，亞投行57個意向創始成員國的財長或授權代表出席了簽署儀式。12月25日，亞洲基礎設施投資銀行正式成立。亞投行總部設在北京，法定資本為1,000億美元。亞投行的治理結構分理事會、董事會、管理層三層。董事會有12名董事，其中域內9名，域外3名。管理層由行長和5位副行長組成。曾擔任中國財政部副部長的金立群，成為中國牽頭成立的亞投行的第一任行長。

有人說亞洲基礎設施投資銀行是對亞洲開發銀行的挑戰。與世界銀行一樣，亞洲開發銀行成立的特定歷史時期決定了其發揮作用的局限性，在新的國際經濟形勢下，需要有新的國際金融體系與之相適應。亞投行是由金磚國家成員國之一的中國牽頭發起的，代表的是廣大發展中國家的佼佼者——新興市場國家的金融需求，同時也是金磚國家對全球金融治理的擔當的表現和改善全球金融體系的責任的體現。亞投行是中國作為新興大國對全球基礎設施融資缺口尤其是對亞洲的融資缺口的積極應對，是中國充分發揮自身的基礎設施建設優勢和加快經濟結構調整與轉型的關鍵步驟，是中國主動參與全球經濟治理改

革、與其他新興市場國家共同應對全球「治理失靈」的有益嘗試，是對現有國際金融體系、多邊開發金融機構和全球發展議程的有益補充。

7.3 兩種共識與實現均衡的兩種力量

「華盛頓共識」主要是指隨著蘇聯解體和東歐劇變，整個社會主義陣營幾乎瓦解的大前提下出現的一整套針對拉美國家和東歐轉軌國家的新自由主義的政治經濟理論，最終表現為對市場經濟國家的指手畫腳和無能為力。

在「北京共識」[①] 的基礎上，金磚國家達成了「東方共識」，即新興市場國家要為廣大發展中國家謀求國際話語權，要與西方發達國家之間達成均衡。同時，國際經濟秩序也應不滿足於對現有金融體系的小修小補，而是期待來自新興經濟體的「東方共識」與「華盛頓共識」共同構成實現均衡的兩種力量。

7.3.1 兩種共識的博弈與均衡

來自不同意識形態的政治體，代表著不同階級集團的利益，必然有著不同的增長理念和發展模式，這本身就是一種矛盾。作為世界共同體的組成成員，兩種共識之間是矛盾對立的，兩種力量只有通過長時間的相互較量與角逐，才能實現相對穩定，即實現均衡。但這種較量與角逐，也不是完全的矛盾對立，需要清醒理智地去看待。從金磚國家的角度，應該澄清幾個原則性的認識。

第一，金磚國家是利益共同體。

當前，世界經濟飛速發展，科技進步日新月異，不同的經濟主體在發展歷史上都出現過輝煌，也都有過停滯。金磚國家本身就是一個利益共同體。在美國宣布量化寬鬆政策（2012年12月）時，在日本實施「開放式」量化寬鬆政策（2013年1月）時，金磚國家面臨的是全球低息環境和充裕的流動性，以及不得不承擔熱錢大量流入、本幣升值、資產價格膨脹等後果，而美日等國則提振了本國的經濟，其實體經濟和金融業則開始好轉。金磚國家在同一時期有著相同或相近的發展速度和增長模式，有著相同或相近的基本國情和綜合國力，有著相同或相近的發展夙願和國際地位，這是後金融危機時代帶給金磚國家的最大機遇。金磚國家是發展中國家的傑出代表，在國際社會中有著共同的

[①] 「北京共識」很好地證明了一個社會主義市場經濟國家在實現了經濟增長的同時也保證了政治獨立，是從創新、技術、制度等方面同時做出了努力。

訴求，只有形成金磚機制，統一意識，達成共識，才能爭取到金磚國家在以西方發達國家為主導的國際社會秩序中地位的逐步提升，而凝聚金磚淨力是發展的必然趨勢。因此，協調金磚國家彼此之間的利益關係，形成統一的利益共同體，是保證金磚國家國際戰略地位的重中之重。

第二，金磚國家與西方主要經濟體不是完全對抗性的。

金磚國家必須意識到，作為經濟增長新引擎的新興經濟體實現經濟的快速發展是在原有的國際體系和經濟貿易規則之下的，也就是說，正是在由西方主要經濟體主導的國際經濟平衡和國際金融秩序之下，金磚國家只有借助了發達國家所創設的大環境，才能實現短期內的發展。因此，金磚國家與發達國家之間，絕不是對抗性的，而應是合作性的。

第三，兩種共識的博弈應是雙贏的結果。

「華盛頓共識」與「東方共識」的博弈，主要是實現一種均衡，這種均衡可以主導未來國際經濟發展的走向，改善國與國之間的政治關係，改變現有的全球金融秩序，實現國際經濟平衡。金磚國家創立的金磚機制主要是尋求一個與發達國家實現更有效合作的機制。這一機制不是以改變或減少他國的利益為代價的，而是一種帕累托改進，這一機制旨在提高金磚國家的國際地位，使金磚國家更好地參與到全球經濟治理體系之中來，充分借鑑區域性金融治理過程中的成果，為後危機時代的全球金融體系的建立出謀劃策。因此，兩種共識博弈的結果應該是雙贏的。

7.3.2 實現均衡的國際經濟新秩序

均衡的國際經濟新秩序是新興市場國家和西方發達國家博弈共贏的結果，但這一新秩序的實現也需要在改變國際評級業的格局的前提下完成，同時依靠建立金磚國家增信擔保機制來提升金磚國家的金融穩定性和競爭力。

第一，改變國際評級業的格局。

信用評級涉及金融領域的評級和主權債務評級，在資本市場和國債市場上發揮著重要作用，可以揭示信用風險、影響市場定價、影響投資導向，甚至能夠影響一個經濟體的宏觀經濟的正常運行。從評級行業的發展歷程中可以看出，以美國為首的西方國家一直占據著國際信用評級領域，是一個典型的由穆迪、標普和惠譽三大評級機構寡頭壟斷的格局。可以說，這次國際金融危機和歐洲主權債務危機的幫凶就是所謂的國際評級機構。隨著後危機時代的到來，國際社會越來越關注當前的國際評級業存在的弊端，因此打破當前的壟斷格局勢在必行。而這一重任自然落在了新興市場國家的身上。一方面新興市場國家

可以建立本國評級企業，發展自主信用評級體系，培育有國際競爭力的評級企業和集團來提升評級影響力；另一方面，需要新興市場國家一起打造聯合評級，通過融合協調的方式建立金磚國家內部認可的區域性評級體系，從而推動區域評級的標準化和專業化，並從技術層面和監管層面改進評級方法和制度，進而改變當前的壟斷局面。

第二，建立金磚國家增信擔保機制。

在改變了國際評級業格局的基礎上，金磚國家應建立增信擔保機制。這樣可以提高金磚國家政府和企業債券的信用等級，繁榮金融業，刺激投資和生產的發展。債券的信用等級一般是由債券的發行人和擔保人中的較高者決定。以歐洲投資銀行（EIB）及其下屬的歐洲投資基金（EIF）為例。EIB 和 EIF 通過廣泛的傳統擔保工具支持著歐洲中小企業融資，同時，EIF 在新興的資產證券化領域十分注重對擔保工具的創新，通過為證券化產品的發起人提供擔保來幫助它們實現資金來源的多樣化，通過轉移信用風險的方式來降低經濟成本和監管成本。近年來，EIB 和 EIF 已經成為歐洲中小企業信用增級的領導者，其多邊開發銀行的地位和 3A 評級使得與之合作的金融機構能夠對其擔保的資產採用 0% 的風險權重。金磚國家也可以從中借鑑其做法。可以由金磚國家開發銀行為成員國本幣債券的發行提供擔保，此外，還可以通過建立金磚擔保基金，為本幣債券的發行提供信用增級。例如，2004 年日本宣布建立「亞洲債券保險制度」，為在東亞國家投資的日本企業發行外國債券提供擔保，幫助日本企業在投資國籌集資金，這項舉措為日資企業在東亞國家通過發行債券籌集資金開闢了道路。金磚國家通過合資建立金磚擔保基金，完全可以發揮類似日本信用保證協會的功能。該基金可以建在金磚銀行旗下，這樣在運作上就可以採用歐洲投資銀行及歐洲投資基金的模式。

7.4　金磚國家主導的金融合作路徑

國際金融危機改變了國際社會共同應對危機的合作精神，使得由西方國家為主導的傳統秩序受到了挑戰，改由新興市場經濟體來主導，改變了政治合作和金融合作氛圍：一方面，世界主要大國對外經濟政策明顯分化；另一方面，金磚國家以包容性發展為戰略合作內容的攜手共進機制日漸形成。代表全球經濟增長的新興力量的新興經濟體，應該擁有相應的國際權力，承擔相應的國際義務，並構建與之相匹配的新型金融體系。金磚國家主導的金融合作，旨在改

變舊的國際金融秩序，實現金磚國家金融一體化，繼續推進和深化金磚國家的金融合作，打通關鍵環節，同時，利用金磚國家的整體力量來推進國際貨幣金融體系改革。

7.4.1　加強金磚國家銀行間市場的合作

銀行是一國金融體系的主體。金磚國家的金融合作，首先要打破各國銀行之間相互割裂的現狀，在制度法規、政策制定、信用評級、會計核算、風險管控、國際結算等各個方面努力統一標準和行業準則，以推動金磚國家銀行間市場的建設與合作。這裡最大的一個問題在於，金磚國家的銀行業發展也存在著成熟程度不協調的情況，各國法令制度只適用於本國的具體國情，各國銀行業發展的開放程度也存在著明顯的不同。因此，在加強金磚國家銀行間市場合作的問題上，主要探討銀行業法律法規的兼容性問題；會計核算方法和口徑的國際性問題；投資者與開放性所涉及的市場准入問題；信用評級和風險管控的專業性與權威性問題。

7.4.2　增強金磚國家本幣投融資業務

增強金磚國家本幣投融資業務，是進一步實現金磚國家之間金融一體化的重要途徑，同時也可以有效削弱美元的霸權地位，改變國際貨幣由美元一家獨大的現狀。在金磚國家中，中國積極推動這項業務，曾經同巴西簽訂了貨幣互換協議，現在已經失效，但應當盡早克服障礙，使雙邊貨幣互換重啟。另外，中國也與俄羅斯、南非建有貨幣互換協議。這為在金磚國家體系內本幣互換網絡的建立奠定了良好的基礎。可以參考的做法有，一是積極推動金融機構在某一金磚國家以發行該國貨幣計價債券的形式進行融資，然後以該筆融資對該國或者另一金磚國家進行投資；二是以金磚銀行為依託在五個金磚國家建立本幣投資基金，由金磚銀行負責營運，其具體的投資方向和業務模式可以與各國的實際需求相結合。

7.4.3　推動大宗商品本幣結算的實現

大宗商品本幣結算是國家經濟安全的重要保障，同時也能有效改變大宗國際商品在國際交易中的貨幣單一化的現狀，實現結算貨幣多元化。金磚國家主要位於價值鏈中以生產和加工為主的一環，一方面是原材料的需求大國，如中國和印度，原始的粗放型的生產方式仍處於轉換之中，尤其是在工作生產中，原材料的投入量相當巨大；另一方面，同樣作為金磚國家的俄羅斯和巴西則是

依靠原材料出口來拉動 GDP 的代表。金磚國家內部很好地實現了原材料的供求對接，因此應充分利用金磚國家的資源禀賦和人口紅利，讓其在國際大宗商品結算貨幣多元化改革中扮演核心角色。

在大宗商品領域的本幣計價需要政府之間通力合作，除了搭建金磚國家間大宗商品國際交易平臺外，同時還要完善配套的金融服務，如完善本幣跨境清算支付系統、提供金磚國家本幣貿易融資工具、相應的本幣對沖工具等金融工具和風險管理工具。

7.4.4 推動金磚國家本幣債券市場的發展

金磚國家在經濟增長上是巨人，但在金融發展上尤其是在金融體系的建設上可以說是個侏儒。以中國和俄羅斯為例，兩者具有巨額的外匯儲備，卻主要投向了西方發達國家的債券市場（表 7-9）。印度和巴西則主要依賴高企的外幣融資來支撐經濟發展。大力發展本幣債券市場，增強各國本幣債券市場的投融資功能，可以在較大程度上扭轉金磚國家在融資方面對銀行業或是對外幣融資的過度依賴，以及在對外金融投資上對美元資產的過度依賴。

表 7-9　中、俄、印實際利用外商直接投資情況（2010—2015 年）

單位：萬美元

時間/國家	中國	俄羅斯	印度
2010 年	10,573,500	3,497	7,684
2011 年	11,601,100	3,102	4,607
2012 年	11,171,600	2,992	6,378
2013 年	11,758,600	2,208	12,623
2014 年	11,956,200	4,088	7,802
2015 年	12,626,660	—	—

7.4.5 推進金磚國家跨境金融基礎設施的建設

在當前國際貨幣體系下，各國跨境支付和結算的主導貨幣是美元。美國當前所擁有的金融制裁能力，是美國金融霸權最充分的體現。區塊鏈在本質上是一個去中心化的巨大分佈式帳本數據庫，具有去中心化、去中介化、加密安全性等特徵，它有可能改變傳統國際貨幣結算體系的「中心—外圍」模式（即以美國控制的 SWIFT 和 CHIPS 系統為中心，其餘系統是外圍），從而在較大程

度上削弱美國的金融霸權。利用區塊鏈技術建立金磚國家跨境支付結算系統，不僅能夠大幅提升金磚國家之間跨境結算的效率，還能夠打破美國的金融制裁霸權，對國際貨幣金融體系產生根本性的影響。IMF總裁拉加德曾經說過，希望建立全球統一的區塊鏈標準。在這個標準的建立過程中，美國等發達國家表現出極大的熱情，金磚國家也應抓住這個契機，積極推動區塊鏈技術合作，並參與到全球統一標準的制定中去。金磚國家應首先做好頂層設計，在全球銀行業區塊鏈應用的初期建立行業技術標準、制定統一規則、打造監管體系，在金磚國家內部首先實施區塊鏈合作，形成淨力，以影響未來區塊鏈的應用領域、方向與標準，增加在國際談判中的砝碼，發揮更大的影響力。

8 多元化國際貨幣體系的制度設計與運行框架

　　巴瑞·易臣格瑞（Barry·Eichengreen）認為，國際貨幣體系是將各國經濟結合在一起的「黏合劑」。這一比喻形象地說明了各國之間的經濟與金融往來離不開國際貨幣體系的橋樑作用，即可以促成解決國際收支問題，可以保證外匯市場的有序與穩定發展，可以為遭受破壞性衝擊的國家提供獲得國際信用的便利條件等。中國學者陳彪如（1996）認為，國際貨幣體系可以解釋為支配各國貨幣關係的規則和機構，以及國際進行各種交易支付所依據的一套安排和慣例。

　　綜合各位學者的觀點，國際貨幣體系是一個複雜的管理內容，既涉及國際收支的調節，又涉及匯率的決定和變動，還涉及國際儲備資產的內容與供應等。當今的國際貨幣體系呈現出以美元為核心的單一化格局。Goldberg 和 Tille（2006）做過一項調查發現，在目前的進出口貿易中，大多數國家選擇以美元計價，其中在亞洲，以美元計價的國家占到了60%～90%。此外，在全球外匯儲備的幣種構成上，美元資產占據了60%以上，歐元則在20%左右。以中國為例，在中國外匯儲備中，美元的比重大概為65%，歐元的比重大概為26%，英鎊的比重大概為5%，日圓的比重則大概為3.5%。麥金農（McKinnon，2005）將國內金融體系不太發達、不能以本幣向債務國提供資金的國家稱為「不成熟債權人」（immature creditor），這些「不成熟債權人」擁有高額外匯儲備，卻不能以自己的貨幣向債務國貸放資金。而貨幣中心國家卻可以很輕易地將匯率脆弱性的風險轉嫁給債權國家，表現為極端的不對稱和不公平。隨著國際金融危機的爆發，貨幣中心國家對「不成熟債權人」的轉嫁成本行為越來越變本加厲，單一化的國際貨幣格局要求被改變的呼聲日益高漲。與此同時，以新興市場國家為代表的發展中國家經濟實力的增強與國際地位的提升，也不斷要求重構國際貨幣體系，重新分配國際貨幣權利。多元化的國際貨幣體系正呼之欲出。

8.1　國際政治和世界經濟正在走向多極化

　　由次貸危機演化而來的全球金融危機導致了金融市場的動盪不安，使原有的國際經濟平衡被打破，西方主要經濟體日益分化，新興市場國家發展迅速，國際社會積極反思美國一家獨大的政治格局和美元的霸主地位，呼籲改變現有的國際貨幣體系。新型的國際貨幣體系是由新型的國際政治關係和新型的世界經濟格局所決定的。多極化的國際政治和世界經濟走向要求國際貨幣體系的多元化發展，因此構建新型國際貨幣體系勢在必行。

8.1.1　國際政治正在走向多極化

　　無論是政治還是經濟，多極化已經成為大勢所趨。極少數大國或大國集團壟斷世界事務、支配其他國家命運的時代已經不復存在。很久以前人們就提出過多極化發展是國際政治的必然趨勢，這是有其歷史必然性的。當今世界各國的實力對比不斷發生變化，國際政治博弈此消彼長，不管是從客觀發展的規律來看，還是從廣大全球人民的意願來看，多極化都是必然的結果。目前，絕大多數國家都主張多極化發展，這符合全球人民的根本利益。少數國家想建立單極世界是不得人心，也是不能達成的。在經濟全球化的大背景下，各國之間的聯繫越來越緊密，這是一種國與國之間的相互需求，可以形成一股制約單極世界的力量。

　　美國憑藉其世界超級大國的地位，企圖維護和加強其在國際事務中的主導地位和作用，阻礙世界多極化進程。全球的問題需要全世界人民共同去面對和解決，多極化是世界民主的最集中體現。舉例來看，美國在耶路撒冷問題上違背世界人民的意志一意孤行，並且拿國際援助相威脅，都沒有改變聯合國多數國家的意願。2017年12月6日，美國總統川普宣布承認耶路撒冷為以色列的首都，並將啓動美駐以使館從特拉維夫遷往耶路撒冷的進程。此話一出，舉世嘩然。眾所周知，耶路撒冷問題是巴以兩國長期的敏感問題，屬於宗教與政治問題，川普的這一舉動無疑會增加社會不穩定因素。此舉遭到了國際社會的普遍反對。12月20日，川普放話說，對於接受美國援助卻投票反對美國的國家，將對其減少經濟援助。慶幸的是，大多數國家並沒有被美國的威逼利誘嚇倒，而是堅持自己的意見。聯合國大會於21日召開緊急特別會議，就有關耶路撒冷地位問題的決議草案進行投票表決，最終以128票贊成、9票反

對、35 票棄權的結果通過決議，決議要求以色列和巴勒斯坦通過談判決定耶路撒冷的地位。除美國以外的其他 4 個安理會常任理事國、阿富汗、埃及、約旦等 128 個國家投了贊成票，美國、以色列、瓜地馬拉、宏都拉斯等 9 個國家投了反對票。根據決議，任何企圖改變耶路撒冷的老城特點、現狀以及人口結構的決定和行為都不具備法律效力，並應根據安理會相關決議予以廢除。這一結果表明美國宣布承認耶路撒冷為以色列的首都的做法不得人心。美國想利用自己的實力將自己的意願強加給他國的日子已經一去不返，國際政治的多極化發展不可逆轉。

8.1.2 世界經濟正在走向多極化

從 20 世紀 80 年代開始，世界經濟的發展呈現出多極化的態勢。一方面以中國為代表的計劃經濟國家紛紛轉軌，資源、資本等在國際範圍內的流動更加通暢，國際市場更加開放，全球經濟體之間的依賴性越來越強，彼此「你中有我、我中有你」，資源配置的高效與便捷在世界範圍內成為可能；另一方面，老牌的發達國家由於進入人口老齡化、高福利與高稅收的矛盾日益凸顯，經濟問題乃至社會問題尖銳化，國內經濟受到政府的管控而失去活力和競爭力，經濟增長放緩（可參見表 7-2），勞動生產率較低。

隨後，新興市場國家憑藉自身的資源優勢和人口紅利，通過不斷地深化改革和擴大市場的開放程度獲得了發展的機遇，經濟增速明顯，形成了一股強勁的力量。這些國家通過吸引外資和利用本國低廉的勞動力資源創造了社會財富，獲得了良好的經濟增長（可參見表 7-1）。

發達經濟體的 GDP 占全球的份額已經從 20 世紀 90 年代初的 65%左右，下降到 2008 年的 55%左右，在近 20 年的時間裡，約下降了 10 個百分點；與之相反，新興及發展中國家所占份額則上升到了 2008 年的 45%左右。世界經濟的此消彼長，削弱了原有的美國一家獨大的世界經濟形式。歐盟和歐元區的形成刺激了歐洲的經濟復甦，金磚國家的興起使得亞洲、非洲、南美洲等地均有經濟增長極的分布。越來越多的國家進入了「新興國家」的行列。這些都表明世界經濟正在走向多極化（見表 8-1 和表 8-2）。

表 8-1　　　　歐元誕生前各幣種國際儲備份額的情況　　　　單位（%）

年份	美元	英鎊	德國馬克	日圓	其他貨幣
1987	56.0	2.2	13.4	7.0	21.4
1988	55.3	2.5	14.5	7.1	20.6

表8-1(續)

年份	美元	英鎊	德國馬克	日圓	其他貨幣
1989	51.9	2.6	18.0	7.3	20.2
1990	50.3	3.2	17.4	8.2	20.9
1991	50.9	3.4	15.7	8.7	21.3
1992	55.1	3.2	13.5	7.8	20.4
1992	56.2	3.1	14.1	8.0	28.6
1994	55.9	3.5	14.3	8.1	18.1
1995	56.4	3.4	13.7	7.1	19.4
1996	56.8	3.0	14.0	6.0	20.2
1997	59.1	3.3	13.7	5.1	18.8
1998	69.4	2.7	13.8	6.2	7.9

數據來源：國際貨幣基金組織年報。

表8-2 歐元發行以後全球外匯儲備資產的幣種結構（1999—2008年）

單位（%）

幣種	1999	2000	2001	2002	2003	2004	2005	2006	2007	2008
美元	71.0	71.0	71.5	67.1	65.9	65.9	66.9	65.5	64.1	64
歐元	17.9	18.0	19.2	23.8	25.2	24.8	24.0	25.0	26.3	26.5
其他幣種	11.1	11.0	9.3	9.3	8.9	9.3	9.1	9.5	9.6	9.5

8.2 國際貨幣體系的多元化將成為大勢所趨

經濟實力決定貨幣的國際地位。多元化的世界經濟格局必然要求多元化的國際貨幣體系。國際貨幣體系是指由支配各國貨幣關係的規則和機構所形成的一個完整系統，是各國政府為適應國際經濟活動的需要，對國際進行各種交易支付所採用的各種制度安排、慣例和支配各國貨幣關係的規則和機構。

國際貨幣體系主導了世界經濟和貿易的順暢發展，從國際收支、支付、清算等方面，從匯率、貨幣國際化等方面都在保證世界經濟的平穩運行。在歷史上，國際貨幣體系的發展依次經歷了國際金本位時期、國際金匯兌本位制時

期、布列敦森林體系時期以及牙買加貨幣體系時期 。國際貨幣體系的演進過程實質上也是國際貨幣霸權的轉移過程。

8.2.1 一國的經濟實力決定其貨幣的國際地位

從國際貨幣體系的發展和演變的歷史來看，居於霸主或核心地位的貨幣都是由其國家強大的經濟實力和國際地位所決定的。從資本主義經濟發展到當今經濟社會，無論是以英鎊為核心的國際貨幣體系，還是以美元為核心的國際貨幣體系，以及日漸動搖的當前國際貨幣體系，都取決於經濟體經濟實力的強弱變化。

8.2.1.1 英鎊的霸主地位是由英國的經濟地位決定的

在資本主義制度建立的早期，英國通過憑藉其雄厚的經濟實力實行金本位制來維持英鎊的穩定。1816年，英國首先實行了金本位制，其他國家緊隨其後，也都相繼在世界範圍內實行了金本位制。在這一時期，國際金本位制得以形成。黃金在各主要資本主義國家內起貨幣作用，同時還作為國際的支付和最後清償手段。國際貨幣體系的金本位制時期也是英國貨幣（英鎊）霸權形成並確立的時期。

自17世紀以來，白銀的大量流入導致英國國內銀價大跌，使得英國從金銀復本位制過渡到了金幣本位制，即事實上的金本位制時代。此後，法國於19世紀60年代到70年代完成了向金本位制的過渡，德國於1871年實行金本位制；丹麥、瑞典、挪威等國在1873年相繼實行金本位制；俄國和日本也於1879年開始實行黃金兌換；美國於1900年通過了金本位條例。到了19世紀末期，世界經濟中的主要國家普遍實行這一貨幣制度，從而標誌著一個以英國為中心的國際金本位制度的建立。

金本位制時期的英國霸主地位和英鎊的貨幣霸權地位，主要是由當時英國的經濟發展水準和綜合國力決定的。同時，英國的貨幣霸權又為英國經濟擴張提供了便利。英國在19世紀的國際貨幣關係中占有統治地位。在工業革命之後，英國憑藉其強大的經濟實力，成為當時世界上最大的工業製成品輸出國和最大的海外投資國，被稱為「日不落帝國」。英國的首都倫敦是當時世界上最重要的金融中心，英鎊是當時世界上最廣泛使用的貨幣。英國對國際收支逆差國的出口商品提供了一個相對的開放市場，並對外提供長期貸款。當發生外匯危機時，英國充當最後貸款人的角色，國際金本位制的規則本身，也都是以英國經濟發展的背景和利益為參照來制定的。英國的世界金融中心地位和英鎊在國際金融市場中的核心作用保證了英國控制世界金融的話語權，這也是世界金

融市場的聯繫日益密切和國際的交往日益增加的結果。在金本位制時期，英國的經濟制度和貨幣政策影響和支配著其他國家的貨幣與金融的關係，英格蘭銀行確定了世界利率水準，使各國利率一起上下波動，同時其他國家的調節能力只是使國內利率水準與世界利率水準之間保持一個微小的差額；英鎊匯票用於世界範圍的貿易或成為外國的替代貨幣，而英鎊利率則由倫敦操縱，當時的國際金本位制實際上是英格蘭銀行在管理國際金本位制，因此金本位制時期的世界霸權貨幣就是英鎊。

8.2.2.2 美元的霸主地位是由美國的經濟地位決定的

19世紀80年代之後，美國經濟迅速崛起，並快速趕超了英國。1880年美國的工業生產平均增長率是當時英國的三倍，並以其豐富的產品成為全球第一大生產國，其工業生產總值占世界的比重為38%，高出了英國24個百分點。第一次世界大戰結束後，隨著金本位制的崩潰和美國坐享戰爭勝利的果實，美國具有了世界第一的黃金儲備。相較於飽受戰爭重創的英國來講，美國的經濟實力又得到了進一步的提升。英國雖然在戰後宣布恢復金本位制（1926年1月1日），但是終將不得不於五年後（1931年9月21日）宣布放棄金本位制。

第二次世界大戰徹底改變了國際經濟格局。在第二次世界大戰結束前期，英國政府在美國的壓力下同意建立以美元為中心的國際貨幣體系。1944年7月在美國的布列敦森林召開的由44個國家參加的布列敦森林會議，通過了以美國懷特方案為基礎的《國際貨幣基金協定》和《國際復興開發銀行協定》，總稱《布列敦森林協定》，從而形成了以美元為中心的國際貨幣體系，即布雷頓森林體系。這一體系建立了國際貨幣基金組織，旨在促進國際貨幣合作建立以黃金為基礎、以美元為最主要的儲備貨幣的國際儲備體系；規定美元直接與黃金掛鉤，每盎司黃金35美元，其他各國貨幣與美元掛鉤；實行可調整的固定匯率制；國際貨幣基金組織向國際收支赤字國提供短期資金融通，以協助其解決國際收支困難；取消外匯管制，會員國在增強貨幣兌換性的基礎上實行多邊支付；制定了「稀缺貨幣」條款。

布列敦森林體系的建立消除了國際金融秩序的混亂狀況。在一定時期內穩定了資本主義國家的貨幣匯率，營造了一個相對穩定的國際金融環境，促進了世界貿易和世界經濟的增長。這是由美國強大的經濟實力所決定的。

布列敦森林體系要求美國要有足夠強大的經濟實力和綜合國力來支撐美元既是其國內通貨同時又要充當國際儲備貨幣的角色，這就是「特里芬難題」。1976年國際貨幣基金「國際貨幣制度臨時委員會」在牙買加首都金斯敦召開會議，並達成了《牙買加協議》。同年4月，國際貨幣基金理事會通過了《國

際貨幣基金協定》的第二次修正案,從而形成了國際貨幣關係的新格局。牙買加協定在一定程度上解決了美國面臨的難題,進一步鞏固和提升了美元的地位,彌補了布列敦森林體系的缺陷,使美元可以繼續享受國際貨幣的優待地位,同時還可以不承擔維護國際貨幣體系穩定的責任。

當前的世界經濟格局呈現出多元化的特點,多元化的世界經濟格局要求多元化的國際貨幣結構與其相適應。

8.2.2 美元的國際貨幣霸主地位岌岌可危

一方面,由次貸危機導致的美國經濟衰退動搖了美元的貨幣霸主地位。次貸危機使得以美國為首的西方主要發達國家經濟衰退較為嚴重,根據經濟實力決定國際貨幣體系的說法,美元的核心地位已經不再像以前那樣牢固。但與此同時我們也要看到,以歐元為代表的歐洲和以日圓為代表的日本兩地經濟同樣表現出嚴重衰退,甚至比美國經濟衰退得更為嚴重,不可能取代美元的核心地位。而新興市場國家雖然經濟增長勢頭迅猛,但是由於基礎薄弱,尤其是金融基礎存在天生的脆弱性,一時間難以成長為替代美元的國際貨幣,也不可能取代美元的國際貨幣核心地位。但總之,國際社會已經開始深刻地意識到這個問題,並且已經在加快改變當前國際貨幣體系上取得了一致性的見解。

另一方面,在應對危機的過程中,以美元為主導的國際貨幣體系問題重重。在次貸危機發生後,美國為了緩解國內的貨幣市場信貸萎縮、投資銳減和經濟下滑等難題,開始由美聯儲主導實施量化寬鬆的貨幣政策,主要內容為大幅降息,以此增加資產的流動性。雖然美國認為這是緩解危機的救市的做法,但是因為美元的世界貨幣地位,使得其他國家尤其是發展中國家被動承受了熱錢流入、流動性過剩、通貨膨脹嚴重等後果。美國作為一個經濟大國在面臨世界金融危機時只是從本國利益出發,美聯儲作為美國的中央銀行只對美國負責,美元不符合作為國際貨幣霸主的身分與地位。種種表現向世界各國表明,美國的貨幣政策只為美國服務,以美元為核心的國際貨幣體系存在嚴重的缺陷並且難以克服,全球金融體系不能依賴美國來擔當國際責任。

8.2.3 新興市場國家尚未在國際貨幣體系中取得應有的地位

受全球金融危機的影響,金磚國家的經濟增長日益放緩,但仍然是當前國際經濟社會和全球金融體系中的一股重要力量,其政治影響力和經濟影響力均不容小覷。金磚國家作為 G20 的成員,積極推動全球金融治理,一方面為發展中國家的根本利益發聲;另一方面制衡了美國對於全球金融治理的壟斷,同

時在制度建設上也產生了重要的影響。金磚國家在不同國際機構中的投票權和發言權也逐步提升。金磚國家在加強區域貨幣合作方面進行了有益的探索，旨在推進四國本幣貿易結算的實現。

雖然新興市場國家已經在國際社會上有了一定的影響力，但是在國際貨幣體系中，新興市場國家的貨幣卻尚未獲得與其相匹配的地位。這主要表現在以下幾個方面：第一，新興市場國家的貨幣並非重要的外匯儲備貨幣，在目前IMF統計的外匯儲備中，美元占比超過50%，穩居第一位，其次是歐元、英鎊、日圓、澳洲元、加拿大元和瑞士法郎，而包括新興市場國家貨幣在內的其他貨幣占比僅為不到3%。以中國為例，在中國的外匯儲備中美元占比雖然有所下降，但一直處於首選的外幣地位（表8-3）。第二，新興市場國家貨幣的微弱地位還表現在其並非是全球外匯市場的主導性交易貨幣，我們可以從截至2013年4月的全球場外交易市場中的貨幣占比情況來進行說明（表8-4）。第三，新興市場國家貨幣的微弱地位還表現在其並非是主要的國際金融資產，截至2015年9月，美元、歐元、日圓、英鎊這四種可自由使用的貨幣在所有部門的資產占比中高達88.8%（表8-5）。第四，其弱勢地位還表現在，在目前的SDR籃子中，只有中國的人民幣是其籃子貨幣或計值貨幣，而其他新興市場國家的貨幣並未納入其中。SDR在1969—1980年期間曾由發達國家和發展中國家的16種貨幣構成和計值，體現了一定程度的代表性和公平性，但自1981年1月1日起改為美元、日圓、英鎊、德國馬克、法國法郎五種籃子貨幣，1999年後再改由美元、歐元、日圓、英鎊四種籃子貨幣計值。這樣的格局具有明顯的不公平性，也未體現出近年來新興大國與發達國家力量此消彼長的現實。

表8-3　2004—2014年中國持有美國資產所占外匯儲備的百分比

	中國持有的美國資產（億元）	外匯儲備餘額（億元）	美元所占百分比
2004年6月	3,410	4,706.39	72.45%
2005年6月	5,270	7,109.73	74.12%
2006年6月	6,990	9,411.15	74.27%
2007年6月	9,220	13,326.25	69.19%
2008年6月	12,050	18,088.28	66.62%
2009年6月	14,630	21,316.06	68.63%
2010年6月	16,110	24,542.75	65.64%

表8-3(續)

	中國持有的美國資產（億元）	外匯儲備餘額（億元）	美元所占百分比
2011年6月	17,270	31,974.91	54.01%
2012年6月	15,920	32,400.05	49.14%
2013年6月	17,350	34,966.86	49.62%
2014年6月	18,170	39,932	45.50

表8-4　　　　全球場外交易市場中的貨幣占比情況
（截至2013年4月底）

主要經濟體	幣種	占比
西方發達國家	美元	87.0%
	歐元	33.4%
	日圓	23.0%
	英鎊	11.8%
	澳洲元	8.6%
	瑞士法郎	5.2%
	加元	4.6%
新興大國	人民幣	2.2%
	俄羅斯盧布	1.6%
	南非蘭特	1.1%
	巴西雷亞爾	1.1%
	印度盧比	1.0%

表8-5　　主要的國際金融資產情況（截至2015年9月底）

幣種	資產占比	負債占比
美元	48.0%	52.3%
歐元	30.3%	28.8%
日圓	5.2%	2.9%
英鎊	5.3%	5.9%
合計	88.8%	89.9%

8.3 亞洲經濟將成為世界經濟平衡的重要力量

在金磚國家中,中國和印度來自亞洲,俄羅斯有四分之三的領土位於亞洲。亞洲具有豐富的自然資源和得天獨厚的區位特點。近年來亞洲經濟的發展與崛起舉世矚目,高速的經濟增長要求國際貨幣體系隨之進行調整,以實現區域間的平衡。隨著亞洲各國之間的貿易所占比重越來越大,他們迫切需要改變目前「採用本地區之外的另一種貨幣從事交易和結算」這一貨幣錯配的問題。第三方貨幣會影響亞洲地區的匯率穩定,帶來金融風險,增加交易成本。為了減少對第三方貨幣的依賴,免受貨幣中心國家的「匯率威脅」,規避外來金融風險,亞洲國家極須在多元化的國際貨幣體系中立足,這既是有效避免危機發生的重要途徑,同時也是矯正全球經濟失衡的重要手段。

8.3.1 亞洲大陸的崛起與復興

世界經濟的未來看新興市場國家,而新興市場國家的重心在亞洲。在金磚國家中,中國和印度來自亞洲,占40%,俄羅斯有四分之三的領土位於亞洲。可以說,亞洲的經濟發展潛力巨大,其順勢崛起的速度舉世矚目。國際區域間的原有平衡將被打破,新的平衡有待形成。

首先,亞洲大陸的崛起與復興表現在區域間的經濟總量的增減變化和區域內部的經濟增長與彼此依存度和需求度的增加。例如,2017年,中國對美國、歐盟、日本等傳統市場的出口量分別增長15.4%、13.3%、8.8%;而對巴西、俄羅斯、印度、南非、馬來西亞等「金磚國家」和「一帶一路」沿線國家的出口量則快速增長,增幅分別達到36.8%、20.4%、20.2%、17.4%和16.2%。

其次,亞洲大陸的崛起與復興表現在「一帶一路」的區域復興戰略上。「一帶一路」(The Belt and Road,縮寫B&R)是「絲綢之路經濟帶」和「21世紀海上絲綢之路」的簡稱。這一戰略是中國政府高瞻遠矚,為實現區域和平發展和負有國際責任感的一項重大決策。面對當前國際金融危機的深刻影響和世界經濟復甦緩慢的困境,世界經濟與政治多極化發展,各國經濟形勢依然嚴峻的情況,中國政府根據古代中國的商業貿易路線,重新依靠中國與有關國家既有的雙多邊機制,借助既有的、行之有效的區域合作平臺,高舉和平發展的旗幟,積極發展與沿線國家的經濟合作夥伴關係。「一帶一路」倡議謀求區域間各經濟體的共同發展,致力於亞歐非大陸及附近海洋的互聯互通,以實現

沿線各國多元、自主、平衡、可持續的發展。這一戰略自提出以來，對沿線國家的經濟發展產生了深刻影響，對亞洲大陸的崛起與復興起到了推波助瀾的作用（見表8-6和表8-7）。

表8-6　　　　　「一帶一路」沿線國家的GDP增長率

單位:%

年份＼國別	巴基斯坦	俄羅斯聯邦	泰國	新加坡	印度
2010年	1.60	4.50	7.50	15.24	10.26
2011年	2.75	4.26	0.83	6.21	6.64
2012年	3.50	3.52	7.23	3.67	5.61
2013年	4.37	1.28	2.70	4.68	6.64
2014年	4.74	0.70	0.82	3.26	7.24
2015年	5.54	-3.73	2.82	2.00	7.57
2016年	5.53	-0.22	3.28	2.40	7.11
2017年	5.70	1.55	3.90	3.62	6.62

表8-7　　　　　「一帶一路」沿線國家的服務業增加值占GDP比重

單位:%

年份＼國別	巴基斯坦	俄羅斯聯邦	泰國	新加坡	印度
2010年	55.13	61.44	49.44	72.334	54.64
2011年	52.74	62.21	50.30	73.56	48.97
2012年	53.39	62.86	50.99	73.29	50.02
2013年	54.16	63.31	51.76	74.86	50.86
2014年	54.07	63.69	52.73	75.02	52.59
2015年	55.54	62.77	--	--	--

8.3.2　人民幣在國際貨幣體系中的地位

隨著中國經濟的崛起，人民幣在國際社會中被廣泛應用，世界貨幣的職能越來越明顯，人民幣的國際儲備貨幣地位被更多的國家所認可，尤其是人民幣「入籃」，成為輔助的國際儲備資產，代表著新興市場國家在國際金融體系中

獲得了更大的話語權。

8.3.2.1 人民幣的國際儲備貨幣地位被普遍認可

自從英鎊被美元取代成為國際儲備貨幣之後，美元的這一地位在很長一段時期都無人撼動。隨著世界經濟多元化的發展，其他國際主要貨幣在國際儲備資產中的地位不斷變化。人民幣以中國經濟實力為保障，始終保持堅挺，尤其是在最近十幾年，在國際貿易結算和儲備中越來越受到青睞。2017年，據央行最新的報告顯示，當今世界越來越多的央行和貨幣當局認可了人民幣作為儲備貨幣的地位，把人民幣作為其儲備資產，目前已經有60多個國家和地區將人民幣納入外儲。在2017年上半年，歐洲央行共增加了等值5億歐元的人民幣外匯儲備。這是歐洲央行首次將人民幣納入外匯儲備。這一現象說明歐盟這樣的大型經濟體已經開始關注並認可人民幣的儲備貨幣地位，這是人民幣作為國際儲備貨幣得到公認的一種表現。此外，新加坡、俄羅斯等60多個國家和地區也將人民幣納入了外匯儲備，亞歐各地多個國家和經濟體也看好人民幣的保值能力。

8.3.2.2 人民幣加入SDR貨幣籃子

2015年11月30日，國際貨幣基金組織（IMF）執董會決定將人民幣納入SDR貨幣籃子，這是國際社會對中國經濟發展和改革開放成果的肯定。SDR是IMF在1969年創設的一種輔助性國際儲備資產，又稱「紙黃金」，是IMF賦予成員國可以自由兌換國際儲備貨幣的一種特殊權利，僅限在IMF成員國官方部門使用。2016年9月30日，國際貨幣基金組織（IMF）宣布啟用包括中國人民幣在內的新的特別提款權貨幣（SDR）籃子，並宣布決定新定值期內SDR的貨幣量。自2016年10月1日起，人民幣被認定為可自由使用的貨幣，並作為美元、歐元、日圓和英鎊之外的第五種貨幣加入SDR貨幣籃子。執董會當時還決定，每種貨幣的權重分別為美元41.73%、歐元30.93%、人民幣10.92%、日圓8.33%、英鎊8.09%。人民幣是後布列敦森林體系時代第一個真正新增的、第一個按可自由使用標準納入的、第一個來自發展中國家的SDR籃子貨幣，這將極大地增強人民幣的國際儲備貨幣地位，是2009年正式啟動的人民幣國際化的重要里程碑，對塑造更加穩定多元的國際貨幣體系、促進全球經濟金融健康發展，具有深遠的影響。

人民幣「入籃」SDR是IMF歷史上首次將一個新興經濟體的貨幣作為儲備貨幣。有學者認為，「入籃」SDR標誌著人民幣成了真正意義上的世界貨幣，成了IMF180多個成員國官方使用的貨幣，人民幣在國際金融體系中獲得了更大的話語權。

8.3.3 人民幣國際化路徑的曲折性

首先，我們必須清醒地看到，人民幣難以在短期內取代在國際貨幣體系中居於核心地位的美元。雖然經濟實力決定貨幣地位，但是這也需要一個過程。根據麥迪遜的數據，早在1872年美國的經濟總量就已經超過英國成為全球最大的經濟體，美國人均GDP也在1903年首次超過英國，這很明顯地說明美國早已在經濟上取代了英國的霸主地位，但實際上在金融領域的這種替代遠遠沒有想像中的那麼容易，美元超過英鎊成為全球關鍵貨幣仍然歷經了半個多世紀。同樣的道理，從傳統的金本位制開始鬆動（1900年左右形成的英鎊金匯兌本位制）到後布列敦森林體系的完全信用貨幣時代經歷了將近80年的時間。可見，國際貨幣體系的演進是一個相當緩慢的過程。

由此我們可以推測，雖然以購買力平價計算的中國經濟總量已於2014年超過美國，人民幣也已經納入SDR，且占有的比重和份額較高，將會促進海外人民幣資產配置需求，人民幣作為國際儲備貨幣的地位也將進一步提高，但是在相當長的一段時間內，人民幣都難以挑戰美元的主導地位。這是一個不爭的事實。

其次，我們也應該意識到，人民幣作為新興國家的代表貨幣，未來將會被納入國際貨幣體系中，並居於重要位置，成為多元化幣種的一員。

8.4 多幣種制衡鼎立的國際貨幣體系的新結構

1999年歐元制度的啟動，打破了國際貨幣體系中美元的一統天下，開闢了國際貨幣體系多元化的發展方向；以中國為代表的金磚國家和新興市場經濟體的經濟實力的增長和國際地位的提升，使得人民幣以及其他新興市場經濟國家的貨幣可望發揮更為重要的作用，這進一步昭示著國際貨幣體系必將走向多元化。美國和歐洲的經濟實力雖然下滑，但是並不能動搖現有的國際分工格局，美國和歐洲的經濟規模和政治實力依然在全球占據主導地位。多種政治力量的角力和多種經濟實力的博弈最終將表現為國際貨幣體系出現新結構，呈現出多幣種制衡鼎立的新局面。

8.4.1 多元國際貨幣體系出現的必然性

從國際貨幣制度的演變歷史中可以看出，任何單一主權貨幣作為國際本位

貨幣都會產生各種問題，都存在著不可調和的矛盾。比如因美元而產生的「特里芬難題」，從目前來看都是現行國際貨幣體系不能解決和克服的先天性弊病。不管是布列敦森林體系中確立的明確的美元本位制還是牙買加體系中確立的隱性的美元本位制，都存在這一問題。解決這一問題的辦法就是改變單一主權貨幣這一根本性制度。從現有的國際貨幣制度來看，就是要改變美元本位制，放棄單一主權貨幣作為國際本位貨幣的辦法。改變的國際貨幣體系，有助於削弱美元的霸權地位，減輕各國乃至世界經濟對美元的依賴，使國際貨幣體系從單一貨幣獨大走向多元貨幣制衡，同時世界經濟也將會更穩更快地發展。

放棄單一主權貨幣，國際貨幣體系的重構有兩種選擇：

8.4.1.1 超主權國際貨幣制度

很早就有學者提出了「世元」（World Dollar）的設想。超主權國際貨幣制度要求在世界範圍內成立世界中央銀行或類似機構，負責世界貨幣「世元」的發行和流通，要求世界各國以「世元」作為法定國際流通貨幣。超主權貨幣制度還將確定各國的匯率，制定各國主權貨幣對其的兌換規則，並對各國的國際收支平衡進行有效調節，從而形成新的國際貨幣體系。

目前，超主權貨幣存在三種選擇：

第一，恢復金本位制。

在國際貨幣制度的演變歷史上，金本位制存在了很長的時間，在調節國際收支和穩定匯率方面發揮了重要的作用。金本位制的實行需要滿足一定的條件。首先，需要要求世界上所有國家同時加入金本位制國家集合，一再確認或同時變更其貨幣對黃金的穩定關係，規定各國貨幣的黃金含量，維持各國幣值穩定，這主要是利用黃金不承受任何負債的優勢，來達到抑制本國通貨膨脹、消除貨幣失衡的目標。其次，要求各國依照「價格—鑄幣流動機制」自動啓動運行調節，及時糾正國際收支失衡，以利於維持全球經濟的均衡發展。然而歷史證明，這一制度已經失去了特有的歷史條件，同時存在著其自身特有的內在缺陷，不能適應目前的現代金融發展特點，難以滿足世界經濟發展的規模與結構的要求，自然難以恢復。

第二，建立特別提款權（SDR）本位制。

國際貨幣基金組織（IMF）特別提款權（SDR）也稱作「紙黃金」，是IMF為緩解全球流動性不足，於1969年設立的可以和黃金、外匯並列使用的一種超主權儲備資產。作為超主權貨幣的一種嘗試，SDR成為國際儲備資產有價值穩定、使用方便及獲得的成本低等優勢。但SDR種類有限，且作為一種單純的記帳單位，缺乏與其相對應的價值實體，自然沒有穩定的價值基礎也沒

有實體經濟物質的價值基礎，從而導致其使用範圍有限，發揮作用的領域也很有限。從目前來看，SDR 還是被美國操控的工具。

第三，創立一種全新的超主權貨幣。

懷特、凱恩斯、孟岱爾等均提出過創立超主權貨幣的設想。創立一種全新的超主權貨幣，就是與主權國家無關，超脫於一國政治權力之外的世界貨幣，這一構想在金融危機之後更加甚囂塵上。人們想用這種辦法來改變以一國主權貨幣作為國際本位貨幣而產生的諸多矛盾，以期擺脫經濟危機的束縛，化解金融風險的蔓延。這種世界貨幣可以自由兌換、調節匯率和國際收支，成為各國最主要的外匯儲備資產。

從這三種可以成為超主權貨幣的情形來看，只有創立一種全新的超主權貨幣才能改變當前以美元為核心的國際貨幣體系，摒除國際金融危機的影響，同時消除國際霸權主義對金融領域的干涉，構建新的金融生態平衡，促進國際經濟與貿易的長期健康發展。

但問題在於，這種超主權貨幣並不可能在未來很短的時間內存在。最主要的原因在於很難在全世界範圍內達成共識，形成類似世界中央銀行這樣的機構。

8.4.1.2　多元國際貨幣制度

多元國際貨幣制度的建設是十分必要的。首先，這種國際貨幣制度的核心是不受任何主權國家政府的控制，以獨特的規則來確定貨幣的發行及流通；能夠防止貨幣的過量發行，有利於維持各國貨幣幣值的穩定；同時能夠穩定匯率水準，防止幣值變化過大；此外，還能夠有效抑制通貨膨脹，對國際收支失衡及時進行調整，保持世界經貿均衡與協調發展。

其次，多元化國際貨幣體系可以增加清償貨幣，對於各國國際貿易的順利開展十分有利，可以更好地滿足世界經濟的發展需要。多元化的國際貨幣體系可以平衡各收入類型的國家利益，滿足不同發展階段的國家的經濟和金融發展的需要，能夠得到更多國家的回應和支持，使更多國家自願加入國際貨幣體系中。多元化的國際貨幣體系可以提高發展中國家的國際地位，可以通過經濟實力對比來改變金融體系，可以通過金融體系變革來改變經濟格局，可以為新興經濟體謀求國際話語權，使其更好地參與世界經濟，促進世界經濟的良性發展。從中國的角度來看，多元化的國際貨幣體系還有助於推進人民幣的國際化進程。

多元國際貨幣制度的建設具有可能性。從目前各國的經濟實力和金融力量的對比來看，美國的國際地位雖然有所撼動，但是並不會在短時期內被取代。

美元不會自動退出國際主導貨幣的舞臺，美元的問題過去存在，現在存在，將來還會存在，真正能逐步削弱美元霸權地位的就是建立多元化的國際貨幣體系，其可以作為建立統一世界貨幣體系的一個過渡。新興市場國家的經濟地位要求其在多元國際貨幣體系中佔有越來越重要的位置，謀求更多的話語權，這是未來這一制度建設的基礎。多元化的國際貨幣體系的建設過程可以看成是發展中國家與發達國家利益博弈的過程。在多元化的國際貨幣體系中自然不能少了發展中國家或者是代表發展中國家的貨幣，這樣一來，自然會削弱發達國家貨幣的主導地位。這一體系的建設過程同時也是一個發展中國家與發達國家之間進行利益爭奪與讓步的過程，需要一定的時間才能完成，難以一蹴而就。

8.4.2 多元國際貨幣體系的猜想

從前面的分析來看，恢復金本位制這種複製歷史的辦法是行不通的，而繼續由美元充當全球儲備貨幣的內在缺陷日益凸顯且難以克服，在 SDR 的基礎上創建超主權儲備貨幣應者寥寥。比較而言，更加現實與更加合理的國際貨幣體系的演進方向應該是國際儲備貨幣的多元化。

8.4.2.1 三足鼎立的主要國際貨幣同時存在

可以猜想，在未來的國際貨幣體系下，可能出現美元、歐元與人民幣三足鼎立的局面，也可能是分地區出現其他的代表性貨幣參與到多元化體系中來發揮作用。美元雖然會喪失其國際貨幣體系中的核心地位，但是其影響力還在，將繼續在全球範圍內充當重要的國際性貨幣，改變的地方應該是其勢力範圍可能會逐漸萎縮到北美洲、拉丁美洲以及其他的一些區域。從目前歐元區發展的歷程來看，雖然其過程曲折，但是歐元區仍有在其周圍繼續擴大的趨勢，可能會進一步東擴，區域經濟發展態勢良好，整個歐洲甚至包括中東、北非的一些國家也開始更多地使用歐元。隨著亞洲經濟的崛起，以中國和印度為代表的新興市場國家開始在廣大的亞洲地區掌握話語權，人民幣的國際化進程會進一步加快，東亞貨幣金融合作的進程會得到推動，人民幣或某種亞洲貨幣籃將在東亞區域和南亞區域成為廣泛使用的國際性區域貨幣，可以稱之為「亞元」。美元、歐元與「亞元」之間最初要實施匯率的自由浮動，等經過很長一段時間，在時機成熟之後，三大貨幣區之間再改用固定匯率連接，最終將構成全球統一貨幣的雛形。

8.4.2.2 儲備貨幣多元化是未來國際貨幣體系的演進方向

在未來的國際貨幣體系中，儲備貨幣也將從單一化轉變為多元化。歷史經驗顯示，國際貨幣體系的演變是長期漸進的過程。我們可以從歷史發展的過程

中看到，這種轉變是一個漫長的歷史過程，比如美元全面取代英鎊的國際貨幣地位，至少花了半個世紀的時間。那麼美元地位的衰落過程也應是一個長期的過程，而超主權儲備貨幣的誕生也必然是一個市場演進的過程、而非政策驅動的過程，這一過程將會更加漫長。

經濟基礎決定上層建築，國際貨幣體系的多元化趨勢，與世界經濟的多極化趨勢尤其是區域化趨勢是相輔相成的。隨著各主要經濟體經濟實力的此消彼長，更現實的情景是，在美元逐漸衰落的過程中，歐元以及亞洲貨幣開始逐漸成長為能夠與美元分庭抗禮的競爭對手。

8.4.2.3 多元國際貨幣體系是多極力量博弈與制衡的結果

多元化的國際貨幣體系重新引入了約束儲備貨幣發行的機制，這是與以前的國際貨幣體系相比最重要的優勢之一。這主要是因為這些多元化的貨幣，如美元、歐元、「亞元」等雖然在各自的區域發揮著「世界貨幣」的作用，但是彼此之間仍是競爭與替代的關係，不可能出現「共謀」的情況，這也決定了三者的發行主權國家之間是相互博弈與制衡的關係。如果一種貨幣發行過多，那麼就會出現本幣貶值、通貨膨脹嚴重和國際儲備貨幣地位下跌等風險，因此對各主權國家的貨幣發行形成了一種制約。這種相互制衡的儲備貨幣多元化和國際貨幣體系多元化將達到一個相對平衡的新狀態。多元儲備貨幣相互競爭的格局給儲備貨幣發行鑄造了新的約束機制，有助於提高國際貨幣體系的可持續性，降低潛在貨幣危機的爆發和限制潛在的資產價格波動。

一個以美元、歐元、人民幣為核心的多元國際貨幣體系將會形成分庭抗禮的局面。主要國際貨幣間的相互競爭和相互制約，對矯正全球經濟失衡具有重要意義。

參考文獻

[1] 高曉林，張曉忠.論全球金融危機的成因、根源及實質——基於列寧金融全球化思想的視角［J］.社會科學家，2010（12）：47-50.

[2] 楊公齊.經濟全球化視角下的金融危機成因解析［J］.現代財經，2008（8）：25-28.

[3] 唐承運，劉錫海.80年代美國經濟與雷根政府對策［J］.外國問題研究，1996（3）：12-16.

[4] 余永定.美國次貸危機：背景、原因與發展［J］.中國信用卡，2008（5）：65-73.

[5] 周茂榮.簡論1990—1991年美國經濟危機［J］.武漢大學學報（人文科學版），1996（6）：42-49.

[6] 鞠安深.美聯儲在次貸危機形成過程中的責任分析［D］.北京：外交學院，2009.

[7] 李樹禎，童水棟.《資本論》視角下的經濟危機［J］.特區經濟，2009（12）：266-268.

[8] 馬勇，楊棟，陳雨露.信貸擴張、監管錯配與金融危機：跨國實證［J］.經濟研究，2009（12）：93-105.

[9] 許均平.金融體系順週期性與金融危機的發展演變關係研究［J］.南方金融，2009（12）：32-35.

[10] 邢天才，孫進，汪川.從金融危機到經濟危機——基於「金融加速器」理論的視角［J］.國際金融研究，2011（11）：21-29.

[11] 周炎，陳昆亭.金融經濟週期理論研究動態［J］.經濟學動態，2014（7）：128-138.

[12] 周瓊，周華.歷次金融危機比較研究及其啟示［J］.山東社會科學，2012（12）：146-149.

[13] 苗永旺，王亮亮.百年來全球主要金融危機模式比較［J］.經濟與

管理研究，2009（4）：64-70.

[14] 楊培雷. 經濟週期的實體經濟誘因與虛擬經濟誘因——基於理論發展線索的探究［J］. 上海財經大學學報，2013，15（5）：10-17.

[15] 李天澤. 近百年來三次重大經濟危機探析與啟示［D］. 長春：吉林大學，2015.

[16] 崔友平. 經濟週期理論及其現實意義［J］. 當代經濟研究，2003，89（1）：29-34.

[17] 苗永旺，王亮亮. 金融危機救助方案及其效果評價——基於美國新金融危機與大蕭條歷史比較的視角［J］. 投資研究，2009（12）：44-49.

[18] 克里斯·哈曼. 1930年代的大蕭條與當前經濟危機［J］. 王少國，蘇東旭譯. 經濟社會體制比較，2009（3）：1-8.

[19] 劉守旭. 1973—1975年美國滯漲危機成因分析［D］. 長春：吉林大學，2012.

[20] 張宏宇於保羅·沃克時期美聯儲解決滯漲問題的探究［D］. 菸臺：魯東大學，2015.

[21] 胡連生. 論當代資本主義的兩難困局：從「滯漲」危機到「次貸」危機［J］. 理論探討，2009（2）：23-26.

[22] 陳富強. 日本泡沫經濟的演變及其啟示［D］. 成都：西南財經大學，2008.

[23] 譚揚芳. 新自由主義與國際金融危機——西方國家思想界的反思與評析［J］. 北京行政學院學報，2010（4）：54-58.

[24] 尹繼志. 美聯儲應對金融危機的貨幣政策：效果、特點與問題［J］. 浙江金融，2011（9）：31-36.

[25] 馬紅霞，孫雪芬. 關於金融危機與貨幣政策關係的學術爭論［J］. 經濟學動態，2010（8）：119-124.

[26] 張成思. 貨幣政策傳導機制研究新前沿——全球新型金融危機視角下的理論述評［J］. 國際經濟評論，2010（5）：110-120.

[27] 劉洪鐘，楊攻研. 貨幣政策共識的演化及反思：來自金融危機的啟示［J］. 經濟學動態，2013（2）：140-147.

[28] 張磊. 美日中央銀行金融危機管理比較研究［D］. 瀋陽：遼寧大學，2014.

[29] 朱曉鳳. 應對金融危機的貨幣政策操作：經驗借鑑與分析［D］. 杭州：浙江大學，2013.

[30] 朱太輝. 美元環流、全球經濟結構失衡和金融危機［J］. 國際金融研究, 2010（10）: 37-45.

[31] 趙京明. 現代西方政府宏觀經濟干預理論發展及其比較［D］. 石家莊: 河北經貿大學, 2011.

[32] 李海龍. 史迪格里茲的政府干預思想研究［D］. 石家莊: 河北經貿大學, 2013.

[33] 楊公齊. 經濟全球化視角下的金融危機成因解析［J］. 現代財經——天津財經大學學報, 2008, 28（8）: 25-28.

[34] 陳雨露, 馬勇, 李瀠. 金融危機中的信息機制: 一個新的視角［J］. 金融研究, 2010（3）: 160.

[35] 雷新超. 金融危機對經濟全球化發展的影響分析［J］. 商丘師範學院學報, 2011, 27（2）: 64-67.

[36] 巨永明, 陳廣亮. 再論當前美國金融危機的成因、本質和啟示——資本的全球化與美國的金融危機［J］. 中州大學學報, 2009, 26（4）: 1-4.

[37] 陳茜. 全球化背景下金融危機的國際傳導機制研究［D］. 沈陽: 遼寧大學, 2009.

[38] 司豔. 經濟全球化背景下的金融泡沫研究——基於成熟市場與新興市場的剖析［D］. 上海: 復旦大學, 2006.

[39] 劉湘雲, 杜金岷. 全球化下金融系統複雜性、行為非理性與危機演化——一種新的金融危機演化機制的理論解說［J］. 經濟學動態, 2011（7）: 61-68.

[40] 鮑勤, 孫豔霞. 網絡視角下的金融結構與金融風險傳染［J］. 系統工程理論與實踐, 2014, 34（9）: 2,203-2,211.

[41] 隋聰, 遲國泰, 王宗堯. 網絡結構與銀行系統性風險［J］. 管理科學學報, 2014, 17（4）: 57-70.

[42] 方意. 系統性風險的傳染渠道與度量研究——兼論宏觀審慎政策實施［J］. 管理世界, 2016（8）: 32-57.

[43] 方意, 鄭子文. 系統性風險在銀行間的傳染路徑研究——基於持有共同資產網絡模型［J］. 國際金融研究, 2016, 350（6）: 61-72.

[44] 鄧向榮, 曹紅. 系統性風險、網絡傳染與金融機構系統重要性評估［J］. 中央財經大學學報, 2016（3）: 52-60.

[45] 胡宗義, 黃岩渠, 喻採平. 網絡相關性、結構與系統性金融風險的關係研究［J］. 中國軟科學, 2018（1）: 33-43.

[46] 熊熊, 張珂, 周欣. 國際市場對中國股票市場系統性風險的影響分析 [J]. 證券市場導報, 2015 (1): 54-58.

[47] 車丕照. 國際經濟秩序「導向」分析 [J]. 政法論叢, 2016 (01): 3-10.

[48] 王厚雙, 李豔秀. 全球經濟失衡與全球經濟再平衡研究新進展 [J]. 經濟學家, 2015 (03): 84-92.

[49] 李向陽. 國際經濟秩序的發展方向 [J]. 現代國際關係, 2014 (07): 20-22.

[50] 傅夢孜. 當前國際經濟秩序的演變趨勢 [J]. 現代國際關係, 2014 (07): 22-23.

[51] 曹廣偉, 何章銀, 杜清華. 經濟危機與國際經濟秩序的演變 [J]. 世界經濟與政治論壇, 2013 (04): 83-92.

[52] 陳鳳英. 新興經濟體與 21 世紀國際經濟秩序變遷 [J]. 外交評論 (外交學院學報), 2011, 28 (03): 1-15.

[53] 杜大偉. 糾正全球經濟失衡 美國要承擔重要責任 [J]. 新財經, 2010 (11): 59.

[54] 陳炳才. 對國際經濟失衡和國內經濟失衡的重新認識 [J]. 金融研究, 2007 (05): 26-31.

[55] 陳姝君. 全球經濟失衡誰的責任誰解困局 [N]. 中國經濟導報, 2007-01-16.

[56] 王宇. 世界經濟將在失衡中較快增長 [N]. 中國經濟時報, 2006-07-20.

[57] 顧高翔, 王錚. 國際資本流動模式及其國際經濟影響模擬研究 [J]. 財經研究, 2015, 41 (11): 58-70.

[58] 闕澄宇, 李丹捷. 全球經濟失衡與國際貨幣體系改革 [J]. 財經問題研究, 2014 (02): 37-45.

[59] 胡琳琳. 國際儲備貨幣的演變及影響因素分析 [D]. 上海：上海社會科學院, 2012.

[60] 馬南南. 美國消費—投資與儲蓄—投資失衡對其貿易逆差影響的研究 [D]. 長沙：湖南大學, 2009.

[61] 陳亞輝. 儲蓄對中美貿易失衡的影響研究 [D]. 成都：西南財經大學, 2008.

[62] 賀力平, 趙雪燕, 王佳. 經濟規模與貨幣國際地位的關係——兼論美元國際儲備貨幣地位的決定 [J]. 學術研究, 2018 (08): 95-105.

［63］吳叢生.人民幣作為國際儲備貨幣的前景展望［J］.重慶交通大學學報（社會科學版），2018，18（04）：50-54，61.

［64］劉東民，肖立晟，陸婷.金磚國家金融合作路徑［J］.中國金融，2017（15）：84-86.

［65］王金波.亞投行與全球經濟治理體系的完善［J］.國外理論動態，2015（12）：22-32.

［66］王達，項衛星.亞投行的全球金融治理意義、挑戰與中國的應對［J］.國際觀察，2015（05）：71-81.

［67］李鞍鋼，劉長敏.金磚國家推動的國際金融體系改革及其權力結構取向——基於現實建構主義的分析［J］.太平洋學報，2015，23（03）：79-86.

［68］吳舒鈺，潘慶中，屬克奧博.金磚國家通力合作 改革國際金融體系——金磚國家經濟智庫論壇會議綜述［J］.經濟學動態，2014（11）：158-160.

［69］李翀.「金磚國家」還是真金嗎？——「金磚國家」經濟增長動力的比較與分析［J］.學海，2014（03）：5-13.

［70］王浩.全球金融治理與金磚國家合作研究［J］.金融監管研究，2014（02）：76-87.

［71］盧靜.後金融危機時期金磚國家合作戰略探析［J］.國際展望，2013（06）：102-116，153-154.

［72］奧斯曼·曼登，禾力.金磚開發銀行該扮演什麼角色？［J］.博鰲觀察，2013（03）：56-57.

［73］林躍勤.新興經濟體經濟增長方式評價——基於金磚國家的分析［J］.經濟社會體制比較，2011（05）：126-133.

［74］李俊久，姜默竹.人民幣「入籃」與國際貨幣體系未來走向［J］.現代國際關係，2016（06）：1-8，65.

［75］陸磊，李宏瑾.納入SDR後的人民幣國際化與國際貨幣體系改革：基於貨幣功能和儲備貨幣供求的視角［J］.國際經濟評論，2016（03）：41-53.

［76］季勇，曹雲祥.國際貨幣體系演進規律及中國應對策略——基於金融危機的視角［J］.現代管理科學，2016（02）：60-62.

［77］李建軍，甄峰，崔西強.人民幣國際化發展現狀、程度測度及展望評估［J］.國際金融研究，2013（10）：58-65.

［78］肖喚元.試論經濟全球化與政治多極化的相互作用［J］.新課程學習（上），2013（04）：3.

[79] 董君. 國際貨幣體系演進中的貨幣霸權轉移 [J]. 當代經濟管理, 2010, 32 (10): 63-67.

[80] 彭興韻. 國際貨幣體系的演進及多元化進程的中國選擇——基於「貨幣強權」的國際貨幣體系演進分析 [J]. 金融評論, 2010, 2 (05): 8-27.

[81] 李稻葵, 尹興中. 國際貨幣體系新架構: 後金融危機時代的研究 [J]. 金融研究, 2010 (02): 31-43.

[82] 李伏安, 林杉. 國際貨幣體系的歷史、現狀——兼論人民幣國際化的選擇 [J]. 金融研究, 2009 (05): 61-70.

[83] 王毅. 全球化背景下的多極化進程——試論政治多極化與經濟全球化的相互聯繫 [J]. 國際問題研究, 2000 (06): 1-6.

[84] JOHN KENNETH GALBRAITH. 1929年大崩盤 [M]. 沈國華, 譯. 上海: 上海財經大學出版社, 2006.

[85] JOSEPH SCHUMPETER. The explanation of the business cycle [J]. Economica, 1927 (21): 286-311.

[86] FELDSTEIN M S. Housing, credit matkets and the business cycle [J]. NBER Working Papers, 2007 (10): 1-11.

[87] TAYLOR J B. The financial crisis and the policy responses: an empirical analysis of what went wrong [J]. NBER Working Papers, 2009, 21 (23): 341-364.

[88] BLANCHARD O J. The crisis: basic mechanisms, and appropriate policies [J]. CESifo Forum, 2008, 10 (1): 3-14.

[89] MISHKIN F S. Is monetary policy effective during financial crises? [J]. American Economic Review, 2009, 99 (2): 573-577.

[90] KAUFUMAN G. Banking and currency crises and systemic risk [R]. Washington: The World Bank, 1999.

[91] MISHKIN F S. Remarks on systemic risk and the international lender of last resort [C]. working paper, Board of Governors of the Federal Reserve, 2007.

[92] CABALLERO R J, KRISHNAMURTHY A. Global imbalances and financial fragility [J]. American Economic Review, 2009, 99 (2): 584-588.

[93] SCHWARCZ S L. Systemic risk [J]. American Law & Economics Association Papers, 2008, 28 (1): 58-80.

[94] ACHARYA V, PEDERSEN L, PHILIPPON T, et al. Measuring systemic risk [J]. Review of Financial Studies, 2017, 30 (1): 2-47.

[95] ROSENGREN E S. The impact of liquidity, securitization, and banks on the real economy [J]. Journal of Money Credit and Banking, 2011, 42 (s1): 221-228.

[96] BORIO C E V, DREHMANN M. Assessing the risk of banking crises-revisited [J]. BIS Quarterly Review, 2009.

[97] GALATI G, MOESSNER R. Macro-prudential policy-a literature review [J]. Journal of Economic Surveys, 2013, 27 (5): 846-878.

[98] DIEBOLD F X, YILMAZ K. On the network topology of variance decompositions: measuring the connectedness of financial firms [J]. Journal of Econometrics, 2014, 182 (1): 119-134.

[99] SEGOVIANO BASURTO M, GOODHART C. Banking stability measures [J]. IMF Working Papers, 2009, 23 (2): 202-209.

[100] CHAN-LAU J, MITRA S, LI L O. Identifying contagion risk in the international banking system: an extreme value theory approach [J]. International Journal of Finance and Economics, 2012, 17 (4): 390-406.

[101] BROWNLESS C T. Volatility, correlation and tails for systemic risk measurement [J]. SSRN Electronic Journal, 2012 (1): 16-18.

[102] ACHARYA V, ENGLE R, RICHARDSON M. Capital shortfall: a new approach to ranking and regulating systemic risks? [J]. American Economic Review, 2012, 102 (3): 59-64.

[103] BRUNNERMEIER M K. Deciphering the liquidity and credit crunch 2007—2008 [J]. Journal of Economic Perspectives, 2009, 23 (1): 77-100.

[104] CIFUENTES R, FERRUCCI G, SHIN H S. Liquidity risk and contagion [J]. Journal of the European Economic Association, 2005, 3 (213): 556-566.

[105] GREENWOOD R M. LANDIER A, THESMAR M. Vulnerable Banks [J]. Journal of Financial Economics, 2015, 115 (3): 471-485.

[106] DUARTE F, EISENBACH T M. Fire-sale spillovers and systemic risk [J]. Social Science Electronic Publishing, 2013.

[107] CARAIANI P. Characterizing emerging European stock markets through complex networks: from local properties to self-similar characteristics [J]. Physica A Statistical Mechanics and its Applications, 2012, 391 (13): 3,629-3,637.

[108] KALI R, REYES J. Financial contagion on the international trade network [J]. Economic Inquiry, 2010, 48 (8): 1,072-1,101.

[109] MINOIU C, Kang C, SUBRAHMANIAN V S, et al. Does financial connectedness predict crises? [J]. Quantitative Finance, 2015, 15 (4): 607-624.

[110] MINOIU C, REYES J A. A network analysis of global banking: 1978—2010 [J]. Journal of Finance and Stability, 2013, 9 (2): 168-184.

[111] CHOI S M, KODRES L E, LU J. Friend or foe? cross-border linkages, contagious banking crises, and「coordinated」macro-prudential policies [J]. IMF Working Papers, 2018.

國家圖書館出版品預行編目（CIP）資料

金融危機的週期性問題探究 / 董樹功, 王力平 著. -- 第一版.
-- 臺北市：財經錢線文化, 2019.10
　　面；　公分
POD版

ISBN 978-957-680-372-7(平裝)

1.經濟循環 2.經濟發展 3.金融危機

551.9   108016515

書　　名：金融危機的週期性問題探究
作　　者：董樹功、王力平 著
發 行 人：黃振庭
出 版 者：財經錢線文化事業有限公司
發 行 者：財經錢線文化事業有限公司
E - m a i l：sonbookservice@gmail.com
粉絲頁：　　　　　網址：
地　　址：台北市中正區重慶南路一段六十一號八樓 815 室
8F.-815, No.61, Sec. 1, Chongqing S. Rd., Zhongzheng
Dist., Taipei City 100, Taiwan (R.O.C.)
電　　話：(02)2370-3310 傳　真：(02) 2370-3210
總 經 銷：紅螞蟻圖書有限公司
地　　址：台北市內湖區舊宗路二段 121 巷 19 號
電　　話：02-2795-3656 傳真：02-2795-4100　網址：
印　　刷：京峯彩色印刷有限公司（京峰數位）
　本書版權為西南財經出版社所有授權崧博出版事業股份有限公司獨家發行電子
　書及繁體書繁體字版。若有其他相關權利及授權需求請與本公司聯繫。
定　　價：420元
發行日期：2019 年 10 月第一版
◎ 本書以 POD 印製發行